Einführungsphase

Biosphäre

Niedersachsen

Cornelsen

Biosphäre

Einführungsphase, Niedersachsen

Herausgeberin:
Prof. Dr. Anke Meisert, Hildesheim

Autorinnen und Autoren:
Joachim Becker, Dormagen; Prof. Dr. Anke Meisert, Hildesheim; Delia Nixdorf, Velbert; Martin Post, Arnsberg

Beraterin:
Anne-Kathrin Dierschke, Winsen (Luhe)

Teile dieses Buches sind anderen Ausgaben der Lehrwerksreihe Biosphäre entnommen.

Autorinnen und Autoren dieser Werke sind:
Astrid Agster, Reutlingen; Stefan Auerbach, Karlsruhe; Dr. Werner Bils, Tübingen; Robert Felch, Mögglingen; Christian Gröne, Lünen; Dr. Horst Janz, Tübingen; Michael Jütte, Dortmund; Monika Pohlmann, Bergisch Gladbach; Gabriele Rupp, Stutensee; Dr. Stephanie Schrank, Ulm; Dr. Ulrike Schiek, Landau/Pfalz; Dr. Matthias Stoll, Tübingen; Michael Szabados, Denzlingen; Volker Wiechern, Bochum

Redaktion: Ina Albrecht, Dr. Claudia Kleinhans

Designberatung: Katharina Wolff-Steininger, Ellen Meister

Gesamtgestaltung: SOFAROBOTNIK GbR, Augsburg & München

Grafik: Angelika Kramer, Stuttgart; Karin Mall, Berlin; Tom Menzel, Klingberg; newVISION! GmbH, Bernhard A. Peter; Hannes von Goessel, Erding

Titelbild: Mikroskopische Aufnahme eines Lebermoos Sprosses im UV-Licht. Science Photo Library / MAGDA TURZANSKA

Begleitmaterialien zum Lehrwerk	
E-Book	978-3-06-015778-5
Lösungen zum Schülerbuch	978-3-06-015779-2
Begleitmaterial auf USB-Stick mit Unterrichtsmanager und E-Book auf scook	978-3-06-015791-4

www.cornelsen.de

1. Auflage, 2. Druck 2019

Alle Drucke dieser Auflage sind inhaltlich unverändert und können im Unterricht nebeneinander verwendet werden.

© 2018 Cornelsen Verlag GmbH, Berlin

Druck: Grafisches Centrum Cuno GmbH & Co.KG, Calbe

ISBN 978-3-06-015777-8

PEFC zertifiziert
Dieses Produkt stammt aus nachhaltig
bewirtschafteten Wäldern und kontrollierten
Quellen.

www.pefc.de

PEFC/04-31-1370

INHALTSVERZEICHNIS

Struktur und Funktion von Zellen 6

Genetik der Zelle 54

BASISKONZEPTE

STRUKTUR UND FUNKTION

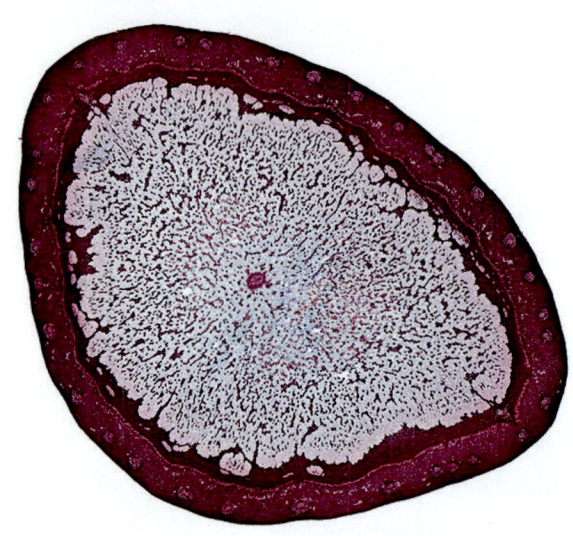

Lebewesen weisen stets einen für sie typischen Bauplan auf, der es ihnen ermöglicht, bestimmte Funktionen auszuführen. Zwei Beine ermöglichen einen aufrechten Gang, Federn das Fliegen und Flossen das dynamische Schwimmen im Wasser. Diese einzelnen Elemente eines Bauplans bezeichnet man als Strukturen.

Auch die Ausbildung zellulärer Strukturen lässt sich über ihre Funktion erklären. So sind die Wände der Zellen einer Haselnussschale stark verdickt. Hierdurch bilden sie eine harte Schale, die den Samen im Inneren der Haselnuss schützt. Die verdickten Zellwände erfüllen somit eine Schutzfunktion.

Zwischen der Ausprägung einer Struktur und ihrer Funktion besteht somit stets ein enger Zusammenhang. Dieser Zusammenhang wird als Basiskonzept **Struktur und Funktion** bezeichnet.

KOMPARTIMENTIERUNG

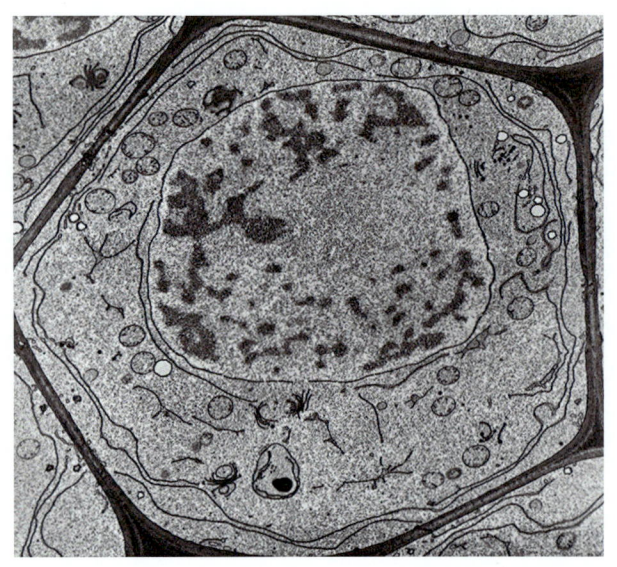

Sowohl pflanzliche als auch tierische Zellen zeigen in ihrem Aufbau eine Aufteilung in viele abgegrenzte Räume. Diese sind jeweils von Membranen umgeben und werden als Kompartimente bezeichnet. Die Zusammensetzung dieser Kompartimente variiert.

So befinden sich im Zellkern das Erbmaterial, in den Chloroplasten Chlorophyll und in einer Vakuole zum Beispiel ein roter Farbstoff. Durch diese unterschiedliche Zusammensetzung können Kompartimente jeweils unterschiedliche Funktionen erfüllen.

Diese Einteilung in Räume existiert nicht nur auf der Ebene der Zellen, sondern auch auf der Ebene von Organen. Die Abgrenzung von Magen und Darm ermöglicht zum Beispiel die effektive Umsetzung unterschiedlicher Verdauungsschritte. Die vielfältige Abgrenzung von Reaktionsräumen wird daher als Basiskonzept **Kompartimentierung** bezeichnet.

REPRODUKTION

Wenn Menschen sich fortpflanzen, verschmelzen Spermien-zelle und Eizelle miteinander. Die Zellkerne dieser Geschlechts-zellen enthalten Erbmaterial, das so an die Nachkommen wei-tergegeben wird. Viele Pflanzen können sich neben dieser geschlechtlichen Fortpflanzung auch noch ungeschlechtlich fortpflanzen.

Kartoffelpflanzen bilden beispielsweise Sprossknollen, die im Folgejahr austreiben und hierdurch eine neue Pflanze bilden. Das Erbmaterial dieser Tochterpflanze ist mit der Mutter-pflanze identisch und stellt keine Neukombination dar.

Trotz dieser Unterschiede zwischen geschlechtlicher und un-geschlechtlicher Fortpflanzung zeichnen sich alle Lebewesen durch ein Hervorbringen von Nachkommen mit Weitergabe von Erbmaterial aus. Aufgrund dieser Allgemeingültigkeit spricht man vom Basiskonzept **Reproduktion**.

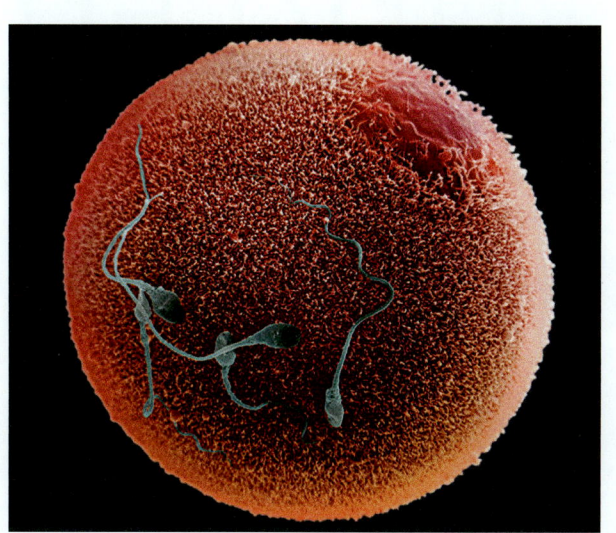

INFORMATION UND KOMMUNIKATION

Wenn Menschen sprechen oder Vögel singen, senden sie Infor-mationen aus. Diese Informationen werden von Artgenossen verstanden, sodass sie sich miteinander verständigen können. Doch auch unabhängig von diesen Verhaltensweisen, spielen Informationen und ihre Weitergabe eine zentrale Rolle in der Biologie.

So stellt das Erbmaterial in einem Zellkern einen Informati-onsträger dar. Hautzellen können durch die Informationen in ihrem Zellkern jenen Farbstoff bilden, der eine bestimmte Hautfarbe erzeugt. Und auch Hormone sind Informationsträ-ger, die ein bestimmtes Signal in einem Körper verbreiten.

Informationen spielen daher in vielen biologischen Zusam-menhängen eine wesentliche Rolle, sodass man vom Basis-konzept **Information und Kommunikation** spricht.

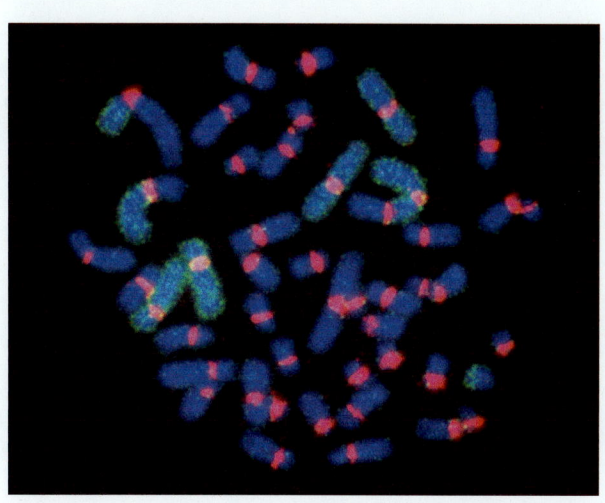

Struktur und Funktion von Zellen

In diesem Kapitel beschäftigen Sie sich mit

- ► dem Bau der Zellen von Pflanzen, Tieren und Menschen sowie den Funktionen der unterschiedlichen Zellbestandteile;

- ► den Möglichkeiten verschiedener Mikroskopietechniken;

- ► dem Bau und der Funktion von Biomembranen;

- ► dem Unterschied von Prokaryotenzellen und Eukaryotenzellen.

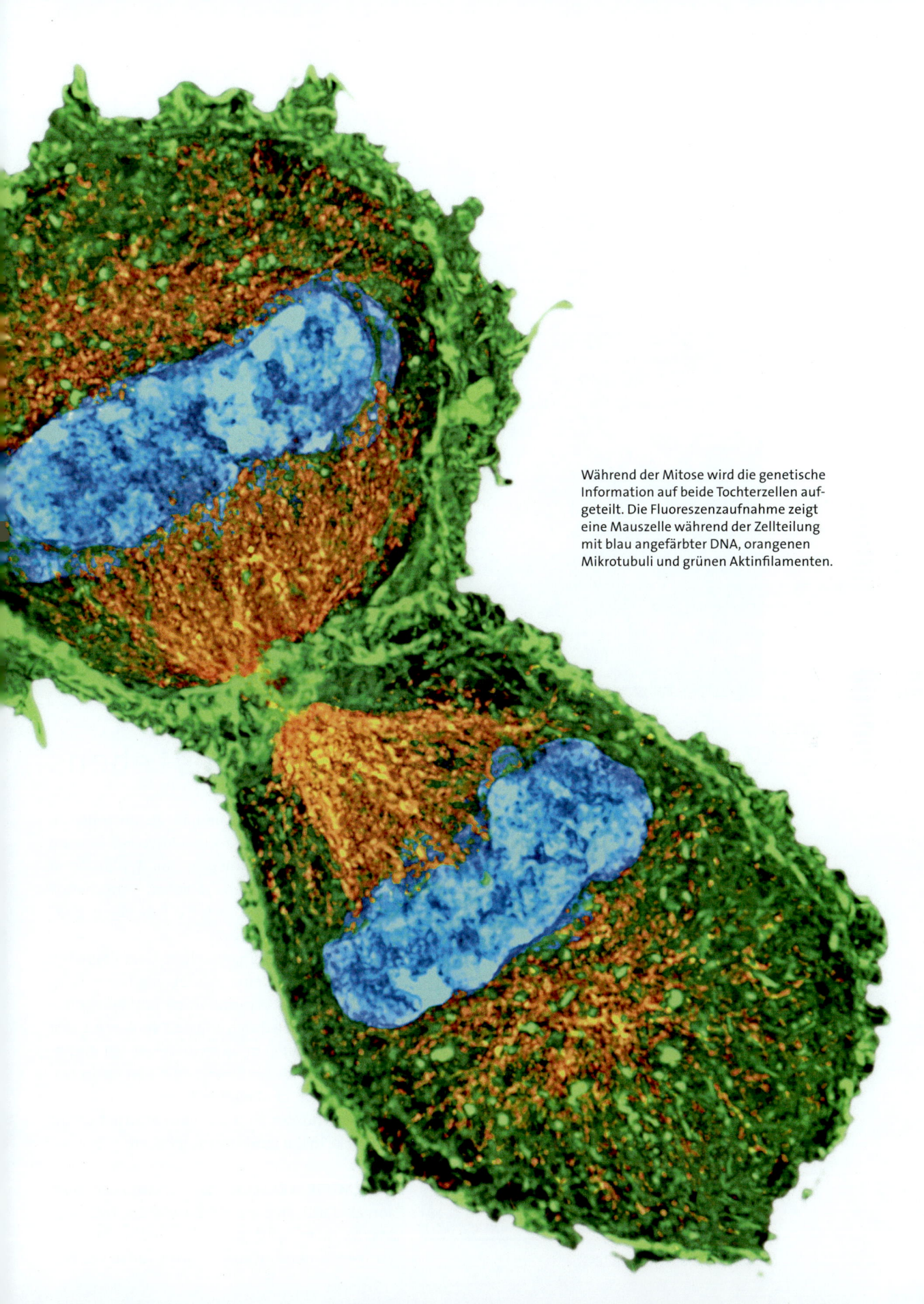

Während der Mitose wird die genetische Information auf beide Tochterzellen aufgeteilt. Die Fluoreszenzaufnahme zeigt eine Mauszelle während der Zellteilung mit blau angefärbter DNA, orangenen Mikrotubuli und grünen Aktinfilamenten.

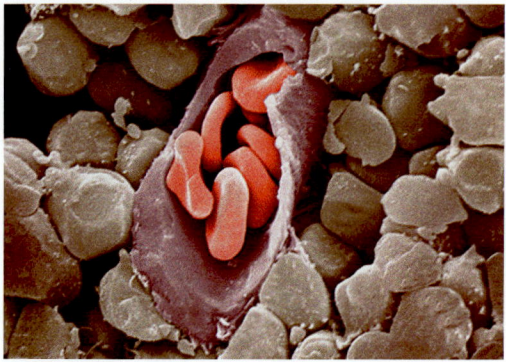

01 Jugendliche im Park

Zellen – faszinierende Akteure des Lebens

Ob das rhythmische Schlagen des Herzens, die beeindruckende Höhe von Bäumen oder die große Vielfalt des Lebens im Boden: Überall in und um uns sind es Zellen, die die Leistungen der Lebewesen hervorbringen. Welche Strukturen der Zellen ermöglichen all diese verschiedenen Funktionen?

ROTE BLUTZELLEN · Die häufigsten Zellen in unserem Blut sind die roten Blutzellen. Sie sind für den Sauerstofftransport von der Lunge zu den unterschiedlichen Geweben verantwortlich. Dafür nutzen sie die weitverzweigten Blutgefäße.

Mit ihrer rundlich abgeflachten Gestalt gleiten diese Zellen problemlos durch alle Blutgefäße. Besonders ihre Verformbarkeit ermöglicht das Hindurchfließen durch engste Kapillaren. Diese Verformbarkeit geht unter anderem auf die hohe Flexibilität der äußeren Hülle aller tierischen Zellen zurück, der **Zellmembran**.

Die **Struktur** der Zellmembran eröffnet damit Einblicke in die **Funktion** von Zellen.

HERZMUSKELZELLEN · Die Herzmuskelzellen sorgen dafür, dass ein Herz etwa eine Milliarde Mal im Leben schlägt. Hierfür sind sie mit vielfältigen Strukturen ausgestattet. Fäden aus Pro-

02 Rote Blutzellen im Blutgefäß

tein im Zellplasma ermöglichen das Verkürzen der Zellen, während kleine Bläschen die nötige Energie liefern. Verzweigte Kanäle verteilen die hierfür wichtigen Signalstoffe und Energielieferanten in der Zelle. Die beeindruckende Leistungsfähigkeit des Herzens geht somit auf die komplexen Strukturen seiner Zellen zurück.

PFLANZLICHE ZELLEN · Tierische und pflanzliche Zellen unterscheiden sich bezüglich einiger Merkmale. So geht die Stabilität eines Baumstammes einzig daraus hervor, dass er aus Zellen mit stark verdickten Zellwänden besteht. Diese verstärkten Zellwände sind eine besondere Struktur pflanzlicher Zellen, die eine festigende Außenhülle jeder Einzelzelle bildet. Sowohl die beeindruckende Größe von Bäumen als auch die harte Schale von Nüssen wird durch diese Zellstruktur möglich.

GESCHLECHTSZELLEN · Spermienzellen und Eizellen können verschmelzen, sodass ein neues Lebewesen entsteht. Bei der Geschlechtszellenbildung müssen die in den normalen Körperzellen doppelt vorhandenen Erbanlagen entsprechend halbiert werden. Diese Halbierung vollziehen filigrane Eiweißfäden, die sich zu einem Netz aufspannen und das Erbmaterial systematisch aufteilen. Die Fähigkeit, sich sexuell fortpflanzen zu können, beruht somit auf der Fähigkeit von Zellen zur geregelten Aufteilung ihres Erbmaterials.

BAKTERIEN · Ob im Boden, in Seen oder unserem Körper, Bakterien sind überall. Sie sind meist nur einen Mikrometer groß, ihre DNA liegt frei im Zellplasma und sie haben nahezu alle Lebensräume dieser Welt erobert, von den heißen Quellen der Tiefsee bis zum arktischen Eis. Ihre schnelle Anpassungsfähigkeit an unterschiedlichste Umweltbedingungen entsteht durch spontane Veränderungen ihrer Erbinformation, die zwischen Bakterien ausgetauscht werden kann.

1 Stellen Sie in Form einer Tabelle Zusammenhänge zwischen Struktur und Funktion der Muskelzellen, roten Blutzellen und Geschlechtszellen dar!

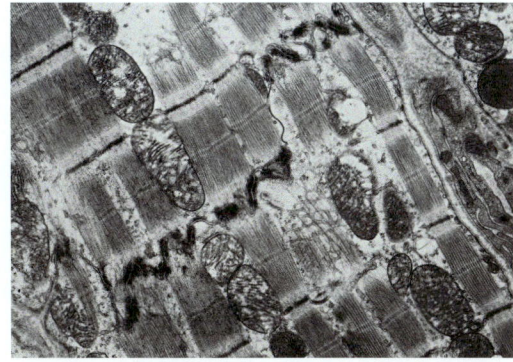

03 Herzmuskelzellen

04 Querschnitt durch einen Blattstängel

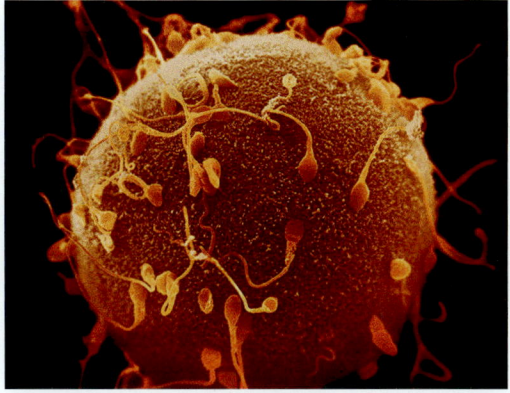

05 Eizelle mit männlichen Spermienzellen

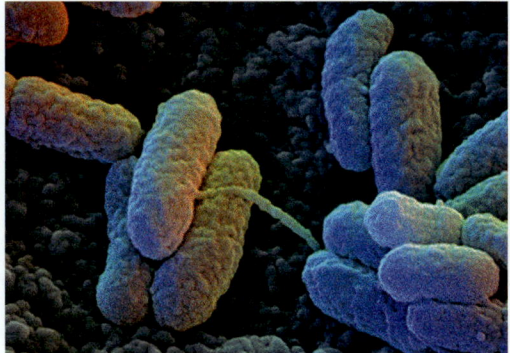

06 Bakterien: *Salmonella enterica*

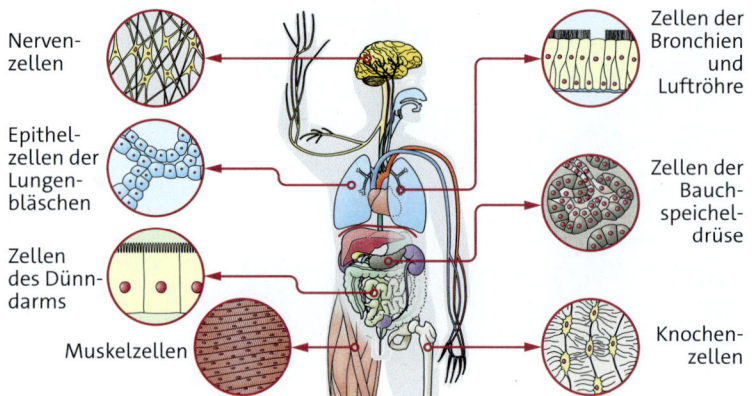

Nerven-zellen

Epithel-zellen der Lungen-bläschen

Zellen des Dünn-darms

Muskelzellen

Zellen der Bronchien und Luftröhre

Zellen der Bauch-speichel-drüse

Knochen-zellen

07 Zellen in verschiedenen Organen

lat. omnis cellula e cellula = jede Zelle entsteht aus einer Zelle

Ebene:		Beispiel:
Zellbestandteile		Mitochondrium
Zelle		Epithelzelle
Gewebe		Darmepithel
Organ		Dünndarm
Organsystem		Verdauungs-trakt: • Magen • Leber • Bauch-speicheldrüse • Dünndarm • Dickdarm
Organismus		Mensch

08 Organisationsebenen von den Zellbestandteilen bis zum Organismus am Beispiel des menschlichen Verdauungstraktes

ZELLTHEORIE · Dass die Leistungen von Lebewesen auf ihre Zellen zurückzuführen sind, ergibt sich daraus, dass alle Strukturen eines Lebewesens ohne Ausnahme aus Zellen oder aus Zellprodukten bestehen. Diese **zelluläre Organisation** wurde im Jahre 1838 von Matthias SCHLEIDEN für pflanzliche Zellen und Theodor SCHWANN für tierische Zellen in Form der *Zelltheorie* beschrieben. Diese besagt, dass Zellen die Grundbausteine aller Lebewesen sind. Ein weiterer Schritt dieser frühen Theoriebildung war die von Rudolf VIRCHOW im Jahr 1855 formulierte These, dass neue Zellen stets aus vorhandenen Zellen hervorgehen: *omnis cellula e cellula.*

ORGANISATIONSEBENEN · Ausgehend davon, dass alle Lebewesen aus Zellen oder Zellprodukten bestehen, lassen sich mehrere Ebenen dieser zellulären Organisation unterscheiden. Wie die Beispiele von Muskelzellen oder Geschlechtszellen zeigen, erschließt sich ihre Leistungsfähigkeit häufig erst, wenn man die **Zellbestandteile** kennt. Da in einem Gesamtorganismus meist mehrere **Zellen** von einem Zelltypus eine Funktionseinheit bilden, stellen **Gewebe** eine weitere Organisationsebene dar. So bilden beispielsweise die Epithelzellen das Darmepithel. Oder es entsteht erst durch viele Muskelzellen ein Muskelgewebe mit dem erforderlichen Kontraktionsvermögen. Die volle Funktionsfähigkeit eines Muskels erfordert zudem noch Nervengewebe oder Bindegewebe. Erst diese verschiedenen Gewebe zusammen ermöglichen das Zusammenspiel aus Kontraktion, Versorgung und Steuerung. Eine solche Funktionseinheit aus mehreren Geweben bezeichnet man als **Organ.** Komplexe Funktionen wie die Verdauung sind erst durch das Zusammenspiel mehrerer Organe als **Organsystem,** wie des Verdauungssystems, möglich. Hier spielen Magen, Leber, Bauchspeicheldrüse, Dünndarm und Dickdarm eine Rolle.

2 Nennen Sie Beispiele für die einzelnen Organisationsebenen bei Tier und Pflanze!

Material A ▸ Zellquiz

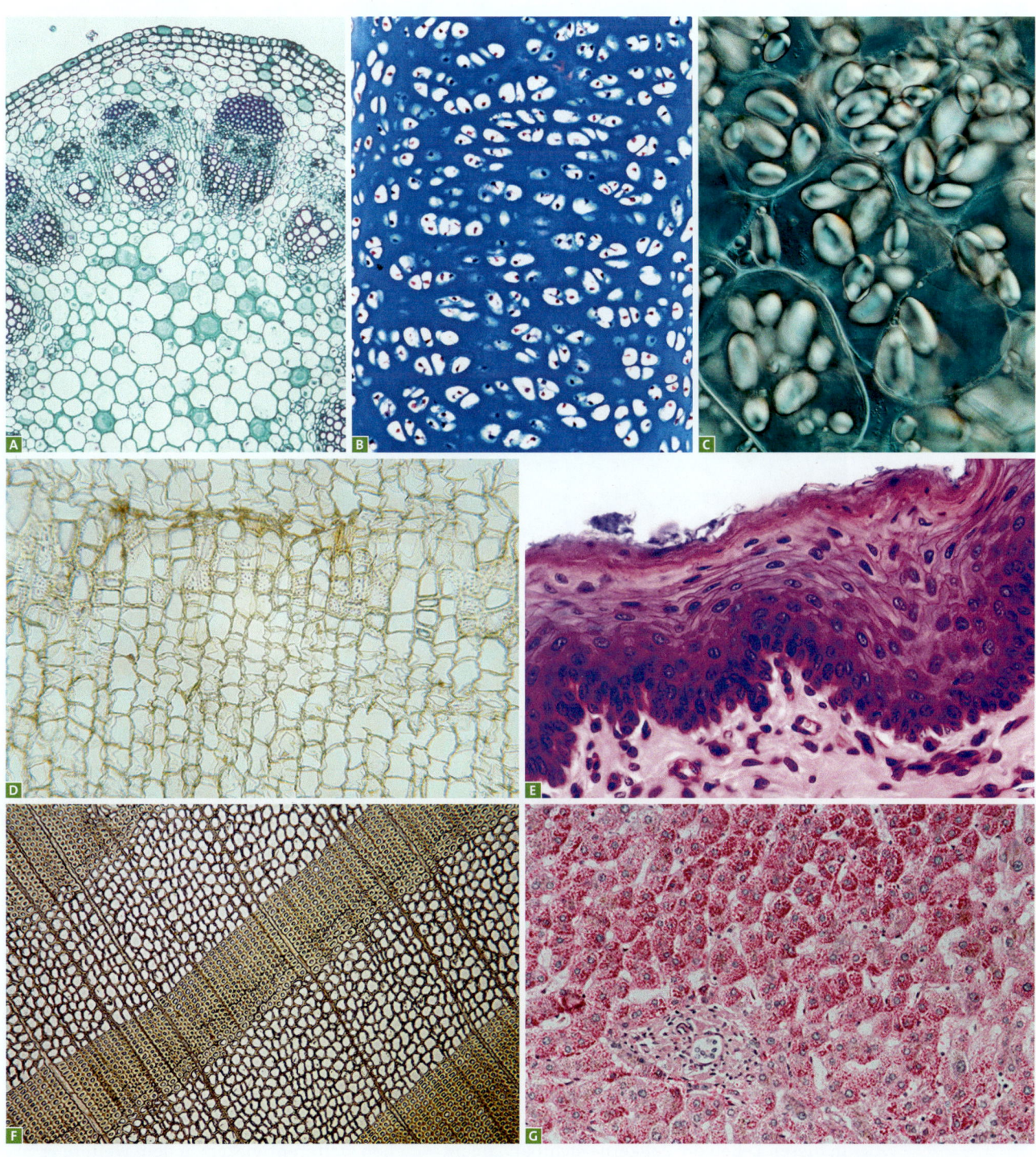

Die Fotos zeigen Zellen unterschiedlicher Herkunft. Manche der Präparate wurden hierzu gefärbt, andere nicht.

A1 Ordnen Sie die Fotos A–G den folgenden Präparaten zu: Leber, Knorpel, Kartoffel, Stängel einer Sonnenblume, menschliche Haut, Kork, Holz!

A2 Entscheiden Sie, welche der Fotos mehrere Zelltypen zeigen!

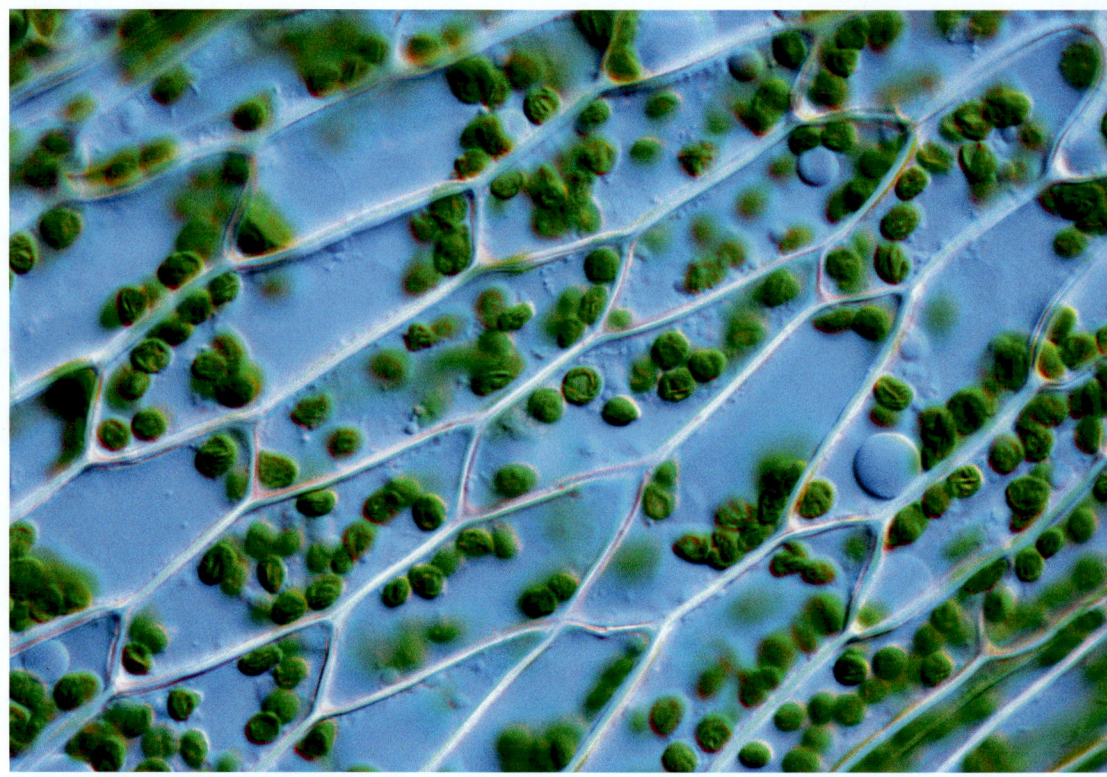

01 Lichtmikroskopisches Bild von Blattzellen der Wasserpest

Vom mikroskopischen Bild zum Zellmodell

Betrachtet man die Zellen eines Blattes der Wasserpest mit dem Lichtmikroskop, kann man Zellen erkennen, die viele Ähnlichkeiten, aber auch Unterschiede aufweisen. Zudem sieht man in jeder mikroskopischen Einstellung nur Teile der Zellen scharf, andere sind unscharf und dadurch nicht genau zu erkennen. Wie entwickelt man eine allgemeingültige Vorstellung von Zellen?

MODELLENTWICKLUNG · Alle Zellen der Wasserpest sind von einer **Zellwand** umschlossen. Im Inneren der Zellen sieht man viele kleine, linsenförmige, kräftig grün gefärbte **Chloroplasten.** In manchen Zellen sind **Zellkerne** zu erkennen, in anderen nicht. Verändert man die Einstellung des Mikroskops, werden meist auch in diesen Zellen die Zellkerne sichtbar. Zudem fällt auf, dass die Chloroplasten meist im Randbereich der Zellen liegen. Bei stärkerer Vergrößerung lässt sich an manchen Stellen die Membran der **Zentralvakuole** erkennen. Diese drängt das Zellplasma und damit auch die Chloroplasten in den Randbereich der Zelle. Die genaue Verteilung der Chloroplasten ist in jeder Zelle unterschiedlich, die Tendenz zur Randlage aber in allen Zellen erkennbar. Dieses Betrachten und Vergleichen vieler Zellen führt zu einer Sammlung typischer Merkmale der Blattzellen einer Wasserpest, die so von eher zufälligen Formen oder Anordnungen unterschieden werden können. Mittels dieser Merkmale kann ein zweidimensionales Schema angefertigt werden, ein **Modell.** Dieses Modell zielt darauf, die allen Blattzellen der Wasserpest gemeinsamen und damit typischen Merkmale darzustellen, und verzichtet entsprechend auf alle hierfür nicht relevanten Merkmale.

Dieses Modell einer Blattzelle der Wasserpest lässt sich zu einem Modell grüner Pflanzenzellen weiterentwickeln, indem weitere grüne Pflanzenzellen mikroskopiert werden. Da auch Blattzellen von Rotbuchen, Löwenzahn und Moosen dieselben typischen Strukturen aufweisen, stellt das Schema ein vorläufig gültiges Modell grüner Pflanzenzellen dar.

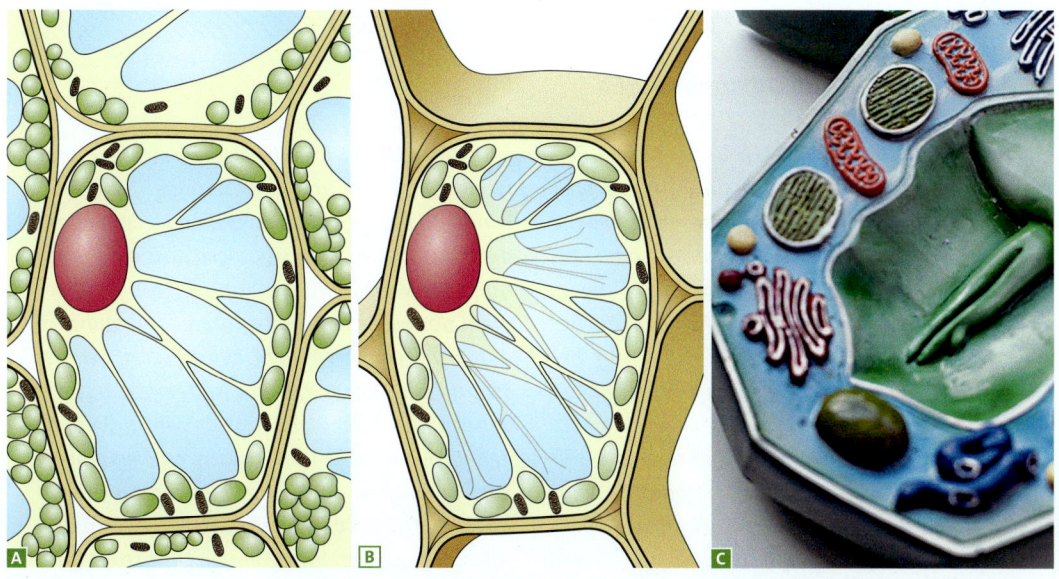

02 Modelle grüner Pflanzenzellen: **A** zweidimensionales Modell als Zeichnung, **B** dreidimensionales Modell als Zeichnung, **C** dreidimensionales Modell als 3-D-Objekt

DREIDIMENSIONALER BAU DER ZELLE · Zweidimensionale Modelle bieten keine Einblicke in die räumliche 3-D-Struktur von Zellen. Um systematisch ein dreidimensionales Zellmodell zu entwickeln, müssen die mikroskopischen Bilder unterschiedlicher Schärfeebenen zu einem dreidimensionalen Gesamtbild zusammengefügt werden. Diese 3-D-Modellentwicklung lässt sich besonders deutlich an Zellen der Grünalge *Spirogyra* mit ihren spiralförmig gewundenen Chloroplasten nachvollziehen.

MODELLKRITIK · Zweidimensionale und dreidimensionale Zellmodelle betonen oder vereinfachen jeweils unterschiedliche Aspekte der realen Zellstrukturen. So reduzieren dreidimensionale Modelle häufig die Anzahl der Zellbestandteile wie Chloroplasten zugunsten einer höheren Anschaulichkeit der räumlichen Struktur. Gleichzeitig zeigen zweidimensionale und dreidimensionale Modelle in Form von schematischen Zeichnungen nicht die Dynamik der Zellen wie zum Beispiel die Zellplasmaströmung. So entsteht durch Modelle oft ein statischer Eindruck von Zellen. Modelle können somit leicht zu fehlerhaften Vorstellungen führen. Daher sollten Modelle kritisch in ihrem Verhältnis zu den realen Strukturen oder Prozessen reflektiert werden.

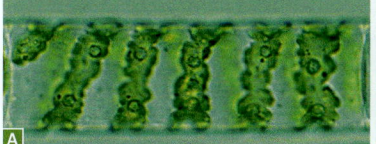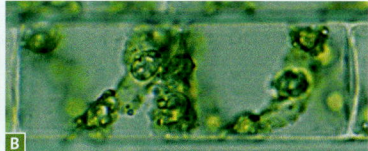

03 **A und B:** mikroskopische Bilder der Fadenalge *Spirogyra* mit unterschiedlichen Schärfeebenen

Diese *Modellkritik* fokussiert meist auf die **Idealisierungen** und **Verkürzungen** der Modelle. Unterschiede zwischen Modell und Realität sind jedoch nicht als Fehler der entsprechenden Modelle zu verstehen. Vielmehr sind sie eine notwendige Voraussetzung des besonderen Potenzials von Modellen, die jeweils ein als besonders relevant eingestuftes Verständnis der Realität verdeutlichen, indem sie hierfür relevante Aspekte idealisiert darstellen und nicht relevante weglassen beziehungsweise verkürzen.

1 ⌡ Beschreiben Sie Schritte der Entwicklung zweidimensionaler und dreidimensionaler Zellmodelle auf der Grundlage mikroskopischer Analysen!

2 ⌡ Erläutern Sie, was man unter Modellkritik versteht!

Mikroskopieren und Dokumentieren

ERKENNTNISGEWINNUNG · Um erste Eindrücke vom zellulären Aufbau unterschiedlicher Objekte zu gewinnen, kann man verschiedene Präparate wie die Zwiebelepidermis oder das Wasserpestblatt mit dem Mikroskop erkunden. Bei diesem **explorativen Entdecken** wird ein Betrachter mehr oder weniger zufällig auf bestimmte Merkmale aufmerksam und auf andere nicht. So fällt beispielsweise die nicht erwartete Plasmaströmung ins Auge, während die nur schwer erkennbare Vakuolenmembran unentdeckt bleibt. Anders als solche Zufallsbeobachtungen zielen mikroskopische Analysen in den Naturwissenschaften in der Regel auf konkrete Fragestellungen beziehungsweise auf die Bestätigung oder Widerlegung einer **Hypothese.** Oft entwickeln sich solche Fragestellungen und Hypothesen auch aus einer explorativen Phase. Entdeckt man beispielsweise bei den Blattzellen einer Wasserpest die überwiegend randständige Anordnung der Chloroplasten aufgrund der zentral liegenden Vakuole, kann man die Hypothese aufstellen, dass auch die nicht grünen Zwiebelepidermiszellen eine Zentralvakuole aufweisen.

PRÄPARIEREN · Um diese Hypothese bestätigen zu können, muss ein Nachweis der Vakuole mit ihrer feinen Membranhülle erbracht werden. Hierfür ist vor allem die Herstellung eines dünnschichtigen Präparates erforderlich, da dicke Präparate im Mikroskop durch verstärkte Lichtstreuung zu unscharfen Bildern führen.

Daher eignet sich für die Analyse das Herstellen eines **Abziehpräparates** durch Ablösen der inneren Epidermisschicht einer Zwiebelschuppe. Unter anderem macht diese Präparationsmöglichkeit die Zwiebelepidermis zu einem so beliebten Objekt für das Mikroskopieren.

Andere Objekte wie die des Fruchtfleisches von Bananen können beispielsweise als **Quetschpräparate** für die Mikroskopie aufbereitet werden. Hierzu wird das Deckgläschen mit dem darunterliegenden Fruchtfleisch auf den Objektträger gedrückt, bis eine ausreichend dünne Schicht entsteht.

MIKROSKOPIEREN · Eine mikroskopische Analyse beginnt stets mit einer geringen Vergrößerung und eng geschlossener Blende. Dann wird der Objektträger so positioniert, dass das Präparat in der Mitte des Lichtstrahls liegt. Darauf beginnt das eigentliche Betrachten des Präparates durch die Okulare. Nach einem schrittweisen Scharfstellen über Grobtrieb und Feintrieb sowie dem Anpassen der Blendenweite wird die Vergrößerung durch Drehen des Objektivrevolvers erhöht. Zur Überprüfung der Hypothese kann die Analyse direkt auf den Randbereich der Zwiebelepidermiszellen ausgerichtet werden. Dort stößt man in Eckbereichen der Zellwand auf eine Grenzlinie, die nicht ganz bis in den mit Zellplasma gefüllten Winkel der Zellwand reicht. Diese feine Grenzlinie zeigt den Übergang zwischen Vakuole und Zellplasma. In den gerade verlaufenden Zellwandabschnitten liegt diese Grenze so nah an der Zellwand, dass sie im Lichtmikroskop nicht erkennbar ist. An den Zellwandecken kommt es jedoch zu einem abgerundeten Verlauf der Vakuolenmembran und einer kleinen Ansammlung von Zellplasma. Diese Bereiche belegen das Vorhandensein einer Vakuole in Zwiebelepidermiszellen und werden als **Plasmaecken** bezeichnet.

DOKUMENTIEREN · Nach Abschluss der mikroskopischen Analyse gilt es, die Ergebnisse zu dokumentieren, um sie mit anderen austauschen zu können oder zu sichern. Hierzu muss eine passende Art der Dokumentation ausgewählt werden.

Für mikroskopische Analysen stehen grundsätzlich Fotos und Filmaufnahmen oder mikroskopische Zeichnungen zur Verfügung. Während ein Foto stets die Gesamtheit der Merkmale eines Ausschnittes zeigt, ermöglicht die mikroskopische Zeichnung eine Fokussierung auf relevante Strukturen im Sinne einer gezielten Modellbildung. Da Plasmaecken nur einen kleinen Ausschnitt der Zelle repräsentieren, sollte man zunächst eine Übersichtszeichnung von zwei bis drei Zellen und dann eine Plasmaecke als Detailzeichnung anfertigen.

Material A ▸ Plasmaströmung

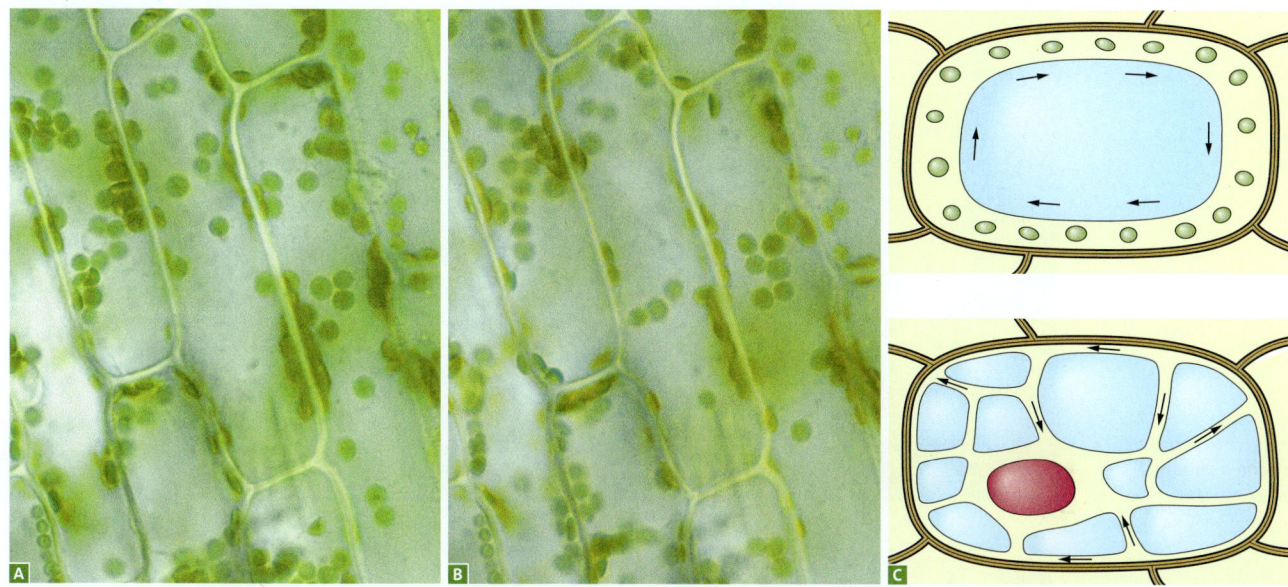

Das Zellplasma einer Blattzelle der Wasserpest bewegt sich nicht nur passiv durch Diffusion, sondern wird auch durch Mechanismen in der Zelle transportiert. Diese Bewegung nennt man Plasmaströmung. Die Abbildungen A und B zeigen Wasserpestzellen in zeitlicher Abfolge von mehreren Sekunden.

A1 Betrachten Sie die Abbildungen A und B und identifizieren Sie Veränderungen innerhalb der Zellen, die auf eine Bewegung des Zellplasmas zurückgeführt werden können!

A2 Entwickeln Sie eine Darstellungsweise, die die Bewegung innerhalb der Zelle dokumentiert!

A3 Abbildung C zeigt zwei Modelle der Plasmaströmung in pflanzlichen Zellen. Vergleichen Sie Ihre Darstellung der Bewegungen in einer Wasserpestzelle aus A2 mit diesen Modellen! Beurteilen Sie, inwieweit die Modelle und ihre Darstellungen übereinstimmen oder voneinander abweichen!

A4 Plasmaströmung in Wasserpestzellen nimmt unter Belichtung zu und bei Dunkelheit ab. Entwickeln Sie zwei unterschiedliche Hypothesen zu diesem Phänomen!

Material B ▸ Analogmodell Wohnung

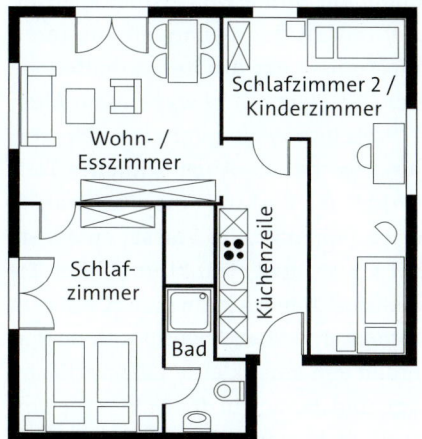

Modelle werden in der Regel gezielt entwickelt, um bestimmte Aspekte besonders deutlich oder in einem besonderen Zusammenhang darzustellen. Manchmal wählt man aber auch vorhandene Gegenstände aus und nutzt sie als Modell für etwas anderes; diese Modelle nennt man Analogmodelle. So kann die Skizze einer Wohnung als Modell für eine Zelle dienen.

B1 Stellen Sie Ähnlichkeiten beziehungsweise Entsprechungen zwischen einer Wohnung und einer Zelle her und notieren Sie diese in Form einer Tabelle!

Wohnung	Zelle
Zimmer	Kompartimente
Wände	...

B2 Diskutieren Sie die Analogie zwischen Zelle und Wohnung! Worin liegen Chancen dieses Vergleichs und worin liegen Grenzen?

Moderne mikroskopische Verfahren

> *Mit einem modernen Lichtmikroskop erhält man ein detailreiches Bild einer Amöbe. Man erkennt deutlich die Kieselalgenzelle, die der Einzeller gefressen hat, sowie den Zellkern, umgeben von Zellplasma. Was aber sind die vielen kleinen Einschlüsse im Zellplasma und wie kann man ihren Bau und ihre Funktion erforschen?*

ZELLBESTANDTEILE ERKENNEN · Zellbestandteile sind so klein, dass man sie mit dem bloßen Auge nicht sehen kann. Die Erforschung ihres Baues erfordert daher Verfahren zur Vergrößerung. Ein **Lichtmikroskop** ermöglicht die Untersuchung lebender Objekte und liefert farbige Bilder. Es kann jedoch nur Strukturen scharf darstellen, die mindestens 0,2 Mikrometer auseinanderliegen. Feinere Strukturen lassen sich mithilfe von **Elektronenmikroskopen,** kurz **EM,** erkennen. Anstelle einer Lichtquelle benutzt man eine Elektronenquelle. Mit hoher elektrischer Spannung bringt man Elektronen dazu, aus einer negativen Elektrode, einer Kathode, auszutreten und zur Anode zu fliegen. Da diese ein Loch hat, fliegen sie hindurch. Sie werden bei einem **Transmissionselektronenmikroskop,** kurz **TEM,** durch das Objekt geleitet. Auf dem Bildschirm entstehen je nach Durchlässigkeit unterschiedlich starke Schattierungen. Bei einem

Rasterelektronenmikroskop, kurz **REM,** werden die Elektronen auf das Objekt geleitet und unterschiedlich stark reflektiert. Das entstehende Bild wirkt räumlich.

HERSTELLEN VON ELEKTRONENMIKROSKOPISCHEN PRÄPARATEN · Damit Elektronen fliegen können, herrscht im Elektronenmikroskop ein Vakuum. Die Elektronen durchdringen nur sehr dünne Schichten. Daher muss man so dünne Präparate herstellen, dass diese überall fast gleich gut von Elektronenstrahlen durchdrungen werden können.

Da im Vakuum das Wasser aus lebenden Zellen sofort verdampfen würde, werden die Zellen abgetötet und mit Stoffen behandelt, die ihren Zustand im Moment des Abtötens erhalten, sie also fixieren. Als *Fixiermittel* eignen sich Aldehyde, die Proteinmoleküle miteinander verknüpfen und festhalten. Auch schnelles Tiefgefrieren erhält den Zustand eines Präparats. Dem fixierten Präparat wird Wasser entzogen. Es wird mit Kunstharz getränkt und durch Erhärten stabilisiert. Danach kann man es mit dem *Ultramikrotom* schneiden. Abgeschnittene Präparate werden von einer kleinen Wasserfläche aufgefangen und danach in das Mikroskop eingeschleust. Einen besseren Kontrast erhält man

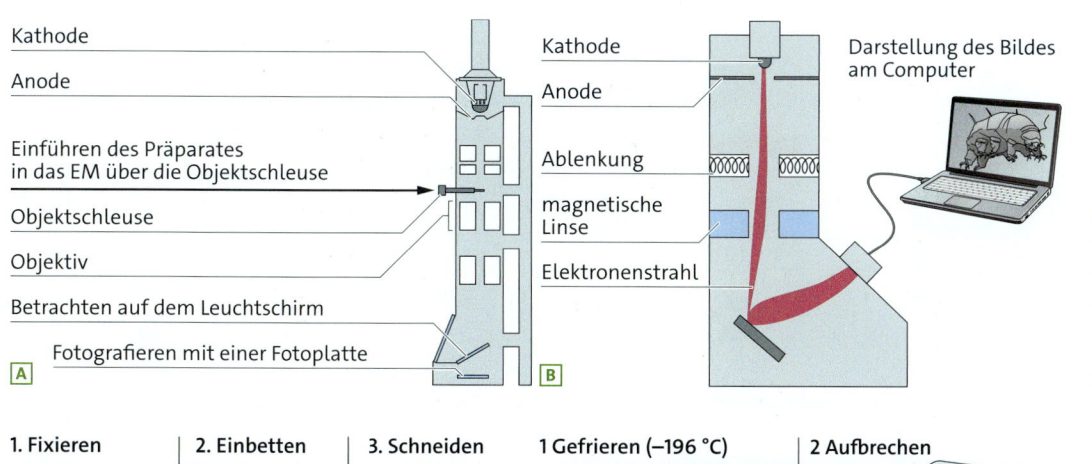

Kathode

Anode

Einführen des Präparates
in das EM über die Objektschleuse

Objektschleuse

Objektiv

Betrachten auf dem Leuchtschirm

Fotografieren mit einer Fotoplatte

A

Kathode

Anode

Ablenkung

magnetische
Linse

Elektronenstrahl

B

Darstellung des Bildes
am Computer

02 Elektronen-
mikroskope:

A Transmissions-
elektronenmikroskop
(TEM),

B Rasterelektronen-
mikroskop (REM)

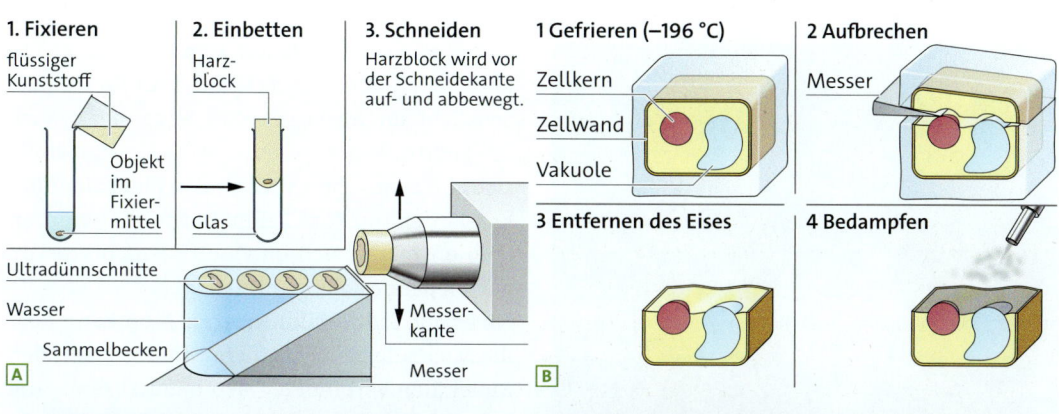

1. Fixieren

flüssiger
Kunststoff

Objekt
im
Fixier-
mittel

2. Einbetten

Harz-
block

Glas

3. Schneiden

Harzblock wird vor
der Schneidekante
auf- und abbewegt.

Ultradünnschnitte

Wasser

Sammelbecken

A

Messer-
kante

Messer

1 Gefrieren (−196 °C)

Zellkern

Zellwand

Vakuole

2 Aufbrechen

Messer

3 Entfernen des Eises

4 Bedampfen

B

03 Elektronen-
mikroskopische
Präparationsmetho-
den:

A Ultradünnschnitt
(Transmissionselek-
tronenmikroskopie,
TEM),

B Gefrierbruch-
technik (Raster-
elektronen-
mikroskopie, REM)

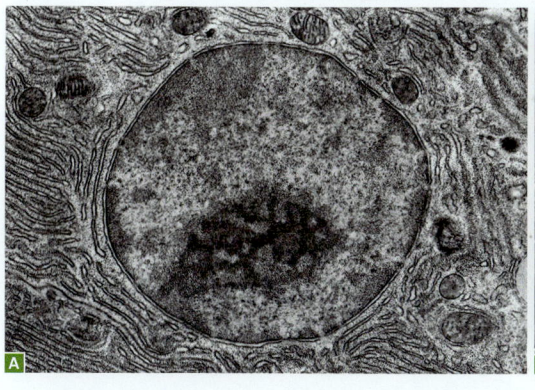

A

B

04 Elektronen-
mikroskopische
Bilder eines Zellkerns:

A TEM-Bild,

B REM-Bild

mit Stoffen, die Schwermetallatome enthalten.
Diese sind für Elektronenstrahlen schlecht zu
durchdringen. Einige dieser Kontrastmittel reagieren bevorzugt mit bestimmten Zellinhaltsstoffen und zeigen damit deren Vorhandensein
und Lage an.

Im REM erhält man Bilder von dreidimensionalen Objekten, indem man die Oberflächen der
Objekte mit Metallatomen bedampft, die Elektronen reflektieren.

Tiefgefrorene Präparate brechen beim Schneiden. Es entstehen gewölbte Flächen, die mit

dem REM betrachtet werden können. Diese Prä-
parationsmethode heißt *Gefrierbruchtechnik*.
Bei jeder Präparation kann sich das Präparat un-
gewollt verändern, sodass Artefakte entstehen.
Nur durch sorgfältigen Vergleich von Bildern,
die mit verschiedenen Verfahren erhalten wurden, kann man Artefaktbildung erkennen.

1 Erläutern Sie für die verschiedenen Mikro-
skopierverfahren die Notwendigkeit der
jeweiligen Präparationsmethoden!

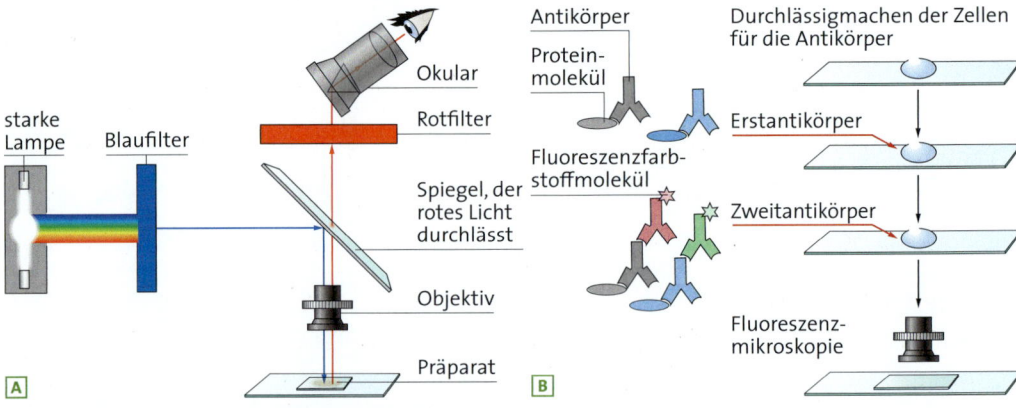

05 Fluoreszenzmikroskopie:

A Strahlengang im Auflichtfluoreszenzmikroskop,

B Markierung von Zellinhaltsstoffen mit zwei verschiedenen Fluoreszenzfarbstoffen

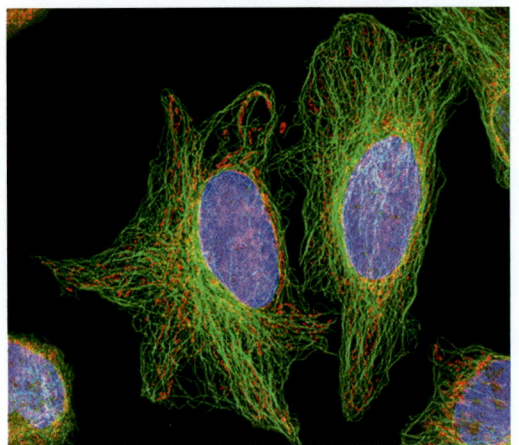

06 Menschliche Zelle, mit drei Fluoreszenzfarbstoffen gefärbt

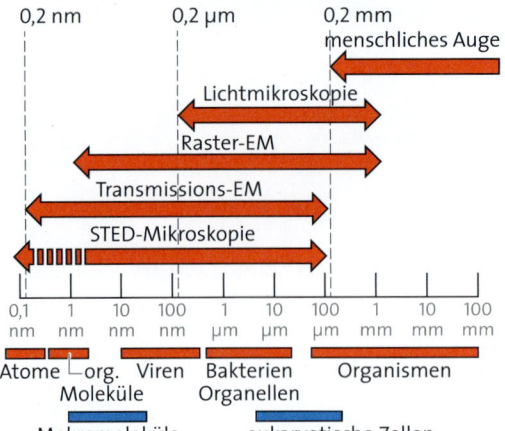

07 Anwendungsbereiche verschiedener mikroskopischer Verfahren im Vergleich zur Leistung des menschlichen Auges

FLUORESZENZMIKROSKOPIE · Es gibt verschiedene Stoffe, die Licht einer bestimmten Farbe aussenden, wenn sie mit einer anderen Lichtfarbe beleuchtet werden. Dieses Aufleuchten heißt **Fluoreszenz.** Mithilfe eines *Fluoreszenzmikroskops* kann man in einer Zelle zum Beispiel Stoffe lokalisieren, die rot fluoreszieren, wenn man sie mit blauem Licht beleuchtet. Ein Rotfilter stellt sicher, dass nur das rote Fluoreszenzlicht durchgelassen wird. So gelingt es auch im Lichtmikroskop, feinere Zellbestandteile sichtbar zu machen. Während in Elektronenmikroskopen nur tote Zellen betrachtet werden können, lassen sich im Fluoreszenzmikroskop auch lebende Zellen untersuchen.

Nicht alle Stoffe fluoreszieren. Man kann aber die Moleküle vieler Stoffe mit fluoreszierenden Molekülen verbinden. Dazu benutzt man zum Beispiel Moleküle, die sich spezifisch fest an andere Moleküle binden, die *Antikörper,* so wie man sie aus dem Immunsystem kennt. Für das Mikroskopieren werden zum Beispiel Antikörper gegen ein bestimmtes Protein in eine Zelle eingeschleust. Diese binden an die Proteinmoleküle. An diese Erstantikörper binden weitere Antikörper, die Zweitantikörper, die mit einem Fluoreszenzfarbstoffmolekül verknüpft sind. So fluoresziert das Protein indirekt.

In einer mit Fluoreszenzfarbstoffen gefärbten Zelle sieht man einen Zellkern, in dem Stoffe blau fluoreszieren, sodass er sich deutlich von Fäden im Zellplasma abhebt, die grün, und von Mitochondrien, die rot fluoreszieren.

In einem gewöhnlichen Fluoreszenzmikroskop sieht man zwar, wo in einer lebenden Zelle bestimmte Stoffe sind, aber das Bild kann nicht beliebig genau sein. Erst mit moderneren Techniken ist es gelungen, einzelne Moleküle in der Zelle im Lichtmikroskop zu verfolgen. Eines dieser Verfahren ist die *STED-Mikroskopie.*

2) Erläutern Sie die Vorteile der Fluoreszenzmikroskopie!

Material A ▸ Mitochondrien bei verschiedenen mikroskopischen Verfahren

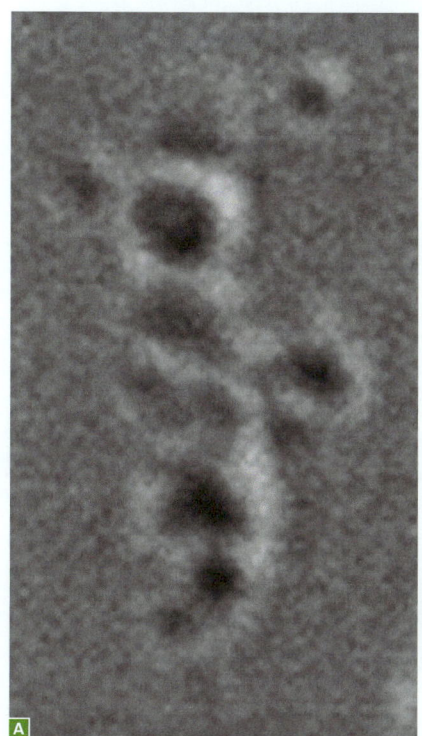

A

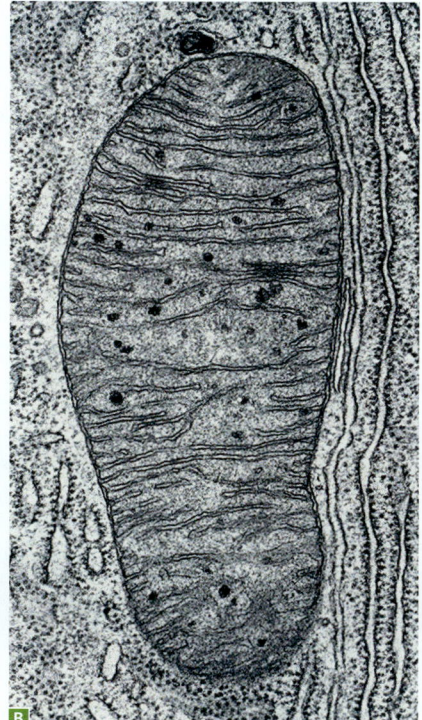

B

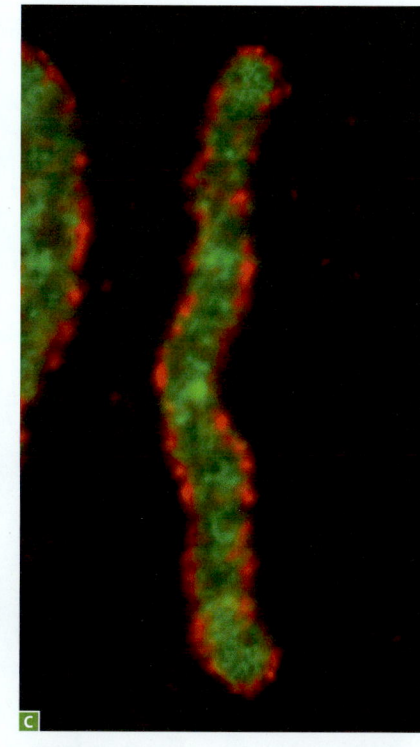

C

Mitochondrien kommen in großer Anzahl in der Zelle vor. Sie sind unterschiedlich breit und lang und ändern ihre Form zwischen länglich und körnchenförmig. Mitochondrien können sich teilen und auch fusionieren. Mithilfe verschiedener mikroskopischer Verfahren lassen sich unterschiedliche Bilder der Mitochondrien erzeugen.

Abbildung A zeigt eine lichtmikroskopische Aufnahme von Mitochondrien bei stärkster Vergrößerung.

In Abbildung B ist eine Aufnahme mit einem Transmissionselektronenmikroskop dargestellt. Das Mitochondrium ist pantoffelförmig und von weiteren feinen Strukturen des Zellplasmas umgeben. Das Präparat wurde kontrastiert.

Abbildung C zeigt eine Aufnahme mit einem besonderen Fluoreszenzmikroskop. Ein Protein in der äußeren Hülle des Mitochondriums wurde mit einem roten Fluoreszenzfarbstoff markiert,

ein anderes Protein innerhalb des Mitochondriums wurde grün fluoreszierend markiert. Das mikroskopische Bild zeigt ausschließlich das Licht von den fluoreszierenden Molekülen. Der Rest der Zelle erscheint schwarz.

Bei diesem Fluoreszenzmikroskop benutzt man für jeden Fluoreszenzfarbstoff zwei Laser mit unterschiedlicher Farbe. Der erste regt die Moleküle an, der zweite, ringförmige Laserstrahl zwingt die angeregten Moleküle, ihre Energie anders abzugeben als durch die Fluoreszenzstrahlung. Man spricht von stimulierter Emission. Nur die Moleküle im Zentrum des Ringes fluoreszieren. Die Technik erlaubt es, den Ring so eng zu ziehen, dass einzelne Moleküle getrennt abgebildet werden. Dadurch wird ein hochaufgelöstes lichtmikroskopisches Bild erzeugt. Dieses Mikroskop bezeichnet man daher als *STED-Mikroskop*, abgeleitet aus dem Englischen für *Stimulated Emission Depletion*.

Der Erfinder des STED-Mikroskops, der deutsch-rumänische Physiker Stefan HELL, erhielt im Jahr 2014 den Nobelpreis für Chemie.

A1 Beschreiben Sie den in den Abbildungen A bis C sichtbaren Bau der Mitochondrien!

A2 Erläutern Sie die besonderen Beiträge der jeweils eingesetzten mikroskopischen Verfahren zur Kenntnis über den Bau der Mitochondrien!

A3 Nennen Sie die wesentlichen Neuerungen, die das STED-Mikroskop auszeichnen!

A4 Begründen Sie am Beispiel der Mitochondrien, dass technischer Fortschritt zwar neue Erkenntnismöglichkeiten liefert, aber alte Techniken dadurch nicht veraltet sind!

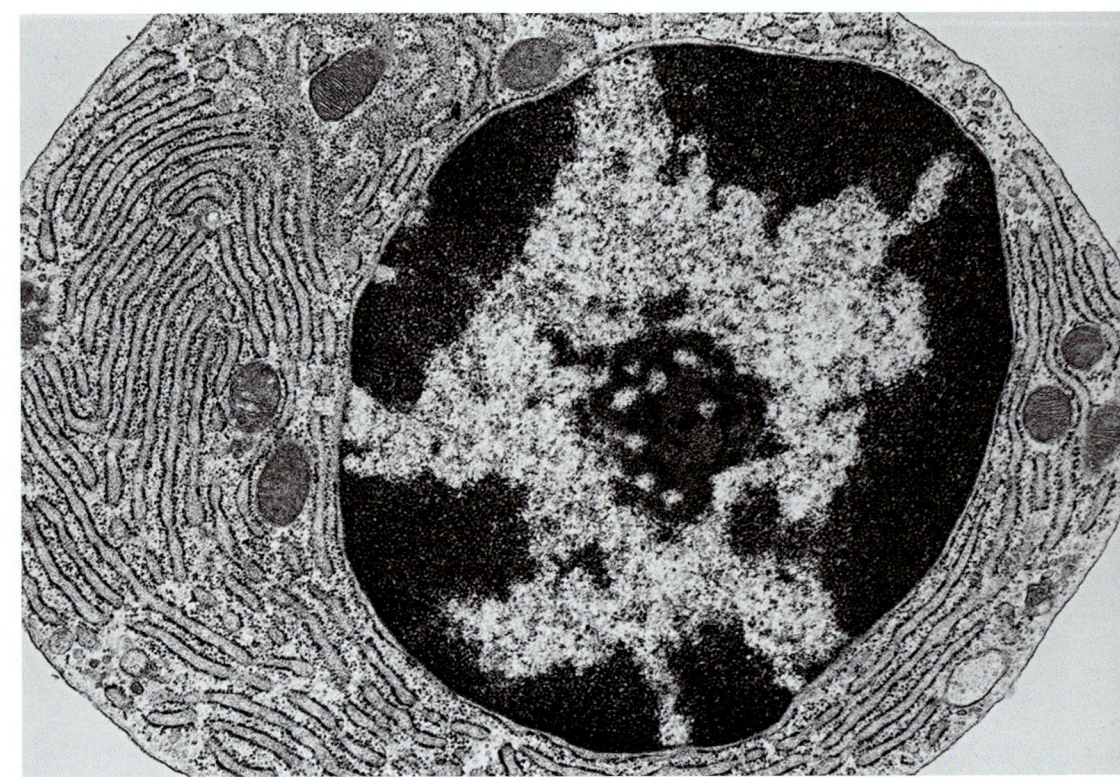

01 Plasmazelle aus dem Knochenmark eines Meerschweinchens (elektronenmikroskopische Aufnahme, bei 18 000-facher Vergrößerung)

Feinbau der Zelle

Plasmazellen produzieren Antikörper gegen Krankheitserreger. Vergleicht man ein elektronenmikroskopisches mit einem lichtmikroskopischen Bild, kann man vermuten, dass der große Bereich im Inneren der Zellkern ist. Was aber sind die anderen Strukturen?

ORIENTIERUNG IM BILD · In einem Frischpräparat von Plasmazellen sind die Zellbestandteile im Lichtmikroskop schwer zu erkennen. Mit geeigneten Färbemitteln lässt sich das Zytoplasma blau einfärben. Einige helle Punkte werden darin sichtbar. Auch im gleichzeitig deutlich violett erscheinenden **Zellkern** ist die Farbe nicht gleichmäßig verteilt. Untersuchungen an unterschiedlich aktiven Zellen haben ergeben, dass schwächer gefärbte Bereiche zu Chromosomenmaterial gehören, das locker angeordnet ist und dessen Erbinformation gerade verwendet wird, das *Euchromatin*. Die stärker gefärbten Bereiche entsprechen verdichtetem Chromosomenmaterial, das gerade nicht verwendet wird, dem *Heterochromatin*. Mit diesem Vorwissen kann man das elektronenmikroskopische Bild deuten: Der Zellkern enthält in der Mitte und am Rand Heterochromatin, dazwischen Euchromatin. Das elektronenmikroskopische Bild wird nur dann deutlich, wenn geeignete Kontrastierungsmittel das Chromatin sichtbar machen, wie zum Beispiel Uranylacetat, das Uranatome enthält.

Die vielen parallelen Linien außerhalb des Zellkerns, die größtenteils mit kleinen schwarzen Punkten besetzt sind, gehören zu einem Zellbestandteil, der erst im Elektronenmikroskop und mit besonderen Methoden auch im Lichtmikroskop identifiziert wurde. In diesem zeigt er sich

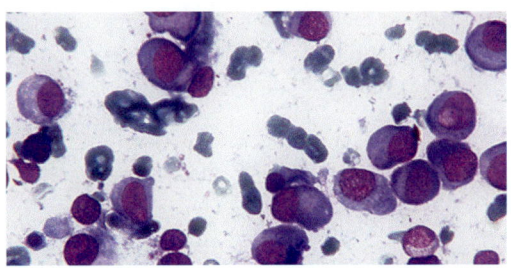

02 Plasmazelle (lichtmikroskopische Aufnahme, gefärbt, bei 600-facher Vergrößerung)

netzförmig und durchzieht große Teile des Zellplasmas. Man nennt ihn daher **Endoplasmatisches Retikulum,** kurz **ER.** Die schwarzen Körnchen sind **Ribosomen.** Schneidet man aus einer einzigen Zelle eine Serie von etwa 50 Präparaten und fotografiert sie unter dem Elektronenmikroskop, kann man aus der entstehenden Bilderserie eine dreidimensionale Rekonstruktion erstellen. Diese zeigt, dass das ER aus taschenförmigen Kammern besteht, deren äußere Begrenzung eine dünne Haut, eine *Membran,* ist. Nahe dem Zellkern ist sie häufig mit Ribosomen besetzt, man spricht vom *rauen ER.* Bereiche ohne Ribosomen nennt man *glattes ER.*

WEITERE ZELLBESTANDTEILE · Im elektronenmikroskopischen Bild der Plasmazelle liegen zwischen dem Endoplasmatischen Retikulum sieben eiförmige Gebilde, die mit einer Breite von 0,6 Mikrometern zu den großen Zellbestandteilen gehören. Das benachbarte ER ist 0,06 Mikrometer breit. Unter dem Lichtmikroskop kann man beobachten, dass diese Zellbestandteile ständig ihre Gestalt ändern. Sie können sich teilen und miteinander fusionieren. Ihre Form wandelt sich von fädig zu körnig und umgekehrt. Diesen Zellbestandteil nennt man daher **Mitochondrium,** abgeleitet von den altgriechischen Wörtern *mitos* für *Faden* und *chondrion* für *Körnchen.* Im elektronenmikroskopischen Bild fällt auf, dass das Mitochondrium eine doppelte Membran hat. Die innere Membran ist an vielen Stellen in den Innenbereich des Mitochondriums eingebuchtet. Die Mitochondrien sind also stark untergliedert.

In der Zelle gibt es Stapel paralleler Membranen, die **Dictyosomen.** Die Gesamtheit aller Dictyosomen einer Zelle nennt man **Golgi-Apparat,** abgeleitet aus dem Namen seines Entdeckers Camillo GOLGI. Im oberen Teil der abgebildeten Dictyosomen ist der Zwischenraum der Membranen mit einer körnigen Struktur ausgefüllt, die auch in den **Sekretbläschen** zu finden ist. Daher hat der Golgi-Apparat wahrscheinlich etwas mit der Sekretbildung zu tun.

1 ⌡ Erläutern Sie, wie verschiedene Vorgehensweisen und Techniken dazu beitragen, den Feinbau der Zelle zu erkennen!

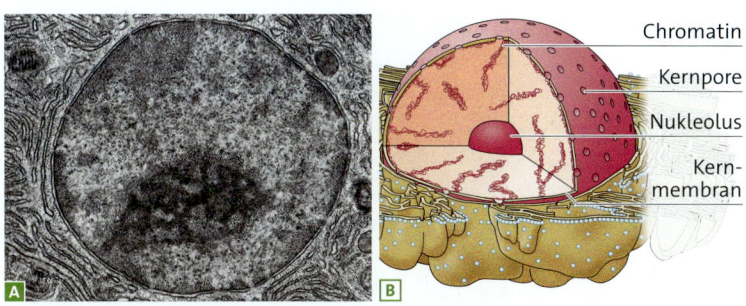

03 Zellkern: **A** elektronenmikroskopisches Bild, **B** dreidimensionales Schema

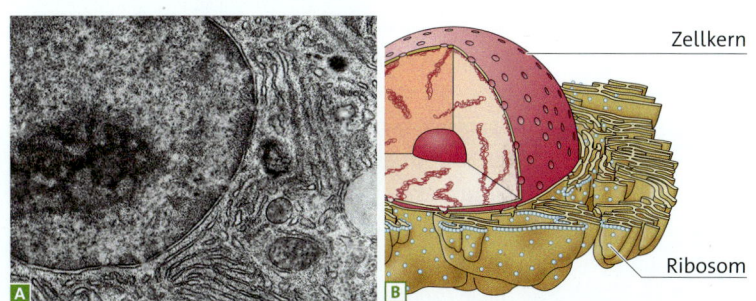

04 Endoplasmatisches Retikulum: **A** elektronenmikroskopisches Bild, **B** dreidimensionales Schema

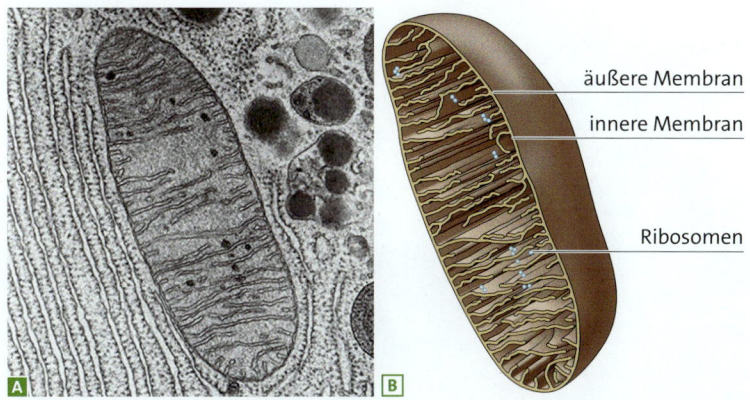

05 Mitochondrium: **A** elektronenmikroskopisches Bild, neben endoplasmatischem Retikulum, **B** dreidimensionales Schema

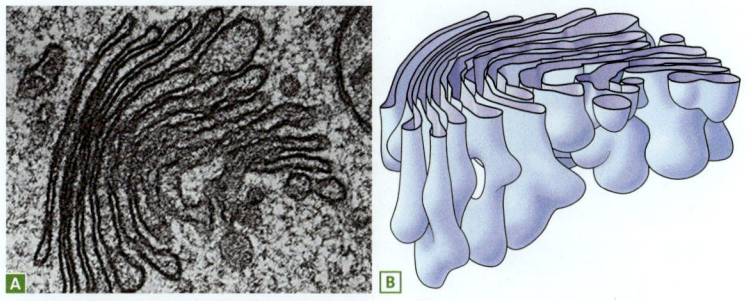

06 Dictyosom mit Vesikeln und Sekretbläschen: **A** elektronenmikroskopisches Bild bei 54 000-facher Vergrößerung, **B** dreidimensionales Schema

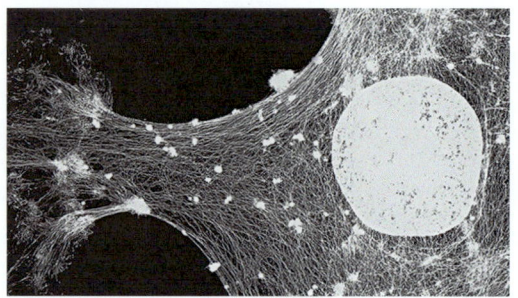

07 Proteinfilamente des Zytoskeletts im hochauflösenden Elektronenmikroskop

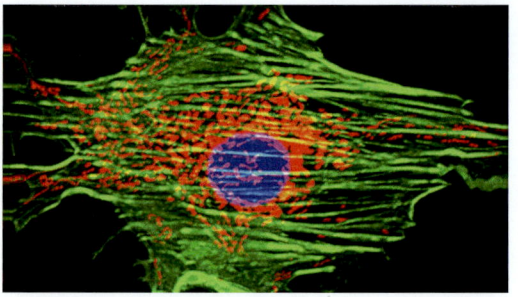

08 Aktinfilamente in grün im Fluoreszenzmikroskop, Gesamtansicht einer Tierzelle

ZELLPLASMA · Alle Zellbestandteile sind in eine Grundsubstanz eingebettet, das **Zellplasma** oder Zytoplasma. Es besteht zu etwa 10 bis 30 Prozent aus Protein. Mit besonderen Präparationsmethoden ist es gelungen, vier Varianten von fadenförmigen Proteinmolekülen zu entdecken, die das Zellplasma durchziehen. Weil diese *Proteinfilamente* eine stützende Funktion für die Zelle haben, heißen sie in ihrer Gesamtheit **Zytoskelett.** Man unterscheidet fadenförmige *Aktinfilamente* und röhrenförmige *Mikro-*

tubuli. Sie dienen zum Beispiel der Bewegung des Zellplasmas, die im Lichtmikroskop als Plasmaströmung zu sehen ist. Alle Filamente verändern sich ständig, das Zytoskelett ist also nicht starr. Die Mikrotubuli durchziehen das gesamte Zellplasma und können so in der gesamten Zelle zur Plasmaströmung beitragen.

PFLANZENZELLEN · Im elektronenmikroskopischen Bild von Pflanzenzellen erkennt man linsenförmige **Chloroplasten.** Sie sind von einer Doppelmembran umgeben. Die innere Membran ist vielfach eingestülpt und bildet enge Hohlräume, die *Thylakoide.* Im Querschnitt durch den Chloroplasten erkennt man verdichtete Membranstapel, die *Granathylakoide,* und Thylakoide zwischen den Stapeln, die *Stromathylakoide.* Die Chloroplasten sind der Ort der Fotosynthese. Ein Produkt der Fotosynthese ist Stärke, die in vielen Chloroplasten gespeichert wird.

Den größten Raum in der Pflanzenzelle nehmen häufig die **Vakuolen** ein. Sie sind von einer Membran umgeben, dem *Tonoplasten,* und enthalten häufig eine wässrige Lösung. Von außen ist die Pflanzenzelle von einer **Zellwand** umgeben.

KOMPARTIMENTIERUNG · Zellbestandteile mit einer bestimmten Funktion heißen **Zellorganelle.** Es gibt Organellen ohne Membranen, wie Ribosomen, sowie Organellen mit Membranen, wie Zellkern, ER, Dictyosomen, Vesikel, Mitochondrien, Chloroplasten und Vakuolen. Sie bilden unterschiedlich abgegrenzte Räume, die bestimmte Funktionen erfüllen. Diese Räume nennt man **Kompartimente.**

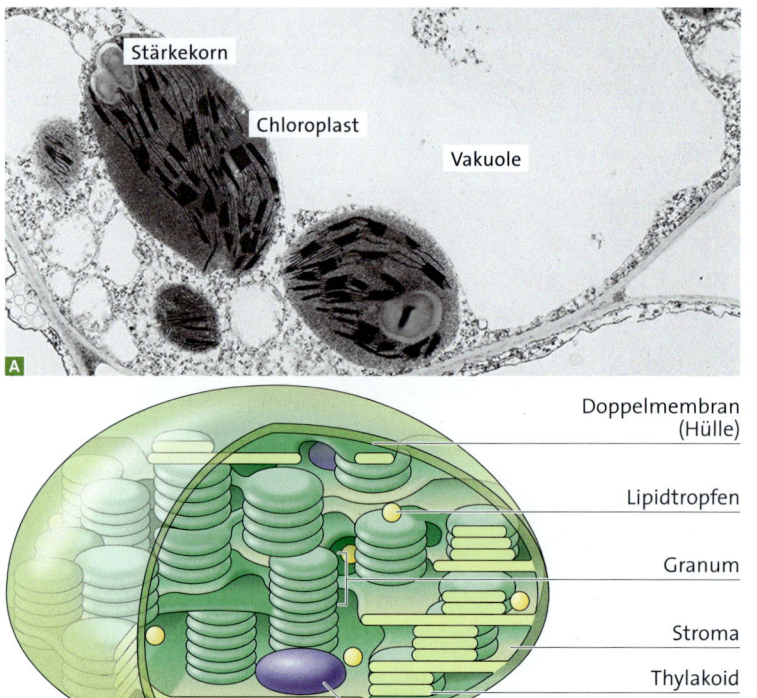

A — Stärkekorn, Chloroplast, Vakuole

B — Doppelmembran (Hülle), Lipidtropfen, Granum, Stroma, Thylakoid, Stärkekorn

09 Chloroplast: **A** TEM-Bild von einer Pflanzenzelle mit Chloroplasten, **B** dreidimensionales Schema

2 ↵ Fassen Sie das Wissen zu Zellen zusammen!

Material A ► Zellkernhülle und Endoplasmatisches Retikulum

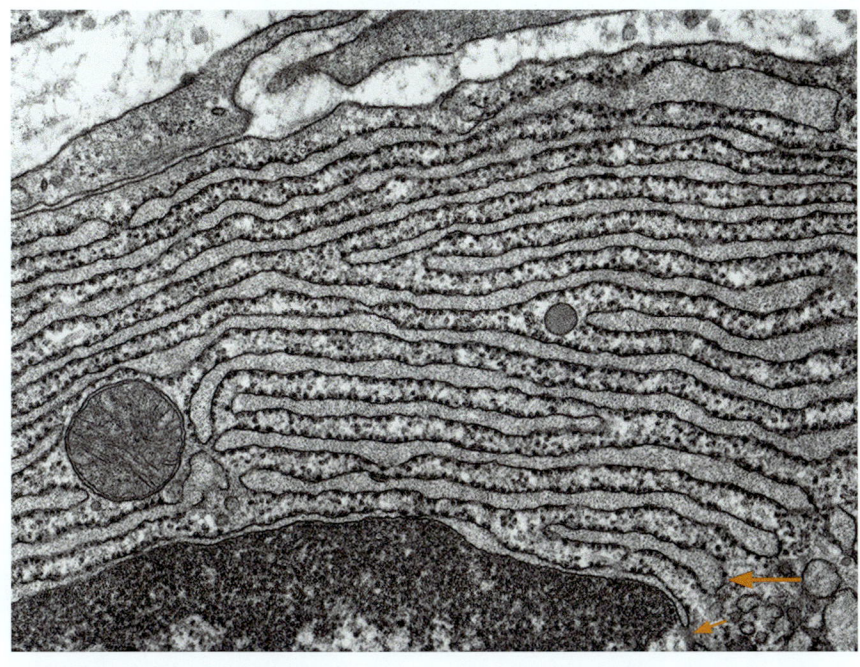

Das EM-Bild zeigt einen stark vergrößerten Ausschnitt aus einer Zelle. Im unteren Teil des Bildes verläuft die Grenze zwischen dem Zellkern und dem Zellplasma. Während das Zellplasma von vielen Membranen des Endoplasmatischen Retikulums durchzogen ist, erscheint der Zellkerninhalt unregelmäßig körnig. Der kleine Pfeil zeigt auf eine Lücke in der Membran des Zellkerns, der große Pfeil auf eine Membran des ERs. Die an der Membran des Endoplasmatischen Retikulums sichtbaren schwarzen Punkte sind Ribosomen, Zellbestandteile, die aus Aminosäuremolekülen Proteinmoleküle herstellen. Sie liegen auch frei im Zellplasma sowie an einem Teil der Hülle des Zellkerns.

A1 Beschreiben Sie den Bau der Hülle um den Zellkern!

A2 Beschreiben Sie den Bau des Endoplasmatischen Retikulums! Nehmen Sie die Abbildung 04 auf Seite 21 zu Hilfe!

A3 Beschreiben Sie, wie die Hülle um den Zellkern und das Endoplasmatische Retikulum zusammenhängen!

A4 Stellen Sie eine Hypothese darüber auf, inwieweit der Inhalt des Zellkerns an der Bildung von Protein in der Zelle beteiligt ist!

Material B ► Endoplasmatisches Retikulum, Golgi-Apparat und Vesikel

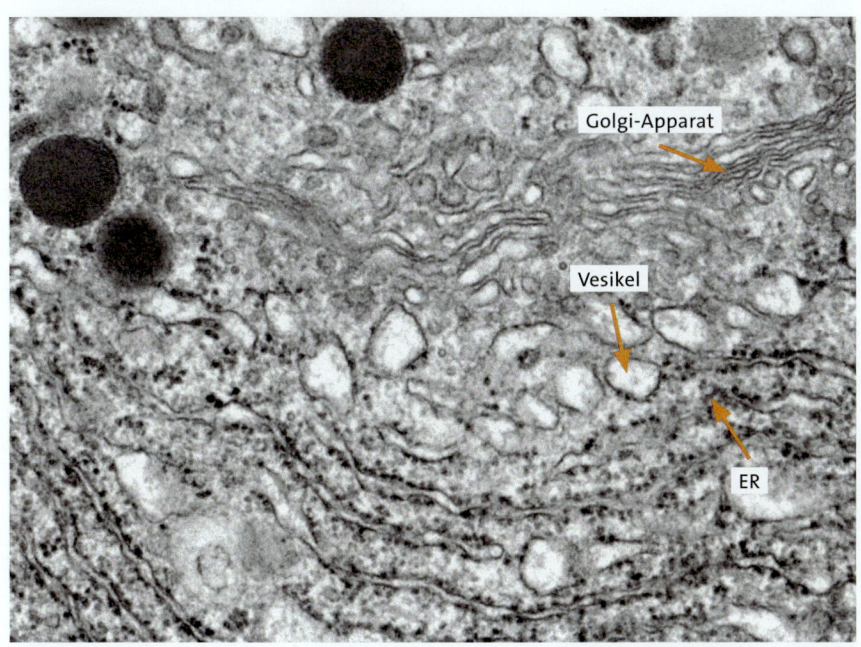

Die Abbildung zeigt eine typische Anordnung von ER, kleinen Bläschen oder Vesikeln und Bestandteilen des Golgi-Apparates in aktiven Drüsenzellen.

B1 Beschreiben Sie genau die Lage von ER, Vesikeln und Golgi-Apparat zueinander!

B2 Stellen Sie eine Hypothese auf, indem Sie die abgebildete Situation als eine Ereignisfolge beschreiben!

01 Laborzentrifuge

Zusammenwirken von Zellbestandteilen

*Mit einer Zentrifuge kann man ein Gemisch auf-
trennen. Je schneller sie dreht, desto mehr Bestandteile des Gemisches setzen sich am Boden
der Zentrifugenröhrchen ab. Wie gelingt es mithilfe dieser Technik, die Funktion der Zellbestandteile zu erforschen?*

GEWINNUNG VON ZELLBESTANDTEILEN · Im
Elektronenmikroskop kann man einzelne Zellbestandteile gut erkennen. Da die Zellen tot
sind, kann man aber ihre Funktion nicht beobachten. Dies gelingt, wenn man Zellen so auf-
bricht, dass ihre Bestandteile unbeschadet bleiben. Um genügend Zellbestandteile zu erhalten,
nimmt man mehrere Zellen eines Gewebes,
weil sie den gleichen Bau und die gleiche Funktion haben. Die Zellen werden in Zentrifugenröhrchen in eine *Ultrazentrifuge* gegeben. Diese
übt bei etwa 1000 Umdrehungen pro Sekunde
Kräfte aus, die aus einer bis zu hunderttau-
sendfachen Erdbeschleunigung resultieren. Erst
dann setzen sich die Zellbestandteile mit höchs-
ter Dichte am Boden ab. Durch stufenweise Er-
höhung der Drehzahl trennt man die unterschiedlichen Zellbestandteile voneinander.
Anschließend wird ihre Funktion in geeigneten
Lösungen untersucht. Welche Zellbestandteile
jeweils vorliegen, überprüft man elektronen-
mikroskopisch. Auf diese Weise gelang es, viele
Zellfunktionen bestimmten Zellbestandteilen
zuzuordnen.

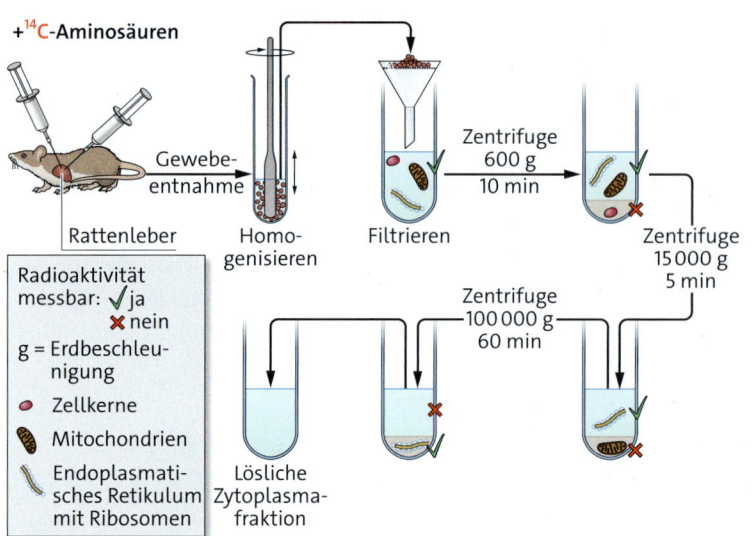

+^{14}C-Aminosäuren

02 Gewinnung und radioaktive Markierung von Zellbestandteilen

VERSUCHE MIT ZELLBESTANDTEILEN

VERSUCHE MIT ZELLBESTANDTEILEN · Sämtliche Lebewesen enthalten körpereigene Proteine, Fette und Kohlenhydrate. Sie produzieren diese Stoffe in ihren Zellen. Proteine entstehen dabei aus Aminosäuren. Zellen können diese durch ihre Membran aufnehmen.

Aminosäuren kann man künstlich so herstellen, dass ihre Moleküle radioaktive Kohlenstoffisotope, ^{14}C, enthalten. In Experimenten kann man Radioaktivität messen und dadurch erkennen, wo sie gerade sind. Weil Proteinmoleküle aus Aminosäuremolekülen gebildet werden, können die radioaktiven Aminosäuren in Proteinmolekülen verbaut werden. Dies kann man nachweisen, indem man die Radioaktivität misst.

In einem Experiment injizierte man in die Leber einer Ratte radioaktive Aminosäuren, wartete eine kurze Zeit und entnahm ein kleines Stück Lebergewebe. Dieses gab man in ein festes Glasgefäß, in dem man einen Kolben drehend auf und ab bewegte. Dadurch platzten die Zellen. Das Plasma aller Zellen vermischte sich. Grobe Bestandteile wurden abfiltriert, übrig blieb das *Homogenat*. Dieses wurde zentrifugiert. Bei geringer Drehzahl setzten sich die Zellkerne ab. Der Rest wurde mit schrittweise höherer Drehzahl weiterzentrifugiert. Dabei stellte man fest, dass Radioaktivität nur dort gemessen wurde, wo Endoplasmatisches Retikulum vorkommt. Daraus kann man schließen, dass das ER in einer lebenden Zelle wahrscheinlich Aminosäuren verarbeitet. Solch ein Experiment am lebenden Organismus bezeichnet man als **In-vivo-Experiment**. Der Nachweis, dass hier aus Aminosäuren Proteine hergestellt werden, gelang durch ein Reagenzglasexperiment, ein **In-vitro-Experiment**. Der erste Versuchsschritt zeigt, dass auch ein Zellhomogenat Protein herstellen kann, nicht nur die lebende Zelle. Die nächsten Schritte beweisen, dass Proteine am ER und hier speziell an den Ribosomen gebildet werden. Vermutlich arbeitet dann die lebende Zelle genau so.

ENERGETISCHE KOPPLUNG · In Zellen wird Energie mithilfe von bestimmten Stoffen transportiert, wie zum Beispiel **Adenosintriphosphat**, kurz **ATP**. Erst wenn man im *In-vitro-Experiment* dem Zellhomogenat ohne Mitochondrien ATP hinzugibt, werden Proteine hergestellt.

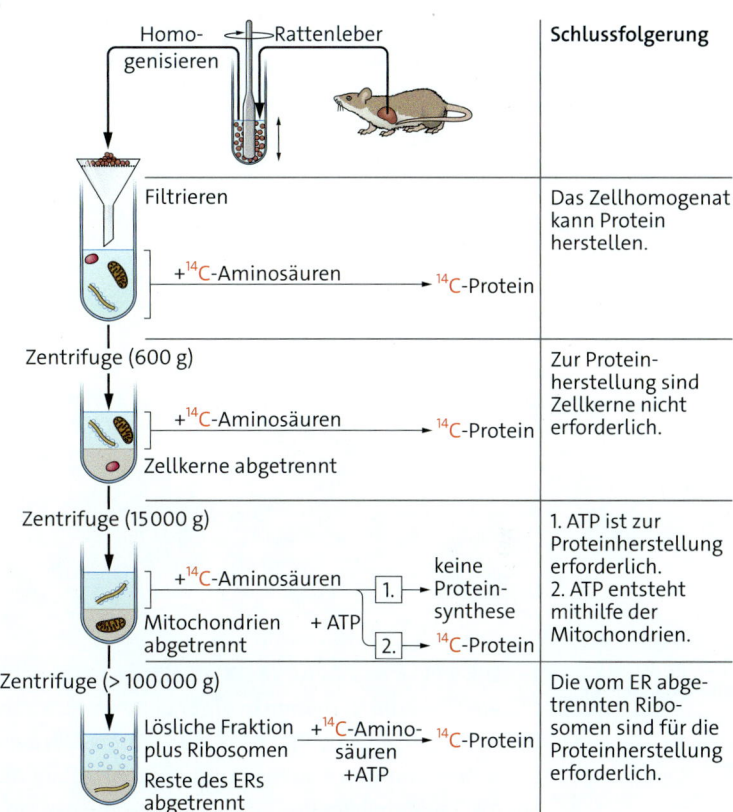

	Schlussfolgerung
Homogenisieren — Rattenleber	
Filtrieren +^{14}C-Aminosäuren → ^{14}C-Protein	Das Zellhomogenat kann Protein herstellen.
Zentrifuge (600 g) +^{14}C-Aminosäuren → ^{14}C-Protein · Zellkerne abgetrennt	Zur Proteinherstellung sind Zellkerne nicht erforderlich.
Zentrifuge (15 000 g) +^{14}C-Aminosäuren · Mitochondrien abgetrennt + ATP → 1. keine Proteinsynthese, 2. ^{14}C-Protein	1. ATP ist zur Proteinherstellung erforderlich. 2. ATP entsteht mithilfe der Mitochondrien.
Zentrifuge (> 100 000 g) Lösliche Fraktion plus Ribosomen +^{14}C-Aminosäuren +ATP → ^{14}C-Protein · Reste des ERs abgetrennt	Die vom ER abgetrennten Ribosomen sind für die Proteinherstellung erforderlich.

03 Experiment zum Ort der Proteinsynthese (g = Erdbeschleunigung)

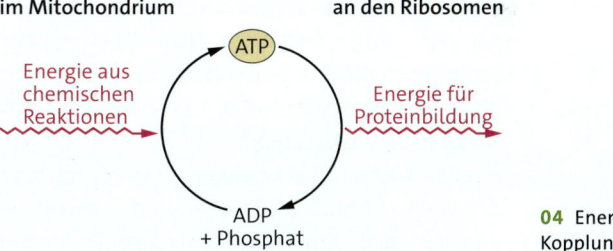

im Mitochondrium ATP an den Ribosomen

Energie aus chemischen Reaktionen → ← Energie für Proteinbildung

ADP + Phosphat

04 Energetische Kopplung mit ATP

Das ATP reagiert dabei zu **Phosphat** und **Adenosindiphosphat**, kurz **ADP**, und liefert damit die Energie für die Proteinsynthese. Phosphat und ADP gelangen in Mitochondrien und werden dort unter Nutzung der Energie aus anderen chemischen Reaktionen wieder zu ATP verbunden. Dadurch sind die chemischen Reaktionen im Mitochondrium und die chemischen Reaktionen für die Proteinbildung **energetisch gekoppelt**.

1 ⌐ Erläutern Sie am Beispiel der Proteinbildung in Zellen, wie sich Erkenntnisse aus In-vivo- und In-vitro-Experiment ergänzen!

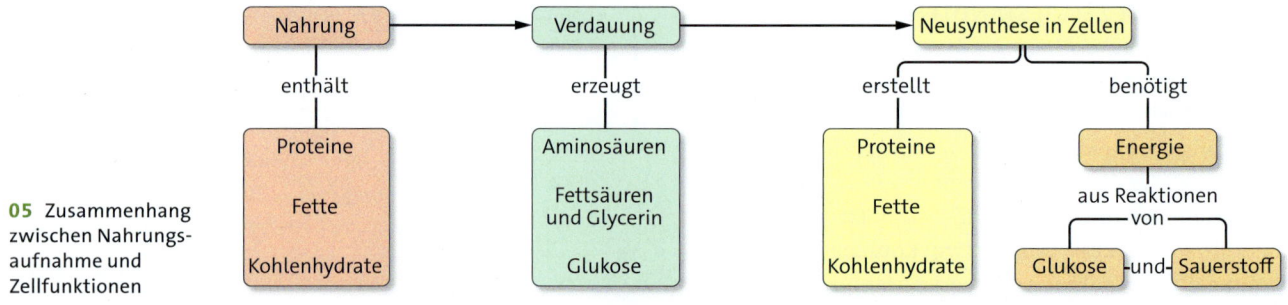

05 Zusammenhang zwischen Nahrungsaufnahme und Zellfunktionen

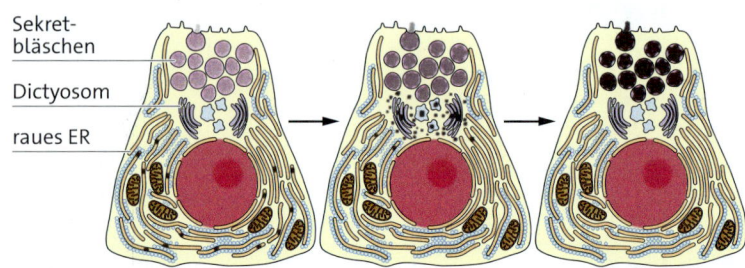

Sekretbläschen

Dictyosom

raues ER

06 Schemata elektronenmikroskopischer Bilder zur Insulinproduktion in einer Bauchspeicheldrüsenzelle

griech. auto = selbst

lat. radius = Strahl

griech. graphein = schreiben

DIE ZELLE ALS BLACKBOX · Solange man nicht viel über die Vorgänge in einer Zelle weiß, kann man die Zelle als *Blackbox* betrachten: Körperzellen nehmen Glukose und Sauerstoff sowie die Bausteine der Proteine und Fette, die Aminosäuren, Fettsäuren und Glycerin aus dem Blut auf. Sie geben Kohlenstoffdioxid und Wasser wieder ab. Daraus kann man schließen, dass sie aus den aufgenommenen Bausteinen eigene Proteine und Fette herstellen. Die Energie für diese Prozesse entstammt aus Reaktionen mit Glukose und Sauerstoff.

Auf Basis dieser Überlegungen gelang es mithilfe der Versuche zu den Leberzellen der Ratte, die Ribosomen als den Ort der Proteinsynthese und die Bedeutung des ATP als Energielieferant für diese Synthese zu ermitteln. ATP entsteht in den Mitochondrien. Weitere Zellfunktionen und ihre Zuordnung zu bestimmten Zellorganellen müssen noch erforscht werden. Aus Sicht der Forschung ist die Zelle nun keine *Blackbox* mehr, aber immer noch eine recht dunkle *Greybox*.

ZUSAMMENWIRKEN VON ZELLBESTANDTEILEN · Mithilfe von radioaktiver Markierung konnte die Insulinbildung in Zellen der Bauchspeicheldrüse aus einer Serie von nacheinander angefertigten elektronenmikroskopischen Präparaten erschlossen werden. Insulin wird wie Proteine aus Aminosäuren gebildet. Daher ver

wendete man künstlich hergestellte und radioaktiv markierte Aminosäuren. Diese hat man in die Bauchspeicheldrüse eines Meerschweinchens injiziert. Dann hat man zu verschiedenen Zeiten etwas Gewebe entnommen und elektronenmikroskopische Präparate angefertigt. Man überschichtete diese Präparate mit einer Silbersalzlösung. Die darin enthaltenen Silber-Ionen reagieren an den Stellen des Präparats zu Silberatomen, an denen radioaktive Stoffe vorhanden sind. Nach einigen Monaten Aufbewahrungszeit im Dunkeln wurde die Silbersalzlösung wieder vom Präparat abgegossen. Die Silberatome bleiben bei diesem Vorgehen im Präparat fest gebunden, Silber-Ionen werden weggeschwemmt. Die Silberatome sieht man im elektronenmikroskopischen Bild als deutliche schwarze Flecken.

Auf diese Weise zeigen radioaktive Stoffe mithilfe ihrer radioaktiven Strahlung selbst an, wo sie sich zum Zeitpunkt der Präparation in der Zelle befinden. Diese Markierungsmethode heißt daher **Autoradiografie.** Sie lässt sich nicht nur bei elektronenmikroskopischen Präparaten anwenden.

Im elektronenmikroskopischen Bild erkennt man, dass die schwarzen Flecken zuerst am Endoplasmatischen Retikulum, dann an den Dictyosomen und schließlich in den Sekretbläschen auftreten. Daraus lässt sich schließen, dass Aminosäuren am ER verarbeitet werden und Insulin entweder dort oder in den Dictyosomen gebildet wird. Außerdem werden Stoffe als Sekrete abgegeben, die in der Zelle auf dem beschriebenen Weg transportiert und hergestellt werden.

2 Stellen Sie den Erkenntnisfortschritt zur Funktion von Zellbestandteilen mit eigenen Worten dar!

Material A ▸ Quergestreifte Muskulatur – Energetische Kopplung

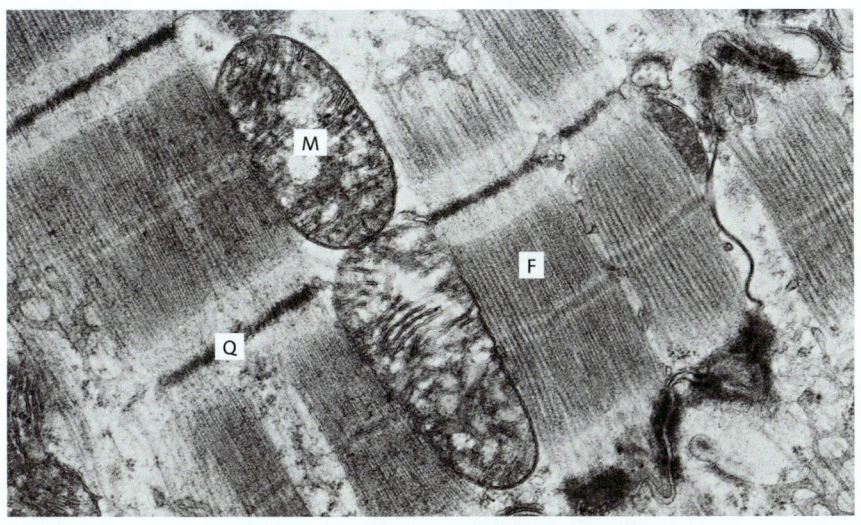

Im Elektronenmikroskop kann man die typischen Strukturen eines Skelettmuskels erkennen. Die großen, ovalen Gebilde im EM-Bild sind Mitochondrien, M. Dazwischen befindet sich Zytoplasma mit regelmäßig angeordneten Elementen des Zytoskeletts. Von einem dunklen Querstreifen, Q, zum nächsten verlaufen parallel zu den Mitochondrien Aktinfilamente, F.

Zwischen ihnen liegen weitere Eiweißfilamente mit derselben Orientierung. Mithilfe der Filamente verkürzt sich ein Muskel. Sie schieben sich dabei längs aneinander vorbei. Für diesen Vorgang wird ATP benötigt.
Unterhalb der Markierung Q sieht man durchgeschnittene Anteile des Endoplasmatischen Retikulums.

A1 Beschreiben Sie den auffälligen Bau der abgebildeten Muskelzellen! Gehen Sie dabei auf die Anzahl und Anordnung der verschiedenen Zellbestandteile ein!

A2 Erläutern Sie mithilfe von Kenntnissen zur energetischen Kopplung das Zusammenwirken der verschiedenen Kompartimente in einer Muskelzelle!

Material B ▸ Gewinnung von Zellbestandteilen – Funktion der Chloroplasten

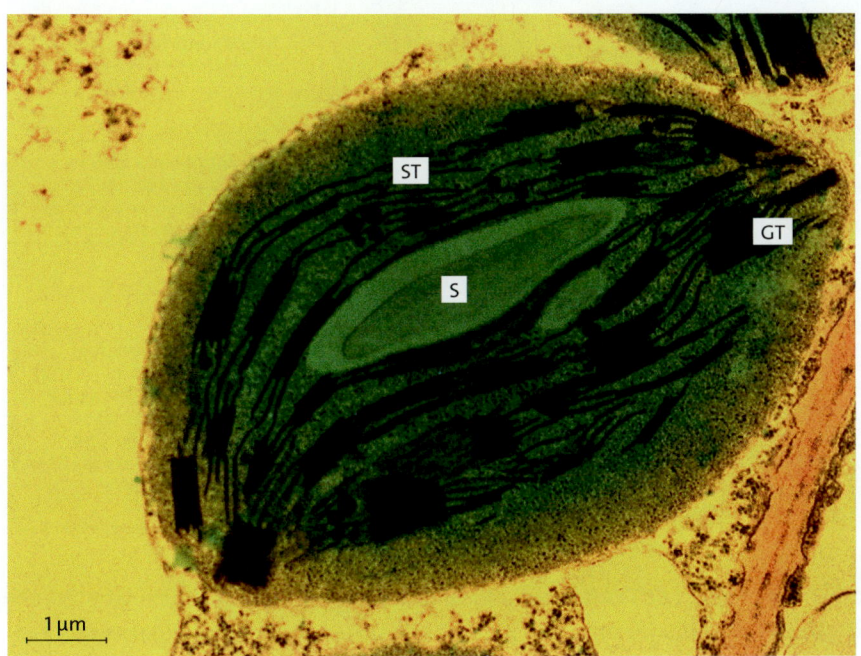

1 μm

Der im elektronenmikroskopischen Bild dargestellte Chloroplast ist von Zellplasma umgeben. Dieses wird rechts von der Zellwand begrenzt, links durch die Vakuolenmembran. In der Mitte liegt ein Stärkekorn, S. Zudem sieht man Granathylakoide, GT, und Stromathylakoide, ST. Durch Zentrifugieren lassen sich Chloroplasten von anderen Zellbestandteilen trennen. Man erhält eine Chloroplastensuspension, die man anschließend homogenisieren kann. In diesem Homogenat findet man Stücke von Thylakoiden.

B1 Erläutern Sie, unterstützt durch eine Skizze, wie Sie aus Spinatblättern eine Chloroplastensuspension erhalten!

B2 Planen Sie ein Experiment, in dem nachgewiesen wird, dass die Chloroplasten in der Suspension noch funktionsfähig sind!

B3 Planen Sie ein In-vitro-Experiment für den Nachweis, dass die Thylakoide für die Sauerstoffbildung bei der Fotosynthese benötigt werden!

Struktur und Funktion der Zellbestandteile im Überblick

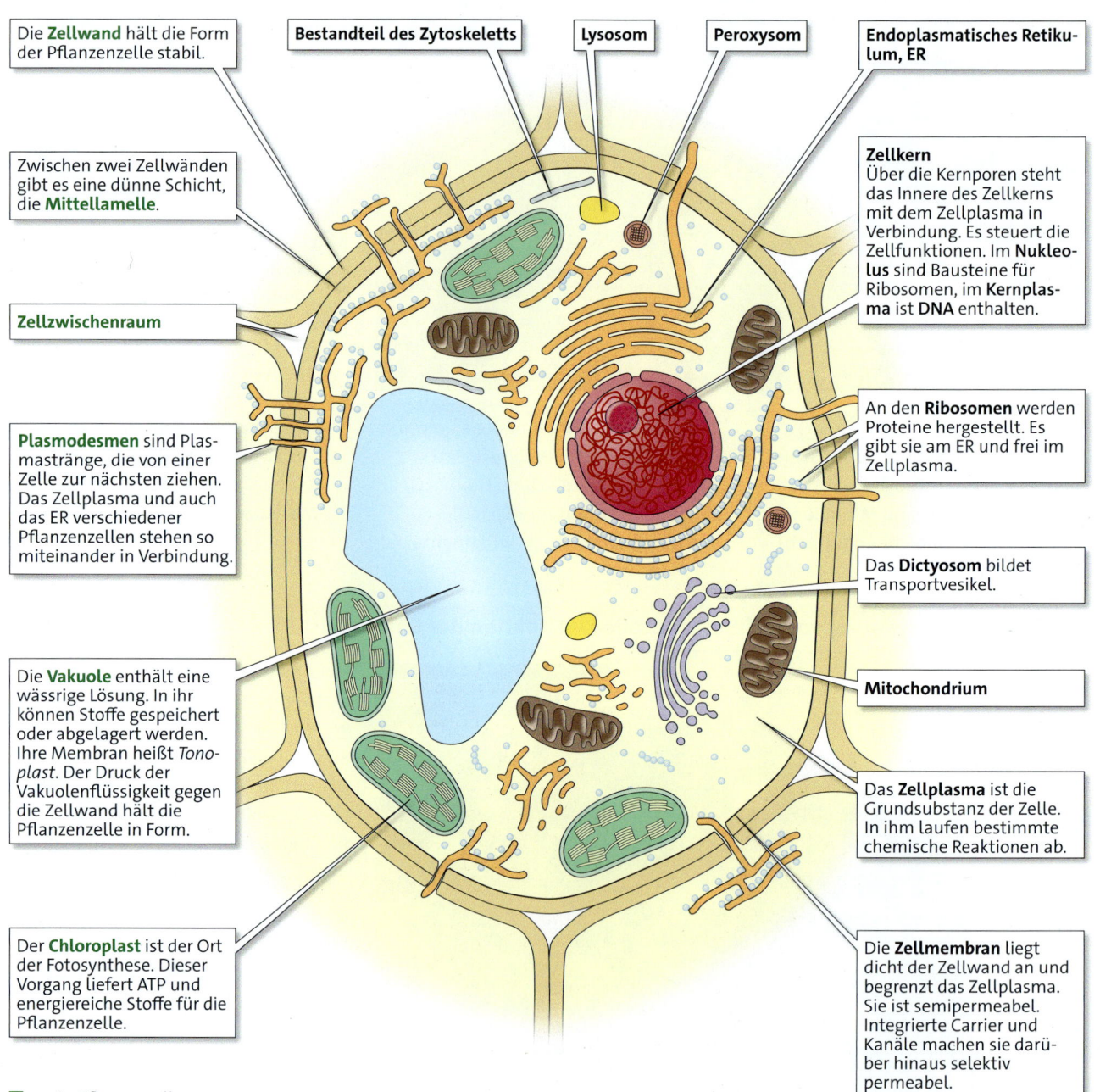

Die **Zellwand** hält die Form der Pflanzenzelle stabil.

Zwischen zwei Zellwänden gibt es eine dünne Schicht, die **Mittellamelle**.

Zellzwischenraum

Plasmodesmen sind Plasmastränge, die von einer Zelle zur nächsten ziehen. Das Zellplasma und auch das ER verschiedener Pflanzenzellen stehen so miteinander in Verbindung.

Die **Vakuole** enthält eine wässrige Lösung. In ihr können Stoffe gespeichert oder abgelagert werden. Ihre Membran heißt *Tonoplast*. Der Druck der Vakuolenflüssigkeit gegen die Zellwand hält die Pflanzenzelle in Form.

Der **Chloroplast** ist der Ort der Fotosynthese. Dieser Vorgang liefert ATP und energiereiche Stoffe für die Pflanzenzelle.

Bestandteil des Zytoskeletts

Lysosom

Peroxysom

Endoplasmatisches Retikulum, ER

Zellkern
Über die Kernporen steht das Innere des Zellkerns mit dem Zellplasma in Verbindung. Es steuert die Zellfunktionen. Im **Nukleolus** sind Bausteine für Ribosomen, im **Kernplasma** ist DNA enthalten.

An den **Ribosomen** werden Proteine hergestellt. Es gibt sie am ER und frei im Zellplasma.

Das **Dictyosom** bildet Transportvesikel.

Mitochondrium

Das **Zellplasma** ist die Grundsubstanz der Zelle. In ihm laufen bestimmte chemische Reaktionen ab.

Die **Zellmembran** liegt dicht der Zellwand an und begrenzt das Zellplasma. Sie ist semipermeabel. Integrierte Carrier und Kanäle machen sie darüber hinaus selektiv permeabel.

■ nur in Pflanzenzellen

01 Pflanzenzelle (idealisiertes Schema)

ZUSAMMENWIRKEN DER ZELLBESTAND-TEILE · Der Zellkern steuert die Abläufe in den Zellen. In ihm, im Zellplasma und in weiteren Zellbestandteilen finden jeweils andere chemische Reaktionen statt. Dabei werden Stoffe entweder aufgebaut, wie an den Ribosomen, am ER und in den Chloroplasten, oder sie werden abgebaut, wie in den Mitochondrien und den Peroxisomen sowie mithilfe von Lysosomen. Das Zytoskelett, das Endoplasmatische Retikulum, die Dictyosomen und die Vesikel sorgen für den zellulären Transport. Energie wird mithilfe

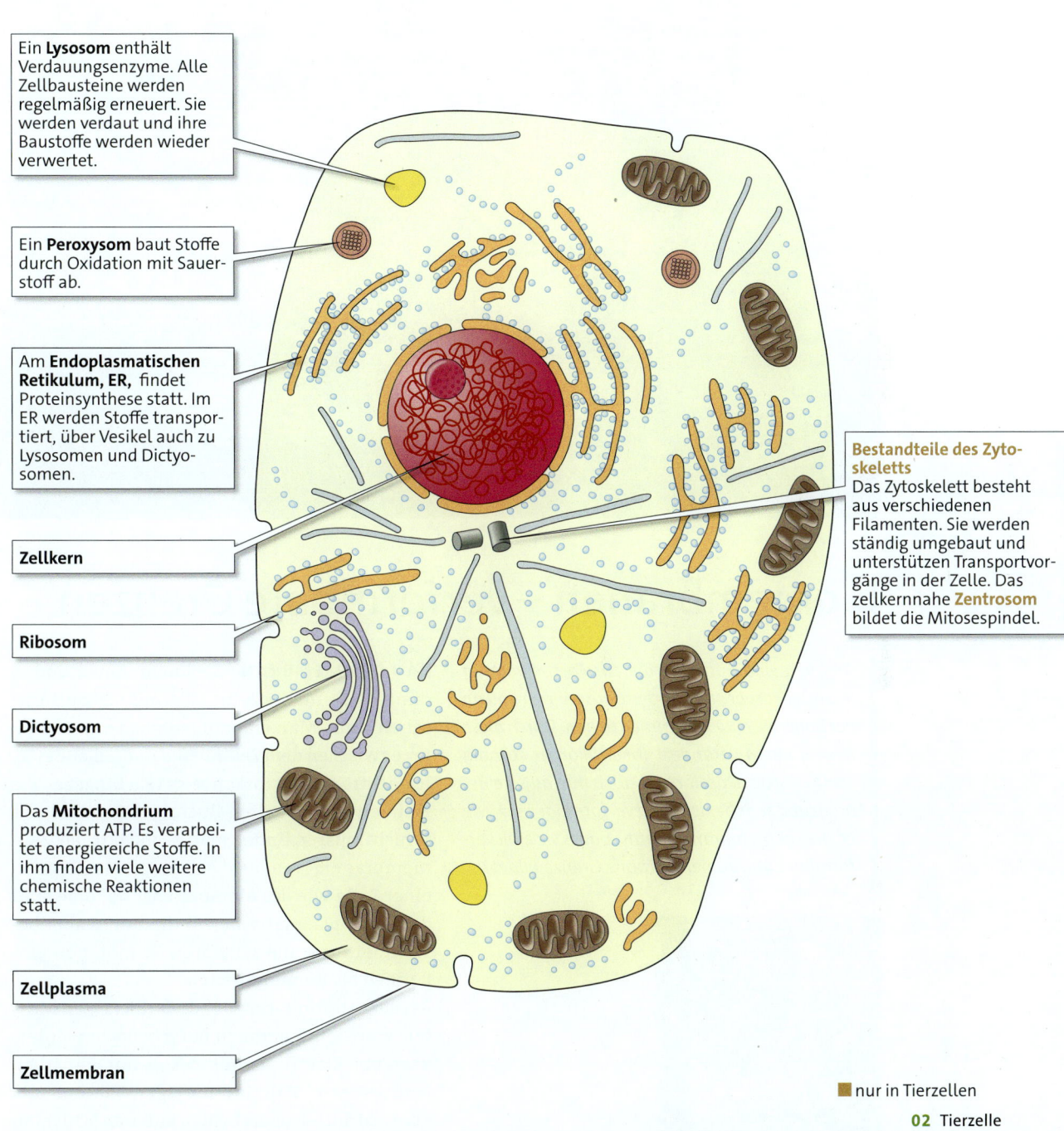

Ein **Lysosom** enthält Verdauungsenzyme. Alle Zellbausteine werden regelmäßig erneuert. Sie werden verdaut und ihre Baustoffe werden wieder verwertet.

Ein **Peroxysom** baut Stoffe durch Oxidation mit Sauerstoff ab.

Am **Endoplasmatischen Retikulum, ER,** findet Proteinsynthese statt. Im ER werden Stoffe transportiert, über Vesikel auch zu Lysosomen und Dictyosomen.

Zellkern

Ribosom

Dictyosom

Das **Mitochondrium** produziert ATP. Es verarbeitet energiereiche Stoffe. In ihm finden viele weitere chemische Reaktionen statt.

Zellplasma

Zellmembran

Bestandteile des Zytoskeletts
Das Zytoskelett besteht aus verschiedenen Filamenten. Sie werden ständig umgebaut und unterstützen Transportvorgänge in der Zelle. Das zellkernnahe **Zentrosom** bildet die Mitosespindel.

■ nur in Tierzellen

02 Tierzelle (idealisiertes Schema)

von ATP an verschiedene Stellen der Zelle transportiert.

Zellen haben Kontakt zu Nachbarzellen, entweder über Plasmodesmen oder über Moleküle zur Kommunikation.

Die Steuerung, der Transport, der Auf- und Abbau sowie die Bereitstellung von Energie sind die Grundfunktionen des Systems Zelle, das Kontakt zur Außenwelt hält.

1 Vergleichen Sie Struktur und Funktion von Tier- und Pflanzenzelle!

01 Amöbe im lichtmikroskopischen Bild

Biomembranen – verformbare Grenzen

Amöben sind Einzeller, die zur Fortbewegung ihren Zellkörper an einer Seite ausstülpen und an der anderen Seite zusammenziehen. Durch diese Bewegungen verändert ihr Zellkörper ständig seine Gestalt. Damit muss auch ihre äußere Begrenzung sehr flexibel und verformbar sein. Wie ist die Zellmembran gebaut, sodass sie eine verformbare und zugleich stabile Grenze bildet?

BAU DER MEMBRAN · Zellmembranen sind so dünn, dass man sie im Lichtmikroskop nicht sehen kann. Man erkennt lediglich eine Grenzlinie zwischen dem Zellinneren und Zelläußeren. Im Elektronenmikroskop zeigt sich hingegen die Zellmembran als dreischichtiges Band. Dieses Schichtmuster findet man nicht nur bei Zellmembranen, sondern bei allen Membranen einer Zelle wie der Membran der Vakuole oder dem Endoplasmatischen Retikulum. Daher bezeichnet man alle zellulären Membranen einheitlich als **Biomembranen.**

Bei der Interpretation des dreischichtigen Musters von Biomembranen muss bedacht werden, dass ein Elektronenmikroskop nur künstlich kontrastierte Strukturen zeigt. Während die Kontrastmittel an die beiden äußeren Schichten binden und sie dunkel erscheinen lassen, bleibt die mittlere Schicht unkontrastiert. Diese Struktur belegt somit, dass innerhalb einer Biomembran parallel verlaufende Schichten existieren, die sich in ihren chemischen Eigenschaften voneinander unterscheiden.

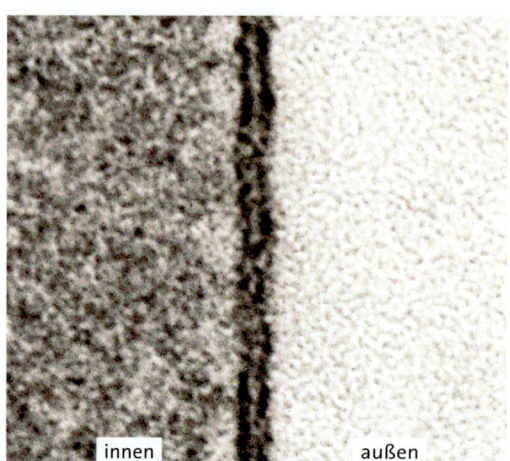

innen   außen

02 Elektronenmikroskopisches Bild der dreischichtigen Struktur der Zellmembran

MEMBRANLIPIDE · Der dreischichtige Bau von Biomembranen beruht vor allem auf den chemischen Eigenschaften seiner Grundbausteine, den **Membranlipiden.** Modelle der Membranlipidmoleküle, die die chemischen Eigenschaften zeigen, helfen dabei, den Membranbau zu verstehen.

Obwohl es verschiedene Typen von Membranlipiden gibt, kann man den Bau ihrer Moleküle in einem einheitlichen Modell aus langer **Schwanzregion** und kugelförmiger **Kopfregion** darstellen. Die Schwanzregion setzt sich aus zwei lang gestreckten, ungeladenen Kohlenwasserstoffketten zusammen, den zwei Fettsäureresten in der Strukturformel. Daher wird die Schwanzregion des Modells als **unpolar** charakterisiert. Die Kopfregion setzt sich je nach Lipidtyp aus verschiedenen Bausteinen wie Glycerin, Cholin und Phosphorsäure zusammen, die teilweise Ladungen tragen. Daher wird die Kopfregion des Modells als **polar** charakterisiert. Membranlipide mit Phosphorsäure als Molekülbaustein werden als **Phospholipide** bezeichnet. Sie sind der häufigste Typ der Membranlipide.

ANORDNUNG DER MEMBRANLIPIDE · Aufgrund ihrer Polarität sind die Kopfregionen wasserliebend oder **hydrophil.** Deshalb wenden sie sich stets den Wassermolekülen zu. Die unpolaren Schwanzregionen sind hingegen wasserabweisend oder **hydrophob.** Daher ordnen sich die Membranlipide in einem wässrigen Medium selbstständig an, zum Beispiel als kugelförmige Mizelle oder zweischichtige Membran, einer Doppellipidschicht.

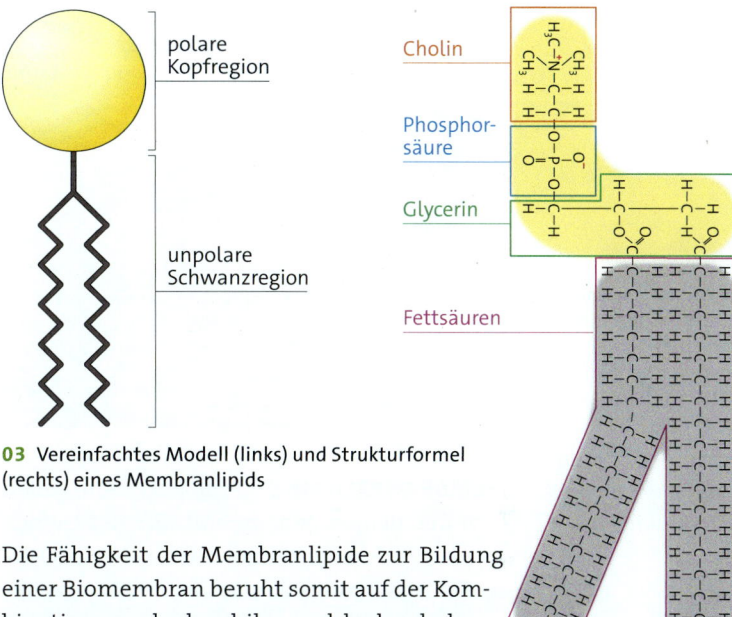

03 Vereinfachtes Modell (links) und Strukturformel (rechts) eines Membranlipids

Die Fähigkeit der Membranlipide zur Bildung einer Biomembran beruht somit auf der Kombination aus hydrophiler und hydrophober Molekülregion. Diese *amphipathische* Eigenschaft ermöglicht den Aufbau aus zwei Lipidschichten, bei dem die hydrophilen Kopfregionen nach außen an das Wasser grenzen und die hydrophoben Schwanzregionen nach innen gerichtet sind. Hierdurch entsteht eine mittlere hydrophobe Schicht, die eine undurchlässige Barriere für Wasser und darin gelöste Teilchen bildet.

Zwischen den Membranlipidmolekülen bestehen jedoch nur schwache Wechselwirkungen. Insbesondere der Zusammenhalt der Wassermoleküle in der Umgebung stabilisiert die Struktur der Biomembran so, dass die hydrophoben Schwanzregionen der Lipidmoleküle in das Innere der Membran ragen. Die einzelnen Membranlipide können sich hierdurch innerhalb der Membran seitlich bewegen.

griech. amphi = beidseitig

griech. pathētikós = empfindend

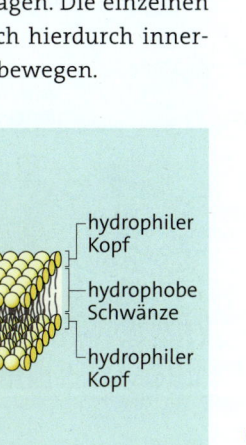

Wasser

Luft

Wasser

hydrophiler Kopf

hydrophobe Schwänze

hydrophiler Kopf

Mizelle

Liposom

Phospholipid-Doppelschicht

04 Anordnungen von Membranlipiden in Wasser und zwischen Wasser und Luft

05 Rasterelektronen-mikroskopisches Bild der durch Gefrier-bruchtechnik flächig aufgebrochenen Biomembran

Gefrierbruchtechnik siehe Seite 16

MEMBRANPROTEINE · Präparate von Zellen oder Zellmembranen, die mithilfe der *Gefrierbruchtechnik* hergestellt wurden, lassen im Rasterelektronenmikroskop kleine Erhebungen erkennen, die aus den voneinander getrennten Lipidschichten herausragen. Diese mosaikartig verteilten Erhebungen sind Membranproteine. Membranproteine, die durch die gesamte Membran reichen, werden als **Transmembranproteine** bezeichnet. Darüber hinaus gibt es auch Proteine, die nur in eine der beiden Lipidschichten hineinreichen. Beide Formen werden als **integrale Membranproteine** zusammengefasst. Membranproteinmoleküle, die der Membran nur aufliegen, werden hingegen als **periphere Membranproteine** bezeichnet.

Die Funktion der Membranproteine ist sehr vielfältig: Transmembranproteine bilden häufig Transporttunnel, die einen Stoffaustausch zwi-

schen den Kompartimenten ermöglichen. Aufliegende Proteine können beispielsweise für Kontakte zu anderen Zellen zuständig sein. Wichtige Strukturen der Zell-Zell-Erkennung sind zudem Kohlenhydrate, die sowohl mit Membranproteinen als auch mit Membranlipiden verbunden sein können. Diese werden dann als **Glykoproteine** beziehungsweise **Glykolipide** bezeichnet.

Die Verankerung von Membranproteinen erfolgt nach denselben Regeln wie die Anordnung der Membranlipide: Die polaren Molekülregionen richten sich zum Wasser aus und die unpolaren Molekülregionen zur inneren hydrophoben Schicht der Biomembran. Membranproteine sind hierbei ebenso wie die Membranlipide mit ihren Nachbarmolekülen nicht fest verbunden und somit seitlich beweglich. Durch die ständige Bewegung erscheint die Biomembran zähflüssig und ist wie die Zellmembran der Amöben verformbar. Diese Vorstellung eines fluiden und mosaikartigen Nebeneinanders von Lipiden und Proteinen in der Biomembran wird als **Fluid-Mosaik-Modell** bezeichnet. Es wurde 1972 von Seymour J. SINGER und Garth L. NICOLSON entwickelt.

1 Erläutern Sie die Bedeutung der amphipathischen Eigenschaften der Membranlipide für den Aufbau der Biomembran!

2 Beschreiben Sie das Fluid-Mosaik-Modell der Biomembran!

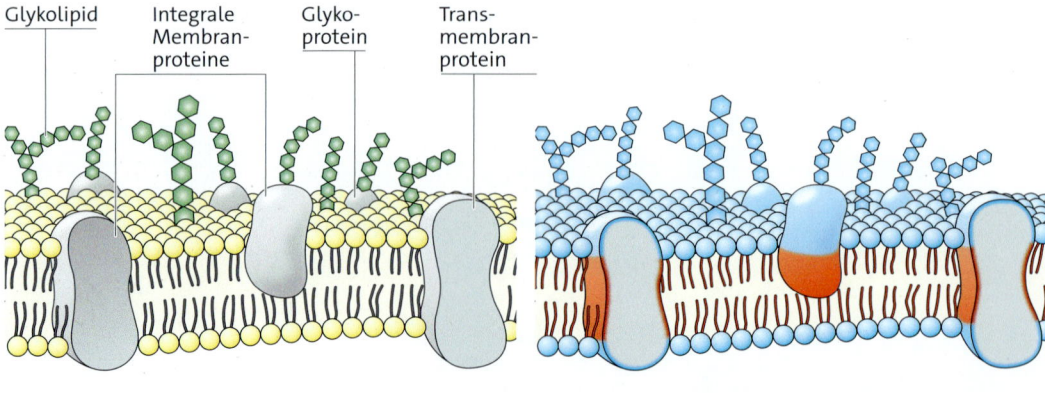

Glykolipid | Integrale Membranproteine | Glykoprotein | Transmembranprotein

06 Modelle der Biomembran:

A Fluid-Mosaik-Modell,

B Modell der Ladungsverhältnisse

 A    B   ▢ polar ▮ unpolar

NEUERE MODELLVORSTELLUNGEN · Mithilfe des Fluid-Mosaik-Modells von SINGER und NICOLSON lassen sich die meisten Funktionen der Biomembran gut erklären. In den 1990er-Jahren durchgeführte Untersuchungen zeigten jedoch, dass sich die Proteine und Lipide nicht gleichmäßig in der Membran verteilen. Man konnte nachweisen, dass es Gebiete mit einer hohen Anzahl an Proteinen gibt. Diese Gebiete werden als Rezeptor-Inseln bezeichnet. Außerdem gibt es Gebiete, in denen bestimmte Lipidtypen besonders häufig sind. Diese Gebiete gleichen Flößen, die sich umgruppieren, auflösen und wieder neu zusammenfinden können. Dies führte zur englischen Bezeichnung *Lipid-Raft-Modell*.

Im Fluid-Mosaik-Modell geht man davon aus, dass Lipide und Proteine sich in der Membran und durch sie hindurch frei bewegen können. Genauere Beobachtungen an Zellmembranen führten jedoch zu der Feststellung, dass diese freie Beweglichkeit nicht überall möglich ist. Man konnte nachweisen, dass es Bereiche gibt, in denen das Zytoskelett wie ein Zaun an der Innenseite der Zellmembran anliegt und dort die Beweglichkeit der Proteine und Lipide einschränkt. Dieser Zaun wird durch Transmembranproteine festgehalten, die wie Pfähle in der Membran verankert sind. Daraus leitet sich die englische Bezeichnung *Picket-Fence-Modell* ab.

Im 21. Jahrhundert konnte diese Modellvorstellung aufgrund elektronenmikroskopischer Befunde verfeinert werden. Demnach sind die Membranproteine in Protein-Inseln angeordnet. Nach diesem *Protein-Island-Modell* sind die Protein-Inseln durch proteinfreie Bereiche voneinander getrennt.

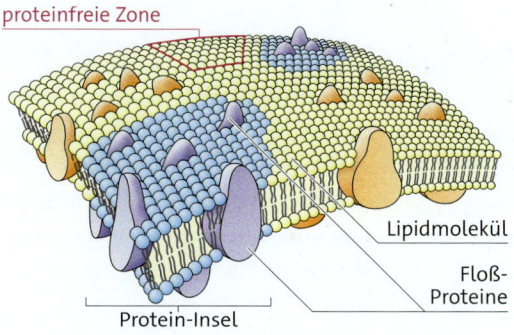

proteinfreie Zone
Lipidmolekül
Floß-Proteine
Protein-Insel

07 Lipid-Raft-Modell

Protein-Insel
Lipidmolekül
Transmembran-proteine
Zytoskelett

08 Protein-Island-Modell

Material A ► Indirekter Nachweis der Membranbestandteile

Schritt	Durchführung
1	Rotkohl in schmale Streifen schneiden
2	Geschnittenen Rotkohl mehrfach wässern
3	Rotkohlstreifen getrennt in – Spülmittel mit Wasser verdünnt (Ansatz A), – Essigsäure in Wasser (Ansatz B) und – reines Wasser (Ansatz C) legen
4	Färbung in den Ansätzen A bis C feststellen

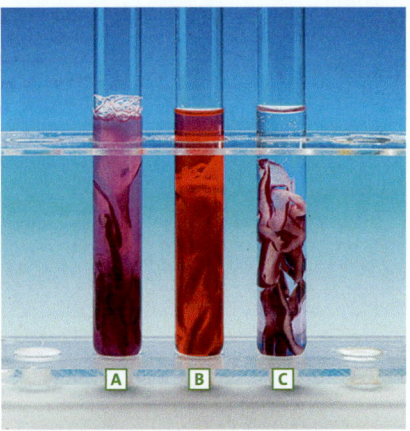

Ansatz	Beobachtung
A	Rotfärbung
B	(helle) Rotfärbung
C	kaum Rotfärbung

Mit dem Rotkohl-Versuch lassen sich Fette und Proteine als Membranbestandteile nachweisen.

Essigsäure verändert die dreidimensionale Struktur von Proteinmolekülen. In Spülmitteln sind amphipathische Moleküle enthalten, die mit Membranlipiden in Wechselwirkung treten können. Der rote Farbstoff des Rotkohls befindet sich in den Vakuolen der Zellen.

A1 Erläutern Sie die Funktion der aufgeführten Durchführungsschritte! Erstellen Sie dazu eine Tabelle!

A2 Deuten Sie die Ergebnisse zu den drei Versuchsansätzen! Formulieren Sie eine zusammenfassende Schlussfolgerung!

A3 Erklären Sie, weshalb dieser Versuch als ein indirekter Nachweis bezeichnet wird!

Material B ► Anordnung von Membranproteinen in Biomembranen

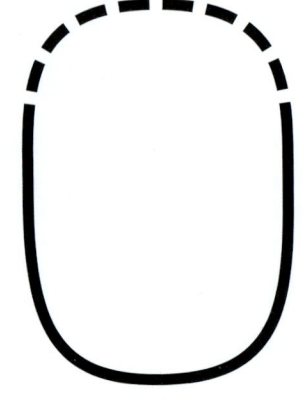

B1 Die Skizzen zeigen einfache Schemata von Membranproteinen und ihren Oberflächeneigenschaften. Übertragen Sie beide Skizzen in Ihre Unterlage und ergänzen Sie passend angeordnete Membranlipide in Form einfacher Kopf-Schwanz-Symbole (━●)!

Beachten Sie hierbei, dass die Membranproteine in unterschiedlichen Maßstäben dargestellt sind, sodass die Größe der Membranlipidmoleküle jeweils angepasst werden muss!

B2 Löst man die Lipide aus einer Biomembran heraus und überführt sie auf eine Wasseroberfläche, bildet sich dort ein einschichtiger Film aus Membranlipiden. Man vermutet, dass die Fläche des Films exakt doppelt so groß ist wie die ursprüngliche Membranfläche. Nehmen Sie Stellung zu dieser Vermutung!

Material C ► Hybridzellen-Versuch

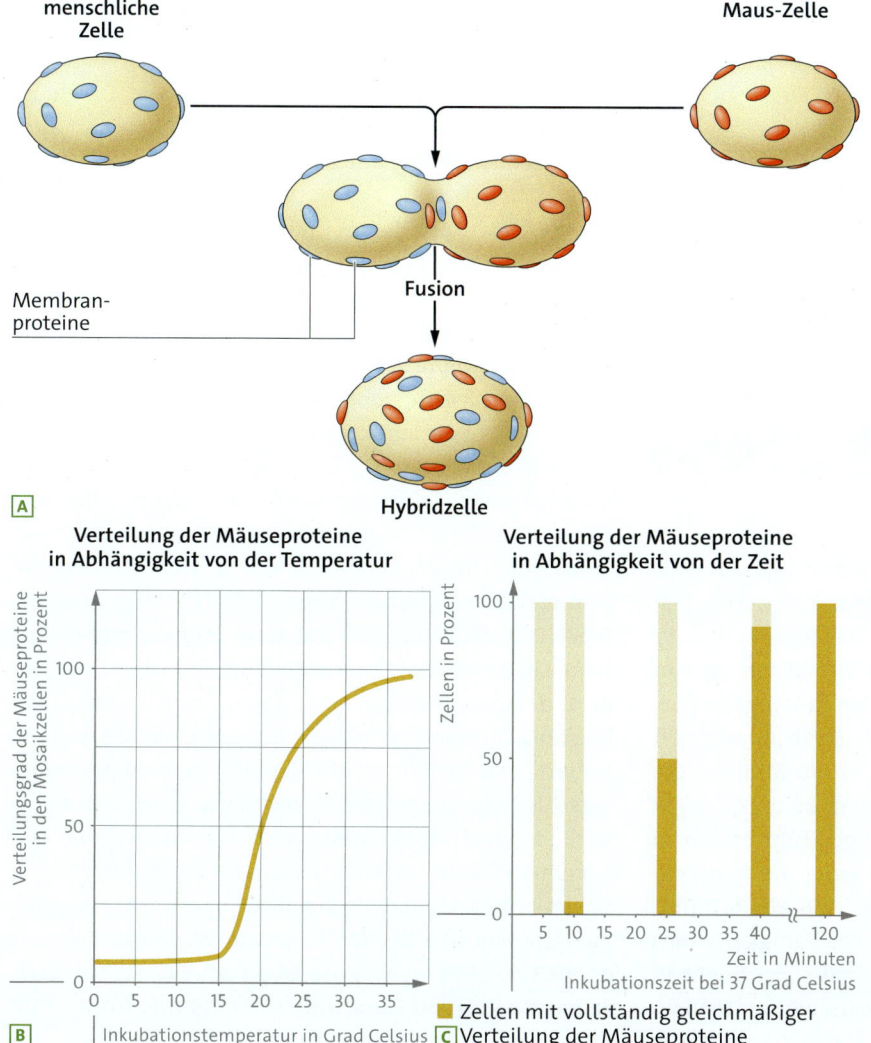

A

Hybridzelle

In einem Versuch wurden Membranproteine auf der Oberfläche von Mauszellen und von menschlichen Zellen mit einem jeweils unterschiedlichen Farbstoff markiert. Anschließend wurden eine Mauszelle und eine Menschenzelle fusioniert, sodass sich ihre Zellmembranen verbanden. So entstand eine *Hybridzelle*.

Einen Tag nach der Fusion wurden diese Hybridzellen mithilfe eines Fluoreszenzmikroskops in Bezug auf die Verteilung der Farbmarkierungen untersucht.

C1 Stellen Sie eine Hypothese auf, die mit dem beschriebenen Versuch überprüft werden kann!

C2 Beschreiben Sie das in der Abbildung A dargestellte Versuchsergebnis und überprüfen Sie Ihre Hypothese aus Aufgabe C1!

C3 Werten Sie die in den Abbildungen B und C dargestellten Versuchsergebnisse aus!

B — Verteilung der Mäuseproteine in Abhängigkeit von der Temperatur
C — Verteilung der Mäuseproteine in Abhängigkeit von der Zeit

■ Zellen mit vollständig gleichmäßiger Verteilung der Mäuseproteine

Material D ► Positionswechsel von Membranlipiden

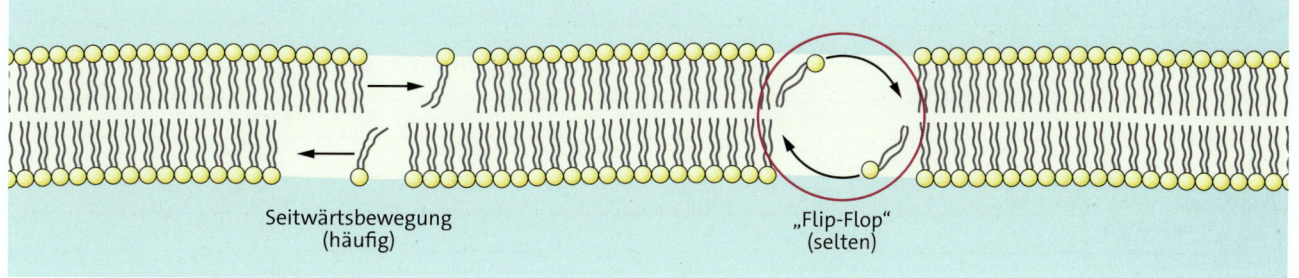

Seitwärtsbewegung (häufig)

„Flip-Flop" (selten)

D1 Beschreiben Sie die in der Abbildung gezeigten Positionswechsel!

D2 Erklären Sie die unterschiedliche Häufigkeit der beiden Positionswechsel!

Membranmodelle

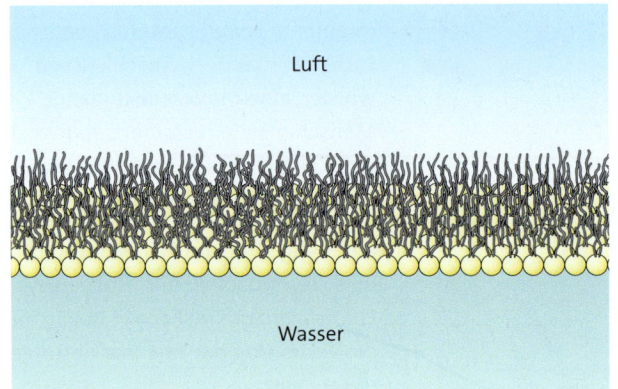

01 Membranmodell von LANGMUIR

LIPIDHYPOTHESE · In den Jahren zwischen 1890 und 1895 experimentierte der englische Biologe Charles Ernest OVERTON mit tierischen und pflanzlichen Zellen. Er wollte herausfinden, welche chemischen Stoffe leichter und welche weniger leicht in die Zellen hineingelangen. Dabei fiel ihm auf, dass alle fettlöslichen Substanzen „mit größter Schnelligkeit eindringen". Verbindungen, die leicht in Wasser löslich sind, gelangen kaum oder gar nicht in die Zellen. Seine Beobachtungen führten ihn zu der Hypothese, dass die Zellen von einer dünnen Zellmembran umschlossen sein müssen, die aus fettähnlichen Stoffen, aus Lipiden, besteht. Die Fähigkeit eines Stoffes, in die Zelle zu gelangen, hängt somit nicht in erster Linie von seiner Größe ab, sondern von der Löslichkeit in der Zellmembran. Auf Basis dieser Erkenntnisse entwickelte OVERTON die *Narkosetheorie:* Die hohe Löslichkeit in der Zellmembran ist die Eigenschaft aller guten, schnell wirkenden Narkotika.

BILAYER-MODELL · Dem Chemiker Irving LANGMUIR gelang es im Jahr 1917, experimentell nachzuweisen, dass Lipide sich auf der Wasseroberfläche in einer nur ein Molekül dünnen Schicht als *Monolayer* ausbreiten. Die hydrophilen Köpfe der Moleküle liegen dabei im Wasser, während die hydrophoben Schwänze, die Kohlenwasserstoffketten, in die Luft ragen.

Innerhalb eines Lebewesens befinden sich die Zellen und damit auch beide Seiten der Zellmembranen in einer wässrigen Umgebung. Aufgrund dessen stellten die beiden Wissenschaftler Evert GORTER und François GRENDEL die Hypothese auf, dass Zellmembranen aus zwei Lipidschichten bestehen müssen. Die Köpfe der beiden Lipidschichten sind dabei nach außen dem Wasser zugewandt. Um diese Annahme zu überprüfen, isolierten sie im Jahr 1925 die Lipide von roten Blutzellen verschiedener Säugetiere. Nach der von LANGMUIR entwickelten Methode breiteten sie die Lipide anschließend auf einer Wasseroberfläche aus und berechneten die Größe der entstandenen Fläche. Ihre Experimente zeigten, dass die von den Lipiden bedeckte Wasserfläche etwa doppelt so groß ist wie die Oberfläche der roten Blutzellen. Ihre Hypothese wurde bestätigt und führte zum *Bilayer-Modell* der Biomembran.

Tierart	Gesamtoberfläche der roten Blutzellen in m²	Von Lipiden insgesamt bedeckte Fläche in m²
Mensch	0,47	0,92
	0,47	0,89
Hund	31,3	62
	6,2	12,2
Hase	5,46	9,9
	0,27	0,54
Meerschweinchen	0,52	1,02
	0,52	0,97
Ziege	0,33	0,66
	0,33	0,69

02 Forschungsergebnisse von GORTER und GRENDEL

SANDWICH-MODELL · In den folgenden Jahren wurden vielfältige Experimente durchgeführt, um die Eigenschaften der Biomembran aufzuklären. Messergebnisse zur Oberflächenspannung, der Durchlässigkeit für verschiedene Stoffe und des elektrischen Widerstands konnten mit dem Bilayer-Modell nicht gedeutet werden. Auf Grundlage dieser Befunde entwickelten Hugh DAVSON und James DANIELLI im Jahr 1935 eine neue Hypothese. Ihrer Auffassung nach ließen sich die Eigenschaften der Biomembranen nur erklären, wenn Proteine am Bau der Biomembran beteiligt sind. Die beiden Forscher erweiterten daraufhin das Modell des Bilayers: Beide Seiten der Lipiddoppelschicht werden von einer dünnen Schicht aus Proteinen bedeckt. Die Membran besteht demnach aus einem Sandwich mit der Lipiddoppelschicht innen und jeweils einer Proteinschicht außen.

Als man in den 1950er-Jahren erstmalig Biomembranen mithilfe des Transmissionselektronenmikroskops sichtbar machen konnte, zeigten alle Aufnahmen einen dreischichtigen Aufbau aus einer hellen Linie, flankiert von zwei dunklen Linien. Aufgrund dieser Erkenntnisse nahm J. David ROBERTSON an, dass alle Biomembranen gleich aufgebaut sind. Dieses Konzept bestätigte das *Sandwich-Modell*.

DER WEG ZUM FLUID-MOSAIK-MODELL · Larry FRYE und Michael EDIDIN konnten 1970 mithilfe der Fluoreszenzmikroskopie die fluiden Eigenschaften der Plasmamembran nachweisen, indem sie Zellmembranen von

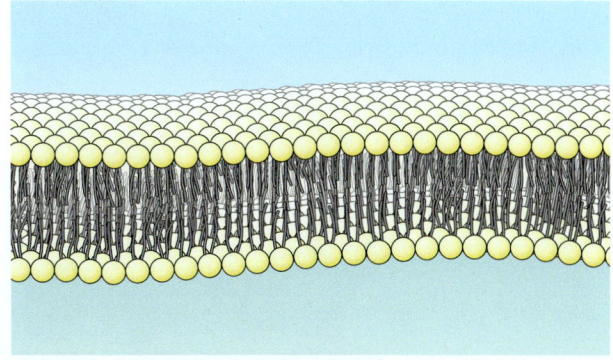

03 Bilayer-Modell

Mäusezellen und von menschlichen Zellen farblich markierten und fusionierten. Dabei zeigte sich, dass sich die Membranproteine durchmischten.

Fortschritte in der Elektronenmikroskopie und exaktere Messverfahren ergaben zudem uneinheitliche Membrandicken. Anhand rasterelektronenmikroskopischer Aufnahmen konnte man Proteinmoleküle erkennen, die in die Membran hineinreichen. Diese Erkenntnisse führten zur Entwicklung des *Fluid-Mosaik-Modells*.

1 ⌡ Beschreiben Sie ausgehend von den Abbildungen die historischen Modellvorstellungen zur Biomembran!

2 ⌡ Erläutern Sie, weshalb sich die Modellvorstellungen verändert haben!

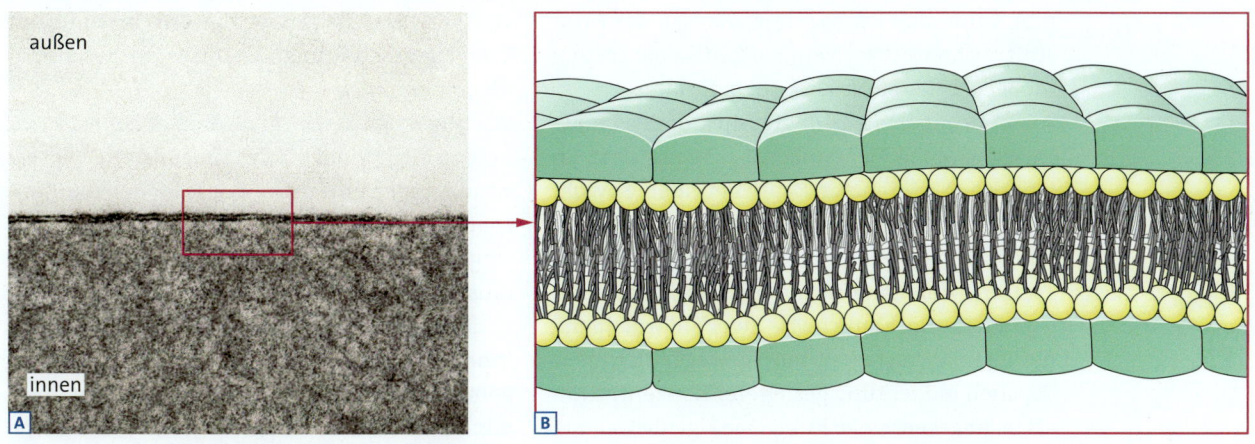

außen

innen

A   **B**

04 Biomembran: **A** EM-Aufnahme, **B** Sandwich-Modell

01 Gurkenscheiben
mit Kochsalz

Diffusion und Osmose

Bestreut man eine frisch geschnittene Gurken-scheibe mit Kochsalz, lässt sich beobachten, dass innerhalb kurzer Zeit die Salzkristalle immer feuchter werden und bald mit Flüssigkeit getränkt sind. Wie lässt sich dieses Phänomen erklären?

DIFFUSION · Um dieses Phänomen zu verstehen, hilft ein kleiner Vorversuch: Wenn man mit einer Pipette wenige Tropfen eines roten Farb-stoffs in ein mit Wasser gefülltes Becherglas gibt, kann man beobachten, wie sich der Farb-stoff ausbreitet. Nach einiger Zeit ist die Lösung im Becherglas einheitlich rot gefärbt.

Auf Teilchenebene bedeutet dies, dass sich die Farbstoffmoleküle zunächst konzentriert in einem eng begrenzten Raum befinden. Sowohl die Farbstoffmoleküle als auch die Wassermole-küle haben eine ungerichtete Eigenbewegung. Treffen zwei Moleküle aufeinander, ändern sie ihre Richtung, ähnlich wie zwei Billardkugeln, die aufeinanderstoßen. Dabei bewegen sich mehr Teilchen in Richtung geringerer Konzentration als in umgekehrter Richtung. Die Eigenbewegung der Farbstoffmoleküle führt zur Ausbreitung der Farbstofflösung im Becherglas. Dieser Vor-

gang heißt *Diffusion*. Sie führt dazu, dass sich die Farbstoffmoleküle in einem begrenzten Raum gleichmäßig verteilen. Es wird ein *Konzentra-tionsausgleich* erreicht. Die Teilchen sind aber nach wie vor in Bewegung.

Die Diffusionsgeschwindigkeit ist von verschie-denen Bedingungen abhängig: Mit steigender Temperatur nimmt die ungerichtete Eigenbe-wegung der Teilchen zu. Dadurch verteilen sich die Teilchen rascher im Raum, die Diffusionsge-schwindigkeit nimmt zu. Je größer die Teilchen sind, umso geringer ist die Geschwindigkeit ihrer Eigenbewegung. Die Diffusionsgeschwin-digkeit nimmt ab.

Wichtig ist auch, wie groß die Konzentrations-unterschiede eines Stoffes sind und wie weit sie voneinander entfernt sind. Je höher die Kon-zentrationsunterschiede eines Stoffes und je ge-ringer ihre Entfernung, umso steiler ist der da-raus resultierende *Konzentrationsgradient* und umso höher die Diffusionsgeschwindigkeit.

Innerhalb von Zellen und in ihrer direkten Um-gebung sind nur kurze Entfernungen zu über-winden. Dort können gelöste Stoffe sehr rasch diffundieren. Für größere Entfernungen in einem Organismus ist die Diffusion zu langsam.

02 Diffusion eines roten Farbstoffs in Wasser

PLASMOLYSE UND DEPLASMOLYSE · Auf der Gurkenscheibe befindet sich ein dünner Wasserfilm, da viele Zellen durch den Schnitt verletzt worden sind. Nach kurzer Zeit sammelt sich jedoch erheblich mehr Wasser, die Gurkenscheibe wird dünner und weich. Man muss annehmen, dass Wasser aus tiefer liegenden, unverletzten Zellen aus der Gurkenscheibe ausgetreten ist. Mithilfe des Mikroskops kann man den Vorgang, der diesem Phänomen zugrunde liegt, genauer untersuchen. Gut geeignet sind hierfür die verhältnismäßig großen Epidermiszellen der roten Küchenzwiebel mit ihren rot gefärbten Vakuolen. Gibt man zu diesen Zellen eine konzentrierte Salzlösung auf den Objektträger, beobachtet man, dass das Volumen der Vakuolen abnimmt und sich das Zellplasma von der Zellwand ablöst. Gleichzeitig erscheint die Färbung der Vakuolen intensiver rot.

Die umgebende Lösung hat eine höhere Salzkonzentration als das Zellinnere. Man bezeichnet sie als *hyperton*. Die gelösten Salzteilchen können die Zellwände von außen nach innen passieren, nicht aber die Zellmembranen. Innerhalb der Zellen ist nun die Wasserkonzentration höher als in der direkten Umgebung. Die Wasserteilchen aus der Vakuole und dem Zellplasma diffundieren durch die Membranen nach außen und bewirken, dass das Volumen des Zellinneren abnimmt. Dieser Vorgang wird als **Plasmolyse** bezeichnet.

Überführt man die Zwiebelepidermis anschließend in eine Lösung mit einer geringeren Salzkonzentration als im Zellinneren, also in eine *hypotonische* Lösung, findet der umgekehrte Prozess statt: Die Wasserteilchen diffundieren in das Zellinnere.

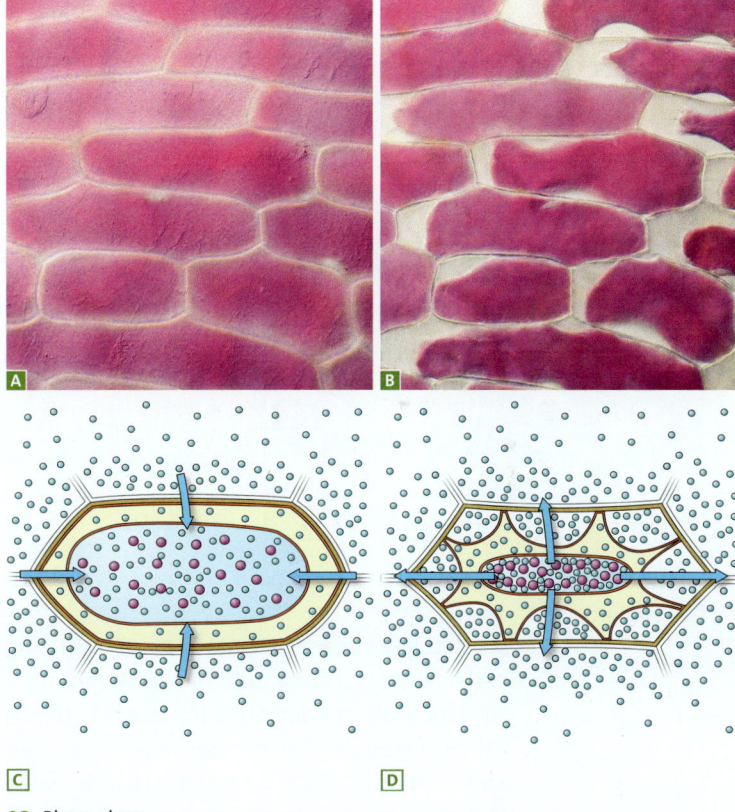

03 Plasmolyse

Das Zellplasma und die Vakuole dehnen sich wieder aus und nehmen ihre ursprüngliche Form an. Diesen Vorgang nennt man **Deplasmolyse**.

Eine wesentliche Ursache für die Plasmolyse und die Deplasmolyse ist, dass die Zellmembran und der Tonoplast für das Lösungsmittel Wasser durchlässig sind, nicht aber für den darin gelösten Stoff. Man nennt die Membranen deshalb **selektiv permeabel**. Der Durchtritt des Lösungsmittels durch eine solche Membran wird als **Osmose** bezeichnet.

griech. hyperton = höheren Druck habend

griech. hypoton = geringeren Druck habend

griech. isoton = gleichen Druck habend

lat. permeabel = durchlässig

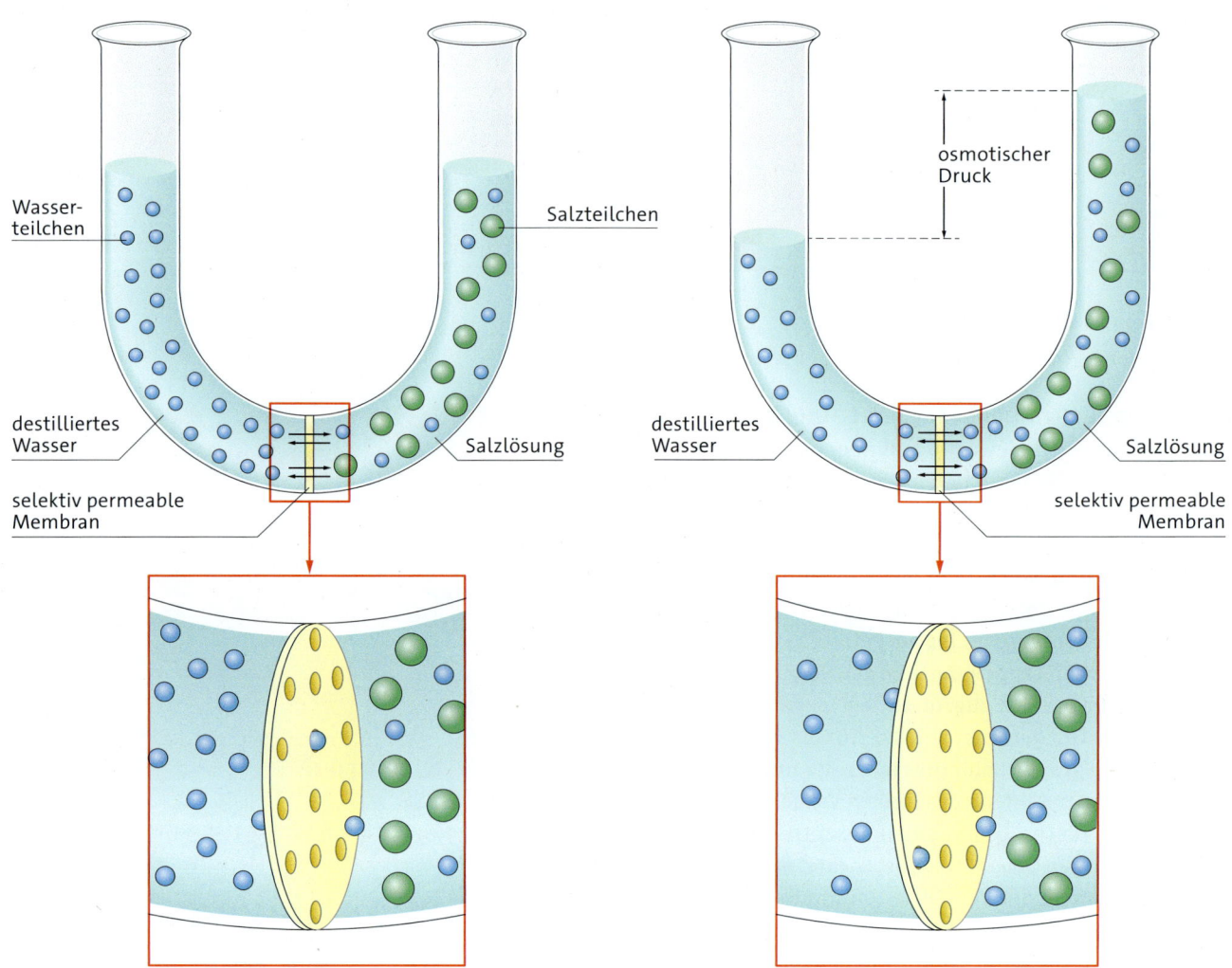

Wasser-
teilchen

Salzteilchen

destilliertes
Wasser

Salzlösung

selektiv permeable
Membran

osmotischer
Druck

destilliertes
Wasser

Salzlösung

selektiv permeable
Membran

04 Osmose durch eine selektiv permeable Membran (Modell)

MODELLVERSUCH ZUR OSMOSE · Die Wirkung der selektiven Permeabilität der Membranen lässt sich mit einem Modellversuch verdeutlichen. In einem U-Rohr befinden sich zwei Kammern, die durch eine selektiv permeable Membran voneinander getrennt sind. In der linken Kammer befindet sich destilliertes Wasser, in der rechten Kammer eine Salzlösung. Sowohl für das gelöste Salz als auch für das Lösungsmittel Wasser liegt ein Konzentrationsgradient vor. Nur die Wassermoleküle können die Membran passieren. Sie strömen durch die selektiv permeable Membran in die rechte Kammer. Dies führt zu einem erhöhten Druck in der Kammer mit der Salzlösung und zum Anstieg des Pegels. Aufgrund der zugrunde liegenden Osmose wird dieser Druck als *osmotischer Druck* bezeichnet. Er steigt mit zunehmender Konzentration der

Salzlösung. Die selektiv permeable Membran verhindert, dass es zu einem Konzentrationsausgleich kommt.

Bei einer frischen Gurkenscheibe bewirkt der osmotische Druck, dass die Zellmembranen von innen Druck auf die elastischen Zellwände ausüben. Aufgrund der durch die Salzkristalle hervorgerufenen Plasmolyse verringert sich dieser Druck und die Zellwände stehen nicht mehr unter Spannung. Deshalb wird die Gurkenscheibe weich.

1 ╯ Beschreiben Sie den Unterschied zwischen Diffusion und Osmose!

2 ╯ Erläutern Sie am Beispiel der mit Kochsalz bestreuten Gurkenscheibe den Vorgang der Plasmolyse!

Material A ▶ Simulationsspiel zur Diffusion

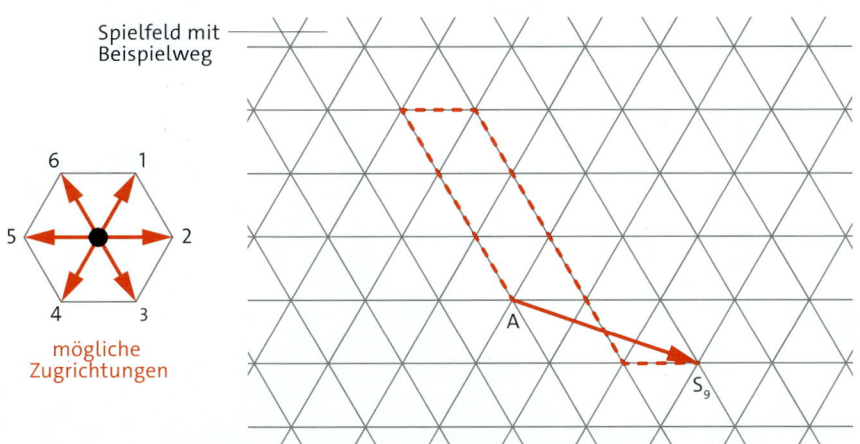

Spielfeld mit Beispielweg

mögliche Zugrichtungen

und immer um einen Schritt. Die Abbildung zeigt ein Beispiel eines Weges mit der Würfelfolge: 6; 6; 6; 2; 3; 3; 3; 3; 2.

A1 Führen Sie das Simulationsspiel durch und zeichnen Sie den Weg Ihres Spielsteins auf! Markieren Sie die nach 9, 16, 25 und 36 Schritten erhaltenen Endpunkte S_9, S_{16}, S_{25} und S_{36}. Messen Sie die jeweiligen Abstände zum Startpunkt A!

A2 Vergleichen Sie Ihre Zufallswege mit denen Ihrer Mitschüler!

A3 Erläutern Sie, welche Eigenschaften des Teilchenmodells der Diffusion im Simulationsspiel erfasst werden und welche nicht!

Die ungerichtete Teilchenbewegung bei der Diffusion lässt sich auf einem Spielfeld aus gleichseitigen Dreiecken simulieren, zum Beispiel einem Halmaspielfeld. Man benötigt hierzu einen Würfel und einen Spielstein.

Zunächst wird ein Startpunkt A bestimmt. Die Richtung der Bewegung wird durch die gewürfelte Augenzahl nach der in der Abbildung gezeigten Zugrichtung festgelegt. Gewandert wird ausschließlich entlang der Linien

Material B ▶ Hühnereier

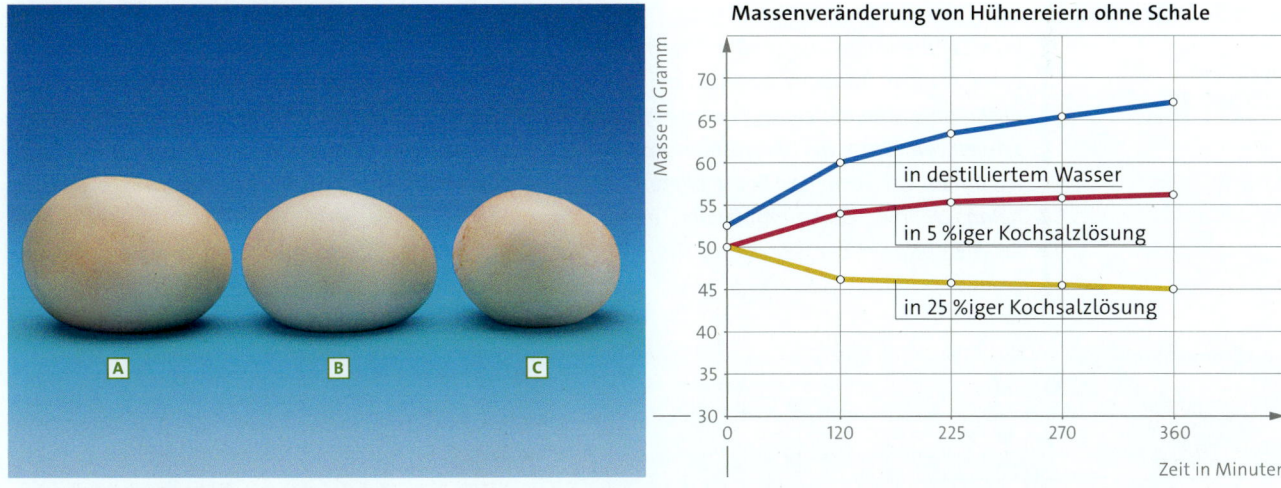

Massenveränderung von Hühnereiern ohne Schale

Masse in Gramm

in destilliertem Wasser

in 5 %iger Kochsalzlösung

in 25 %iger Kochsalzlösung

Zeit in Minuten

Drei rohe Hühnereier werden je in ein mit Haushaltsessig gefülltes Becherglas gelegt und zwei Tage lang aufbewahrt.
Aufgrund der Einwirkung der Essigsäure löst sich die Kalkschale der Eier langsam auf. Die Eihaut bleibt erhalten. Die so vorbereiteten Eier werden vorsichtig mit klarem Wasser abgespült

und anschließend in drei verschiedene Lösungen überführt: ein Ei in destilliertes Wasser (A), ein Ei in 5-prozentige Kochsalzlösung (B) und ein Ei in 25-prozentige Kochsalzlösung (C). Innerhalb der folgenden sechs Stunden werden die Massenveränderungen der Hühnereier ohne Schale festgehalten.

B1 Beschreiben Sie die dargestellten Veränderungen der Massen der drei Hühnereier!

B2 Erklären Sie die beobachteten Massenveränderungen!

B3 Entwickeln Sie ein Folgeexperiment zur Bestimmung der Salzkonzentration im Hühnerei!

01 Traubenzucker als schneller Energielieferant bei einer Klausur

Transportvorgänge an Biomembranen

Charles Ernest
OVERTON
siehe Seite 36

Viele Schülerinnen und Schüler essen während einer Klausur Traubenzuckerstücke. Die darin enthaltene energiereiche Glukose wird sehr schnell vom Darm ins Blut aufgenommen und ist daher ein schneller Energielieferant. Wie gelangen die Glukosemoleküle durch die Zellmembranen der Darmwand in die Blutgefäße?

ERLEICHTERTE DIFFUSION · Als Charles Ernest OVERTON in den 1890er-Jahren die Durchlässigkeit von Biomembranen untersuchte, stellte er fest, dass fettlösliche Stoffe durch Membranen leicht diffundieren können, wasserlösliche Stoffe jedoch nicht. Da Glukosemoleküle sehr gut wasserlöslich sind, können sie also Biomembranen nicht passieren.

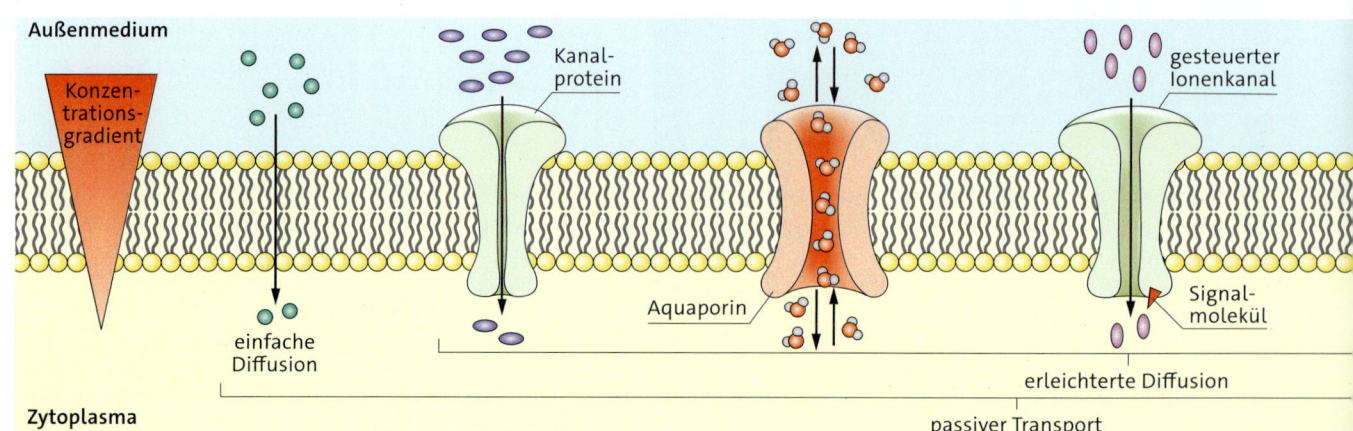

02 Transportvorgänge durch Biomembranen

Lipidlösliche Stoffe und Gase wie Sauerstoff können die Lipiddoppelschicht der Biomembran durch *einfache Diffusion* passieren. Lipidunlösliche polare Moleküle, zum Beispiel Glukosemoleküle, und Ionen gelangen über integrale Membranproteine, die **Kanalproteine,** durch die Membran. Kanalproteine bilden Poren und erlauben eine *erleichterte Diffusion* in Richtung des Konzentrationsgradienten. Die am besten untersuchten Membrankanäle sind die *Ionenkanäle.* Sie sind jeweils für eine Ionenart spezifisch. Die meisten Ionenkanäle können wie ein Tor geöffnet und geschlossen werden. Dies geschieht entweder durch ein chemisches Signalmolekül oder durch elektrische Erregung. Ionenkanäle sind wichtig für die Erregungsleitung im Nervensystem sowie die Regelung des Gasaustauschs bei Pflanzen.

Lange Zeit konnte man sich die schnelle Diffusion polarer Wassermoleküle durch Biomembranen nicht erklären. Erst in den 1980er-Jahren gelang es, spezifische Kanalproteine, die **Aquaporine,** nachzuweisen. Sie erlauben einen schnellen Wassertransport in tierischen und pflanzlichen Zellen, da ein einzelnes Aquaporin bis zu drei Milliarden Wassermoleküle pro Sekunde durchlassen kann.

Aminosäure- und Zuckermoleküle werden von speziellen *Carrier-Proteinen* transportiert, an die das zu transportierende Molekül bindet. Die Carrier ändern ihre Struktur und entlassen das Molekül auf der anderen Seite der Membran. Aufgrund dieser Funktionsweise wird der Transport als **Carriertransport** bezeichnet.

Da die verschiedenen Prozesse der Diffusion und der erleichterten Diffusion durch Biomembranen keine zusätzliche Energie benötigen, handelt es sich um einen **passiven Transport.**

GLUKOSETRANSPORT · Bevor die Glukose aus dem Dünndarm ins Blut gelangt, muss sie die Dünndarmzellen passieren. Zunächst gelangt die Glukose mithilfe eines Carriers in die Zellen. Gleichzeitig werden Natrium-Ionen, kurz Na$^+$, transportiert. Diesen Cotransport von zwei Stoffen nennt man *Symport.*

Der Antrieb für den Symport erfolgt über den hohen Konzentrationsgradienten für Natrium-Ionen zwischen Darminnenraum und Zellplasma der Dünndarmzellen. Durch den Symport gelangt die Glukose gegen ihren eigenen Konzentrationsgradienten in die Dünndarmzellen. Dadurch wird sie optimal genutzt. Mithilfe eines weiteren Carriers gelangt die Glukose aus der Dünndarmzelle ins Blutgefäß.

Der Glukosetransport ist von einer niedrigen Natrium-Ionen-Konzentration in den Dünndarmzellen abhängig. Deshalb befinden sich in ihren Membranen Natrium-/Kalium-Ionenpumpen, die die Natrium-Ionen aus den Zellen befördern und gleichzeitig Kalium-Ionen hinein. Da die Pumpen Energie in Form von ATP benötigen und die Ionen gegen den Konzentrationsgradienten transportieren können, spricht man von einem **aktiven Transport.**

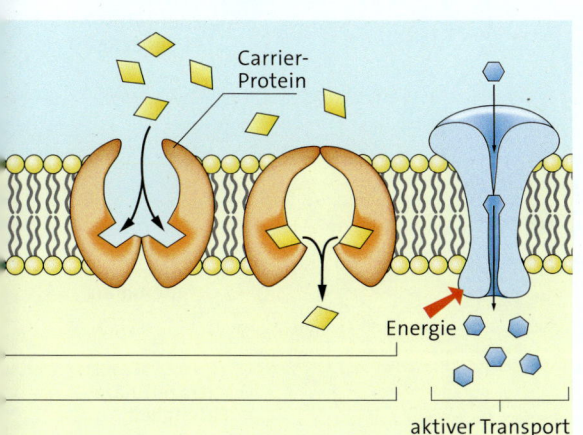

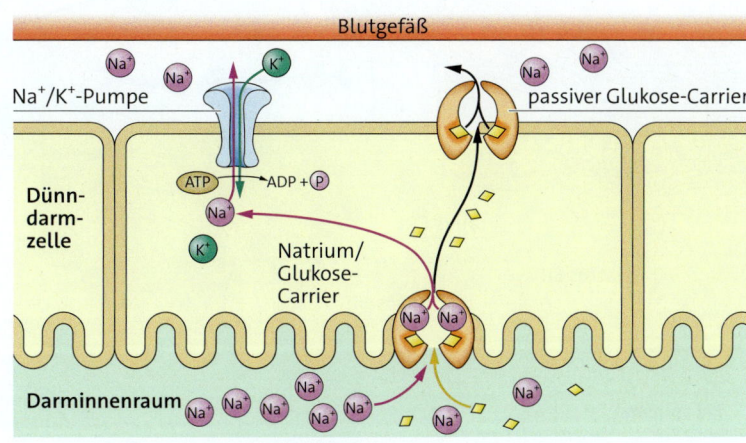

03 Glukosetransport durch eine Dünndarmzelle

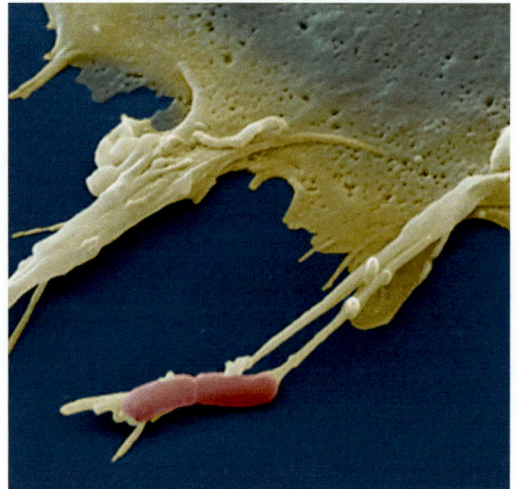

04 Phagozytose eines Makrophagen

ZYTOSEN · Kleine Moleküle können über Kanalproteine oder Carrierproteine in das Innere der Zelle diffundieren. Größere Moleküle wie Cholesterin oder Nahrungspartikel gelangen auf einem anderen Weg in die Zelle. Die Zellmembran umfließt das Nahrungspartikel und bildet ein von der Membran umschlossenes Vesikel. Das Nahrungspartikel wird von der Zelle aufgenommen. Diesen Vorgang nennt man **Endozytose.** Anschließend verschmilzt das Vesikel mit einem Lysosom. Dessen Verdauungsenzyme lösen den Inhalt des Vesikels auf. Eine besondere Form der Endozytose ist der Angriff eines Makrophagen auf ein Bakterium. Makrophagen gehören zu den weißen Blutzellen und sind als Abwehrzellen aktiv. Sie schließen Bakterien in Vesikel ein, die sie dort verdauen. Die Aufnahme eines festen Partikels nennt man *Phagozytose.*

Viele Zellen produzieren Sekretstoffe wie Verdauungsenzyme oder Hormone. Die in der Zelle produzierten Sekrete werden in Vesikel eingeschlossen. Auf diese Weise erfolgt der Transport von Proteinen durch Transportvesikel vom endoplasmatischen Retikulum zum Dictyosom. Dort verschmelzen die Membranen des Vesikels und des Dictyosoms, der Inhalt wird weiterverarbeitet. Am Dictyosom schnüren sich seitlich Vesikel ab, die zur Zellmembran transportiert werden. Die Vesikelmembran verschmilzt mit der Zellmembran und der Inhalt der Vesikel wird nach außen abgegeben. Diesen Vorgang bezeichnet man als **Exozytose.** Während des Vesikeltransports innerhalb der Zelle werden Membranstücke von einem Organell zum anderen transportiert. Die damit einhergehende Erneuerung der Membranen heißt *Membranfluss.*

1 ⌡ Beschreiben Sie die Beispiele für die erleichterte Diffusion!

2 ⌡ Erläutern Sie den Unterschied zwischen passivem und aktivem Transport!

3 ⌡ Beschreiben Sie den Ablauf der Endozytose!

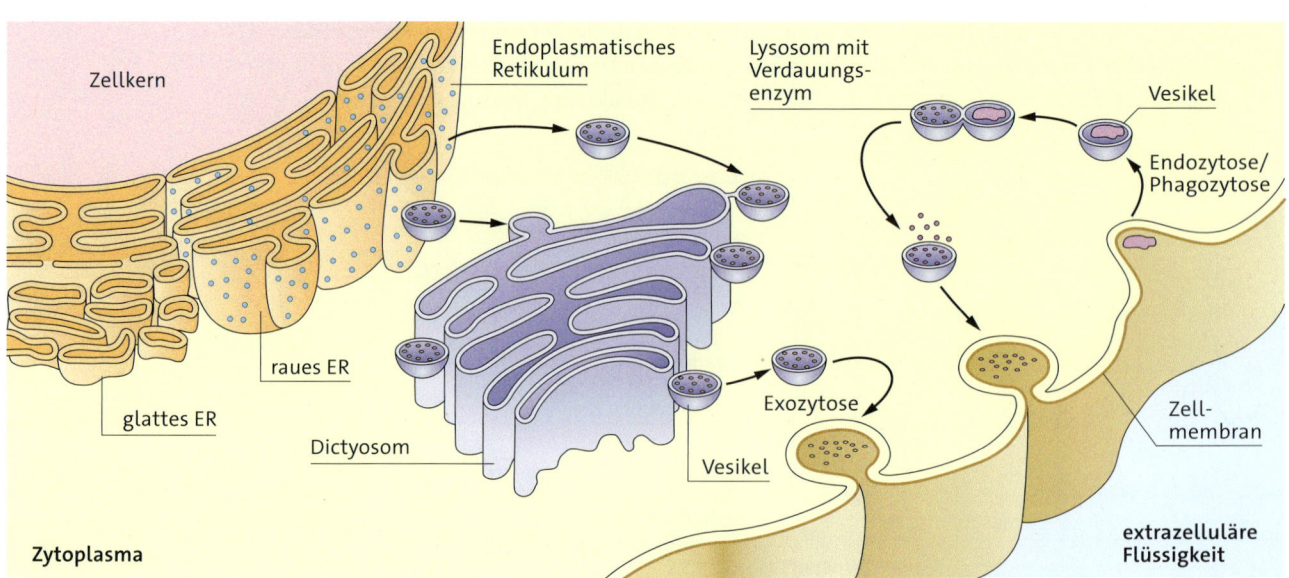

05 Endo- und Exozytose; Membranfluss

Material A ▶ Plasmolyse bei der Ligusterbeere

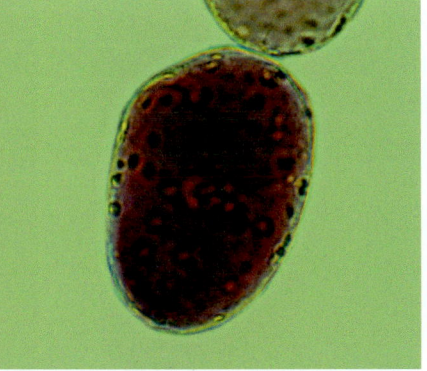
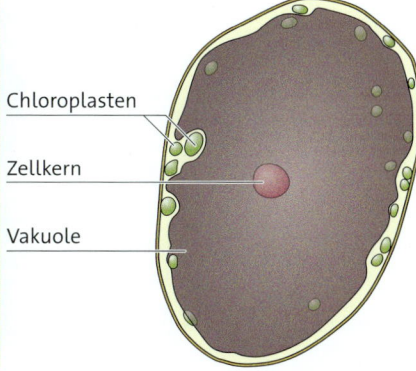

Chloroplasten

Zellkern

Vakuole

Der Gemeine Liguster ist häufig an Waldrändern anzutreffen. Im September entwickelt er schwarze, etwa erbsengroße, giftige Beeren.
Im lichtmikroskopischen Bild des Fruchtfleischs der Ligusterbeere erkennt man in den Zellen eine zentrale blaurot gefärbte Vakuole, die fast den gesamten Zellinhalt ausfüllt. Sie ist von einem schmalen Zyotoplasmasaum mit Chloroplasten umgeben. Legt man das Präparat in eine konzen-trierte Zuckerlösung, beobachtet man, dass Zellen und Vakuolen schrumpfen. Legt man die Zellen zurück in Wasser, nimmt das Volumen des Zellinhalts wieder zu.
Für einen zweiten Versuch wird das Präparat zunächst mit einer Queck-silbersalzlösung behandelt. Anschlie-ßend wird das Präparat in die Zucker-lösung und dann in Wasser gelegt. Die Quecksilber-Ionen der Quecksilber-salzlösung blockieren Aquaporine.

A1 Erläutern Sie die Veränderungen des Zellvolumens nach der Über-führung in konzentrierte Zucker-lösung und in Wasser!

A2 Erklären Sie die Funktion der Aquaporine in der Zellmembran! Nehmen Sie hierzu die Abbildung 02 auf Seite 42 zu Hilfe!

A3 Stellen Sie eine Hypothese auf, welche Beobachtungen im zweiten Versuch zu erwarten sind!

Material B ▶ Vakuole als Ionenfalle

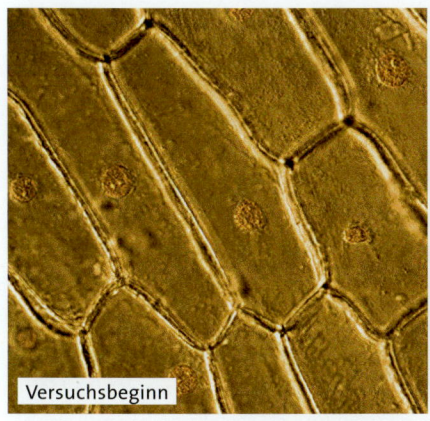

Versuchsbeginn

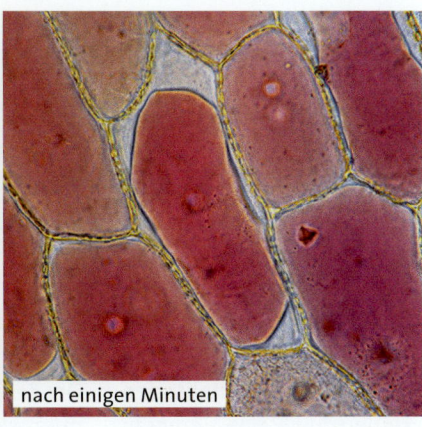

nach einigen Minuten

Neutralrot ist ein Farbstoff, der in einer neutralen bis basischen Lösung lipo-phil ist und eine braunrote Farbe hat. In saurer Lösung nehmen die lipophilen Neutralrot-Moleküle Protonen auf und wandeln sich so in positiv geladene hydrophile Neutralrot-Ionen um.

Die Lösung färbt sich kirschrot.
Für ein Experiment wird die Epidermis einer Küchenzwiebel in eine Neutral-rot-Lösung gelegt. Nach einigen Minuten beobachtet man die in der rechten Abbildung dargestellten Ver-änderungen.

In einem Folgeexperiment wird die Zwiebelepidermis von der Neutralrot-Lösung in Leitungswasser überführt.

Der Vakuoleninhalt der Zwiebelzellen ist schwach sauer.

B1 Beschreiben Sie die in der rechten Abbildung dargestellten Ver-änderungen in der Zwiebel-epidermis!

B2 Erklären Sie die Beobachtungen!

B3 Entwickeln Sie eine Hypothese, welche Beobachtungen im Folge-experiment zu erwarten sind, und begründen Sie den Begriff „Ionen-falle"!

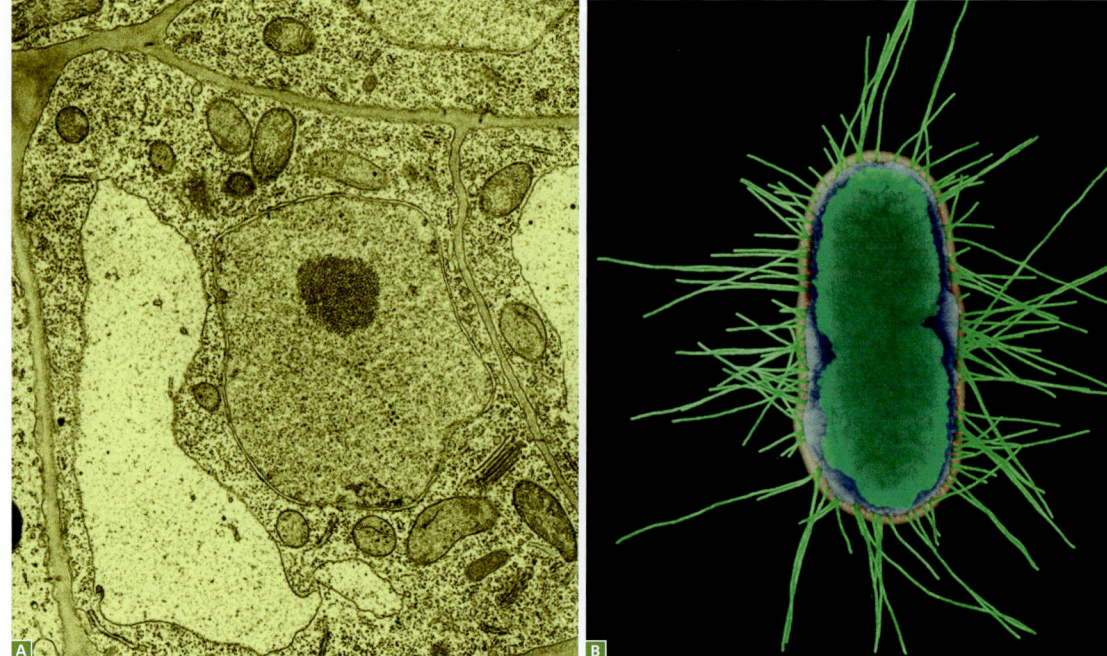

01 TEM-Aufnahmen (gefärbt):

A einer Pflanzenzelle aus der Acker-Schmalwand *Arabidopsis thaliana*,

B vom Darmbakterium *Escherichia coli*

Zellen mit und ohne Zellkern

> *Vergleicht man das elektronenmikroskopische Bild einer Pflanzenzelle mit dem elektronenmikroskopischen Bild einer Bakterienzelle lassen sich schon auf den ersten Blick deutliche Unterschiede erkennen. Welche besonderen Baumerkmale weisen diese Zelltypen auf?*

EUKARYOTEN UND PROKARYOTEN · Die Zellen von Pflanzen sowie von Tieren und Pilzen besitzen einen vom Zytoplasma abgegrenzten Zellkern. Lebewesen mit solchen Zellen nennt man **Eukaryoten.** Dazu gehören auch einzellige Organismen wie Amöben, Pantoffeltierchen oder Augentierchen. Die Zellen der Eukaryoten heißen **Euzyten.** Die meisten Euzyten haben einen Durchmesser von etwa zehn bis 50 Mikrometern.

Demgegenüber haben die Zellen von Bakterien und Cyanobakterien keinen durch eine Membran vom Zytoplasma abgegrenzten Zellkern. Man nennt solche Organismen **Prokaryoten** und ihre Zellen Protozyten oder **Prozyten.** Da die meisten Prokaryoten nur aus einer einzigen Zelle bestehen, verwendet man die Begriffe Prokaryot und Prozyte oft synonym. Prozyten sind meistens nur ein bis fünf Mikrometer groß und damit er-

altgr. eu
= wohl-, gut

altgr. karyon
= Kern

altgr. kytos
= Gefäß

heblich kleiner als Euzyten. Ihr Volumen beträgt gerade einmal höchstens ein Hunderstel bis weniger als ein Tausendstel einer Euzyte.

VERGLEICH VON EUZYTE UND PROZYTE · Prozyte und Euzyte haben gemeinsam, dass ihr Zellkörper hauptsächlich aus Zytoplasma besteht und dass sie von einer *Zellmembran* umgeben sind.

Elektronenmikroskopische Bilder zeigen, dass die Euzyte erheblich komplexer gebaut ist. Dabei spielen Membranabtrennungen eine besondere Rolle. Euzyten werden dadurch besonders stark räumlich gegliedert. Durch diese *Kompartimentierung* entstehen abgetrennte Reaktionsräume. Diese membranumgrenzten Bereiche werden teilweise auch als Organellen bezeichnet.

Der Zellkern von Euzyten ist oft bereits im Lichtmikroskop zu erkennen. Er ist von einer doppelten Zellmembran, der *Kernhülle,* umgeben. Im Zellkern befindet sich das Erbmaterial in Form von Chromosomen. Auch die Mitochondrien – und bei Pflanzen die Chloroplasten – verfügen über eine Hülle aus zwei Membranen. Die Mitochondrien enthalten alle Enzyme für die Zellatmung und den Fettabbau.

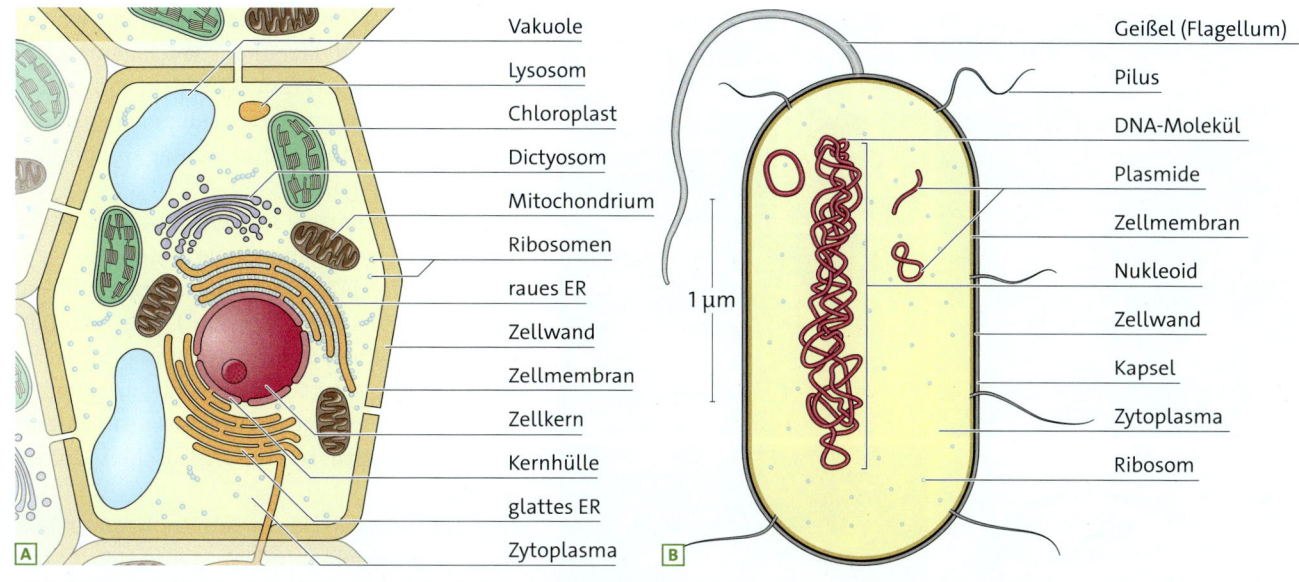

Vakuole	Geißel (Flagellum)
Lysosom	Pilus
Chloroplast	DNA-Molekül
Dictyosom	Plasmide
Mitochondrium	Zellmembran
Ribosomen	Nukleoid
raues ER	Zellwand
Zellwand	Kapsel
Zellmembran	Zytoplasma
Zellkern	Ribosom
Kernhülle	
glattes ER	
Zytoplasma	

A   B   1 µm

02 Schema einer Pflanzenzelle (**A**) und einer Bakterienzelle (**B**) im Vergleich

Die Chloroplasten sind die Orte der Fotosynthese. Sie enthalten das Pigment Chlorophyll. In Mitochondrien und Chloroplasten gibt es zusätzlich ringförmige DNA, die aber nicht in Form von Chromosomen auftritt.

Intrazelluäre Membranen und Membransysteme teilen das Zytoplasma von Euzyten auf: Durchgängig enthalten ist das *Endoplasmatische Retikulum*, kurz ER. Je nachdem, ob es von *Ribosomen* besetzt ist oder nicht, heißt es raues ER oder glattes ER. Das ER dient als intrazelluläres Transportsystem. Ein weiteres Membransystem ist der *Golgi-Apparat*. Dieser kann Proteine und Enzyme an ihren Bestimmungsort bringen. In älteren Pflanzenzellen trennt eine Membran die *Vakuole* vom Zytoplasma ab. In der Vakuole werden Reserve- oder Abfallstoffe eingelagert. In tierischen und pflanzlichen Zellen gibt es von einer Membran umgebene *Lysosomen* mit eiweißspaltenden Enzymen. Sie sind beim Zellumbau und Zellabbau wirksam.

Die in Euzyten enthaltenen Ribosomen sind nicht von einer Membran umgeben. An ihnen läuft die Proteinbiosynthese ab. Schließlich wird die Euzyte von innen durch ein Zytoskelett aus Mikrotubuli und Mikrofilamenten stabilisiert. Viele Zellbestandteile der Euzyten kommen in Prozyten nicht vor. So gibt es in Prozyten zum Beispiel keinen Zellkern. Die Erbinformation ist in einem ringförmigen DNA-Molekül gespeichert, das frei im Zytoplasma liegt. Der Bereich, in dem sich die DNA befindet, wird auch Kernäquivalent oder **Nukleoid** genannt. Daneben gibt es kleine ringförmige oder fadenförmige DNA-Stücke, die **Plasmide.** Die Ribosomen sind kleiner als die Ribosomen der Euzyten.

Das Zytoplasma enthält weder Mitochondrien und Chloroplasten noch Endoplasmatisches Retikulum und Golgi-Apparat. Oft ist jedoch das Plasmalemma nach innen eingefaltet. Das führt zu einer Gliederung des Zytoplasmas. Die eingefaltete Membran trägt Enzyme, die Stoffwechselreaktionen katalysieren. Besonders bei Cyanobakterien sind diese Einfaltungen sehr ausgeprägt und ähneln den Membraneinfaltungen der Thylakoide von Chloroplasten. Sie enthalten neben Chlorophyll a und b auch blaue und rote Farbpigmente.

Viele Bakterien besitzen eine Geißel, auch *Flagellum* genannt, die der Fortbewegung dient. Manche Bakterien tragen außen auf der Kapsel mehrere sehr dünne Fäden aus Protein. Mit diesen *Pili* kann sich ein Bakterium an der Oberfläche anderer Zellen anheften.

Die bei Bakterien vorhandene Zellwand besteht in der Regel aus Murein. Murein ist ein kapselartiges aus Polysaccharidketten und quervernetzenden Polypeptidketten aufgebautes Makromolekül. Oft ist außen noch eine Schleimschicht aufgelagert.

Singular von Pili = Pilus

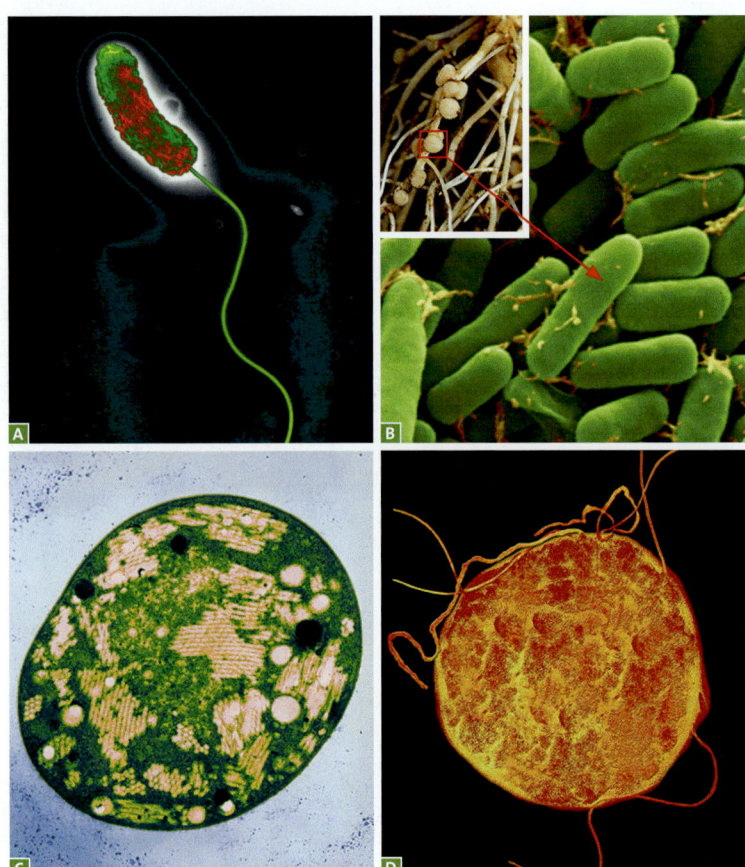

03 Prozyten: **A** Bakterium mit Kapsel und Schleimschicht, **B** Knöllchenbakterien bilden Wurzelknöllchen, **C** Cyanobakterium *Microcystis*, **D** Archaebakterium *Sulfolobus*

erregern. In der Lebensmittelherstellung benutzt man Bakterien zur Erzeugung von Joghurt, Käse, Salami oder Sauerkraut. Von den vermutlich mehreren Millionen verschiedenen Bakterienarten auf der Erde sind nur wenige Hundert als Krankheitserreger bekannt.

Viele Bakterienarten spielen im Kreislauf der Natur eine überragende Rolle, indem sie organische Stoffe als Nahrung aufnehmen und sie bis zu Mineralstoffen abbauen. Diese Bakterien werden deshalb zu den Destruenten gezählt. Die Mineralstoffe sind Grundlage für aufbauende Stoffwechselvorgänge. Sie werden von Produzenten für die Synthese von organischen Stoffen genutzt.

Eine besondere Rolle spielen Knöllchenbakterien, auch Rhizobien genannt. Diese Prozyten können entweder als stäbchenförmige Bakterien frei im Boden leben oder mit den Wurzeln von Schmetterlingsblütlern eine Symbiose eingehen. In dieser Symbiose sind sie in der Lage, Luftstickstoff zu Ammonium zu reduzieren. Der hohe Energiebedarf für die Stickstoffreduktion wird durch Kohlenhydrate aus den Wurzeln der Schmetterlingsblütler gedeckt. Im Gegenzug profitieren die Pflanzen vom Angebot an Ammonium, das sie für die Synthese von Aminosäuren und Nukleinsäuren benötigen. Aufgrund der Leistung der Knöllchenbakterien können Schmetterlingsblütler stickstoffarme Böden besiedeln.

Neben der Gruppe der Bakterien und Cyanobakterien gibt es noch eine weitere, eigenständige Gruppe von Prokaryoten, die Archaeen. Unter diesen Archaeen gibt es sehr viele Arten, die unter extremen Bedingungen existieren. So hat zum Beispiel das in heißen Quellen lebende Archaebakterium Sulfolobus ein Wachstumsoptimum bei 75 Grad Celsius. Solche Archaeen können Schwefelwasserstoff oxidieren und daraus Stoffe und Energie für ihren Stoffwechsel gewinnen.

BEDEUTUNG DER PROZYTEN · Trotz ihres vergleichsweise einfachen Baus verfügen Prozyten über sehr vielfältige Stoffwechselfähigkeiten: Bestimmte Bakterienarten sind zwar sehr spezialisiert und haben dementsprechend einen engen Wirkungsspielraum, in ihrer Gesamtheit jedoch zeigen sie eine enorme Vielfalt an Fähigkeiten und Leistungen, die von Euzyten in vielen Fällen nicht erreicht wird.

Prozyten kommen im Boden, im Wasser und in der Luft vor. Sie leben in der Tiefsee, in heißen Quellen und im Gletschereis. Eine Vielzahl besiedelt Pflanzen, Tiere und Menschen. Allein im Darm des Menschen gibt es über 1000 verschiedene Bakterienarten. Einige davon sind für die Verdauung, den Wasserentzug im Dickdarm oder die Produktion von verschiedenen Vitaminen unerlässlich. Auf der Haut des Menschen schützen Bakterien den Körper vor Krankheits-

1 」 Erläutern Sie die Begriffe Prozyte, Euzyte, Prokaryot und Eukaryot!

2 」 Beschreiben Sie, worin die Komplexität der Euzyten besteht!

3 」 Erläutern Sie die Bedeutung der Prozyten anhand von zwei Beispielen!

Material A ▸ Bakterien und Cyanobakterien

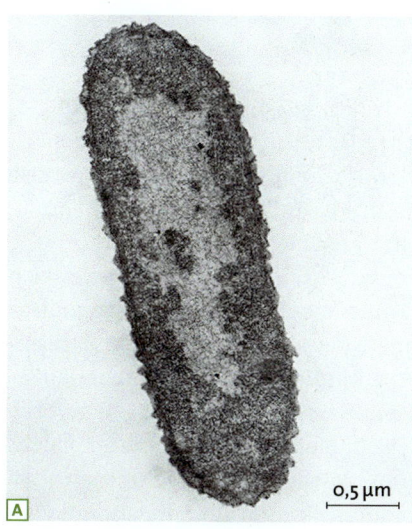

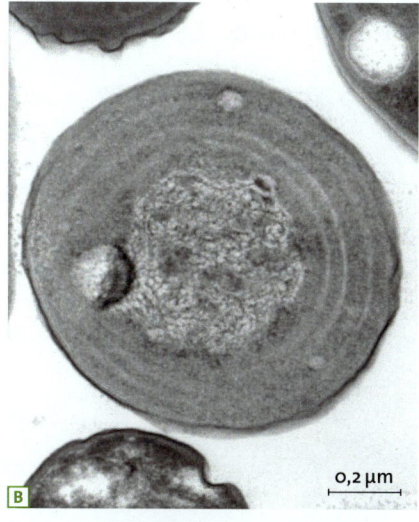

A1 Beschreiben und benennen Sie die in den beiden Prozyten erkennbaren Strukturen! Vergleichen Sie diese hinsichtlich ihrer Verteilung, Häufigkeit und relativer Größe!

A2 Begründen Sie, dass die parallelen Linien bei *Synechocystis spec.* zu Strukturen gehören können, die mit Fotosynthese zu tun haben!

A3 Berechnen Sie das Volumen einer *E.-coli*-Zelle mithilfe der Längenangabe und unter der Annahme, dass die Zellen zylindrisch sind!

A4 Berechnen Sie das Volumen aller *E.-coli*-Zellen, die theoretisch nach einem Tag aus einer Zelle entstehen können! Diskutieren Sie, weshalb dieses Szenario nicht eintritt!

Die Abbildungen zeigen elektronenmikroskopische Aufnahmen des Darmbakteriums *Escherichia coli* (**A**) und des Cyanobakteriums *Synechocystis spec.* (**B**). In den helleren, faserig erscheinenden Zonen befindet sich die DNA.

Die Fortpflanzung aller Bakterien erfolgt meistens ungeschlechtlich durch einfache Teilung. *E.-coli*-Bakterien teilen sich beispielsweise unter optimalen Bedingungen alle 20 Minuten. Allerdings kann die DNA auch von Bakteri-

um zu Bakterium übertragen werden. Dieser als Konjugation bezeichnete Vorgang kommt selten vor.

Cyanobakterien sind sehr anspruchslose Organismen. Sie benötigen praktisch nur wenige Mineralstoffe, da sie neben der Fotosynthese auch die Dreifachbindung der Stickstoffmoleküle der Luft spalten können. Dabei entsteht Ammonium, das im Stoffwechsel verwendet wird. Eukaryotische Zellen sind dazu nicht in der Lage.

Material B ▸ *Nostoc* – ein besonderes Cyanobakterium

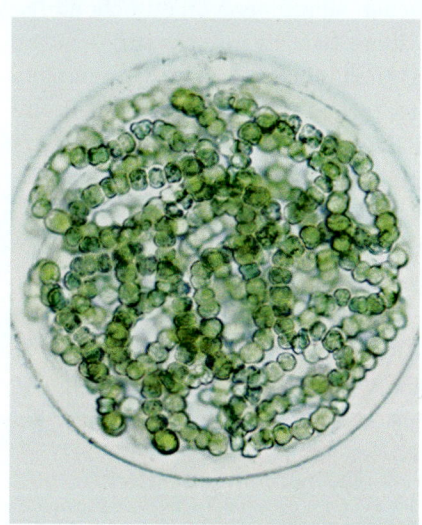

Nostoc ist eine Gattung von Cyanobakterien, die Kolonien aus langen Zellfäden in einer gelatineartigen Masse bilden kann. Die Zellen besitzen im Zellplasma grüne Farbstoffe und betreiben Fotosynthese. In einzelnen größeren Zellen der Kolonie, den Heterozysten, findet ausschließlich die Umsetzung von Luftstickstoff in Ammonium statt.

Viele *Nostoc*-Arten leben in Symbiose mit Pflanzen und Pilzen. Im Spätsommer vermehrt sich *Nostoc* oft so stark, dass sie Hauptbestandteil der Algenblüte in nährstoffreichen Gewässern ist.

B1 Vergleichen Sie den Bau von *Nostoc commune* mit dem Cyanobakterium *Synechocystis spec.* aus Material A!

B2 Begründen Sie, weshalb *Nostoc* häufig Symbiosepartner ist!

B3 Stellen Sie Hypothesen auf, weshalb *Nostoc*-Arten im Spätsommer häufig an der Bildung der Algenblüte beteiligt sind!

Endosymbiontentheorie

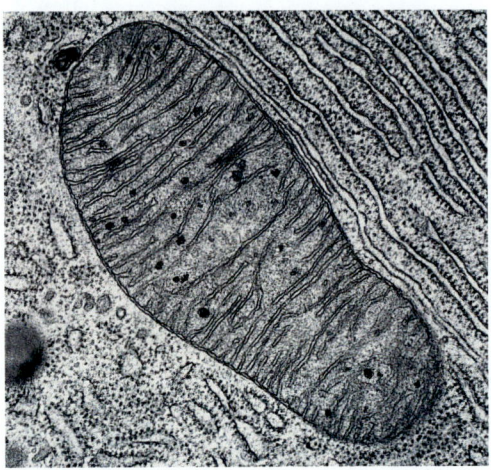

01 Elektronenmikroskopische Aufnahme eines Mitochondriums mit doppelter Zellmembran

ENDOSYMBIOSE · Lange Zeit stand man vor der Frage, weshalb Mitochondrien und Chloroplasten von einer doppelten Zellmembran umgeben sind. Ein Hinweis ergab sich unter anderem aus der Beobachtung, dass die beiden Zellorganellen nicht neu gebildet werden, sondern sich wie Bakterien teilen.

Dafür müssten Vorläuferzellen der heutigen Eukaryoten ursprünglich frei lebende prokaryotische Zellen, zum Beispiel Bakterienzellen, umflossen und in ihr Zellinneres aufgenommen haben. Die durch diese *Phagozytose* aufgenommene Zelle wäre dann nicht verdaut worden. Stattdessen wäre es zu einer wechselseitigen Beziehung zwischen der aufnehmenden und der aufgenommenen Zelle gekommen, wovon beide profitiert hätten. Eine solche Wechselbeziehung nennt man **Symbiose**. Dabei bezeichnet man die aufnehmende Zelle als Wirt und die aufgenommene als Symbiont. Da der Symbiont innerhalb der Wirtszelle lebt, spricht man von **Endosymbiose.**

UNTERSUCHUNGSERGEBNISSE · Wenn Chloroplasten und Mitochondrien Endosymbionten sind, müsste es weitere Befunde geben, die diese Annahme unterstützen. Tatsächlich wur-

den bei strukturellen, genetischen und biochemischen Untersuchungen an Chloroplasten und Mitochondrien weitere Hinweise gefunden, die die anfangs aufgestellte Vermutung bestätigten:

- Chloroplasten und Mitochondrien besitzen eine Hülle aus zwei Biomembranen. Nur die innere Membran enthält das bakterientypische Kardiolipin und nur in der äußeren Membran kommt das für Eukaryoten typische Cholesterol vor. Dies kann man so erklären, dass die innere Membran vom Symbionten stammt und die äußere vom Wirt, der den Symbionten eingeschlossen hat. Das kann als Beleg für einen möglichen Phagozytosevorgang ohne anschließende Verdauung angesehen werden.
- Chloroplasten und Mitochondrien besitzen eigene DNA, die wie bei den Bakterien ringförmig ist.
- Chloroplasten und Mitochondrien besitzen kleinere Ribosomen als die Wirtszelle. Solche kleinen Ribosomen kommen auch in frei lebenden Bakterien vor.
- Die Proteinbiosynthese verläuft in den Mitochondrien und Chloroplasten auf ähnliche Weise wie in Bakterien. Demgegenüber ist die Proteinbiosynthese in der Wirtszelle komplizierter.
- Die in den Ribosomen von Mitochondrien enthaltene RNA, die mitochondriale rRNA, zeigt erstaunliche Übereinstimmungen mit der rRNA aus dem Bakterium Rhizobium. Bakterien aus der Verwandtschaft von Rhizobium sind daher wahrscheinlich prozytische Vorläufer der Mitochondrien.
- Die rRNA aus Chloroplasten ist der rRNA aus bestimmten Cyanobakterien sehr ähnlich. Diese Prokaryoten gelten als Vorläufer der Chloroplasten.

Aufgrund dieser Untersuchungsergebnisse wurde aus der ursprünglichen Endosymbiontenhypothese die inzwischen allgemein anerkannte **Endosymbiontentheorie.**

MODELLORGANISMUS · Es gibt viele heute lebende Organismen, die ohne endosymbiontische Einzeller, vorwiegend Algen, nicht leben könnten. Dazu gehören Steinkorallen, verschiedene Einzeller, Hohltiere, Muscheln oder Schwämme. Man kann sie jeweils als Modellorganismen für Abläufe heranziehen, die in der Frühzeit der Zellentwicklung stattgefunden haben können.

In einigen Amöben und farblosen eukaryotischen Algen kommen Zellbestandteile vor, die ebenfalls von Cyanobakterien abstammen. Diese **Cyanellen** besitzen aber noch eine dünne Bakterienzellwand aus Murein. Ihr Erbmaterial hat etwa den Umfang wie das der Chloroplasten. Cyanellen können daher als eine noch lebende Zwischenstufe auf dem Weg von Cyanobakterien zu Chloroplasten aufgefasst werden.

ENTSTEHUNG DER EUZYTE · Nach heutigen Vorstellungen könnte die Euzyte etwa so entstanden sein: Zuerst bildete eine Vorstufe einer Euzyte ein inneres Membransystem aus. Es entstanden die Umhüllung des Chromosomenmaterials, das Endoplasmatische Retikulum und der Golgi-Apparat. Dies war der Anfang des **Ur-Eukaryoten** mit einem Zellkern.

Diese Zelle konnte Stoffe aus der Umgebung durch Phagozytose aufnehmen.

In einem nächsten Schritt nahm der Ur-Eukaryot ein **α-Protobakterium** auf, ohne es zu verdauen. Stattdessen gingen die beiden Zellen eine Symbiose ein, wobei der Symbiont seine Fähigkeit zur Synthese der eigenen Zellbestandteile allmählich verlor. Stattdessen wurden viele der eigenen Gene in das Erbgut der Wirtszelle integriert. So entstand das Mitochondrium, das allein nicht lebensfähig ist, sondern vollständig von der Wirtszelle abhängt. Gentechnische Untersuchungen belegen die Verwandtschaft von Mitochondrien mit der Gruppe der α-Protobakterien.

In einem weiteren Schritt nahm die Euzyte, die bereits Mitochondrien enthielt, ein **Cyanobakterium** durch Phagozytose auf. Auch das Cyanobakterium wurde nicht verdaut. Es entwickelte sich in gleicher Weise zu einem Chloroplasten, der ebenfalls allein nicht mehr ohne die Wirtszelle überleben konnte und dessen Gene zum großen Teil in den Zellkern übertragen wurden.

Die so entstandene Zelle ist die Urzelle aller Pflanzen. Aus den so geformten Euzyten ohne Chloroplasten entwickelten sich schließlich Tiere und Pilze.

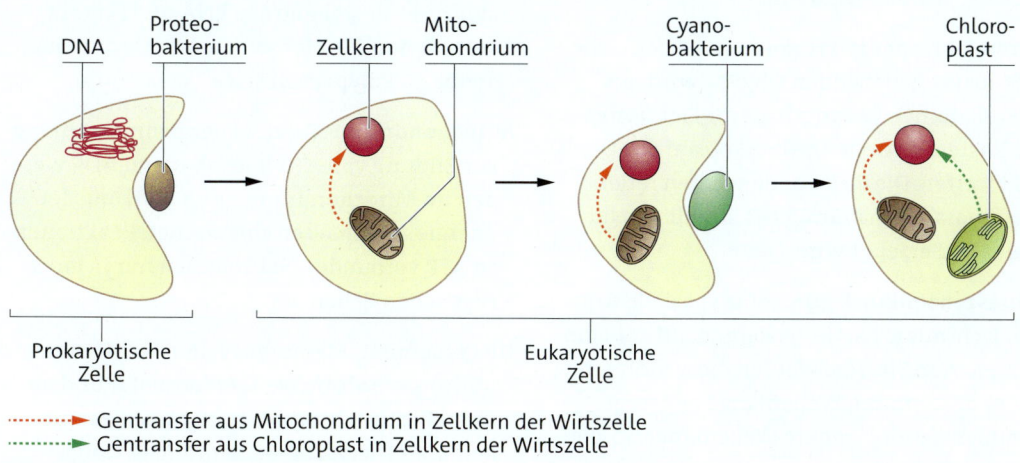

Gentransfer aus Mitochondrium in Zellkern der Wirtszelle
Gentransfer aus Chloroplast in Zellkern der Wirtszelle

02 Endosymbiontentheorie (Schema)

Grundlagen und Forschungsmethoden der Zellbiologie

Zelle: kleinste biologische Funktionseinheit, die lebens- und vermehrungsfähig ist.

Gewebe: eine Funktionseinheit aus mehreren Zellen eines Zelltyps.

Organ: eine Funktionseinheit aus verschiedenen Geweben.

Organsystem: eine Funktionseinheit aus Organen.

Organismus: gebildet aus allen Organsystemen eines Lebewesens.

Lichtmikroskop: ermöglicht die Vergrößerung und Untersuchung von Objekten, deren Größe unterhalb der Auflösungsgrenze des menschlichen Auges liegt.

Elektronenmikroskop: anstelle eines Lichtstrahls, wie im Lichtmikroskop, wird ein Elektronenstrahl benutzt, wodurch die Auflösungsgrenze erhöht wird und somit feinere Strukturen in der Zelle sichtbar gemacht werden können.

Transmissionselektronenmikroskop: eine spezielle Art der Elektronenmikroskopie, wobei Elektronen das sehr dünn geschnittene Präparat durchdringen. Es entsteht, je nach Durchlässigkeit des Präparats für die Elektronen, ein unterschiedlich stark schattiertes Schwarz-Weiß-Bild.

Rasterelektronenmikroskop: Die Oberfläche des zu untersuchenden Objekts wird mit Metallatomen bedampft, bevor Elektronen im Rasterelektronenmikroskop auf das Objekt treffen. Die Elektronen werden reflektiert woraus ein räumliches, dreidimensionales Bild erzeugt wird.

Fluoreszenzmikroskopie: eine spezielle Art der Lichtmikroskopie, basierend auf der Fluoreszenz von Stoffen. Werden diese Stoffe mit einer bestimmten Wellenlänge angeregt, strahlen sie eine andere Wellenlänge ab, die detektiert werden kann.

Prokaryoten: einzellige Lebewesen ohne Zellkern. Träger der Erbinformation ist ein ringförmiges DNA-Molekül, das frei im Zytoplasma liegt. Die Zellen werden Protozyten oder Prozyten genannt.

Eukaryoten: ein- und mehrzellige Lebewesen, deren Zellen einen Zellkern besitzen. Die Erbinformation liegt im Zellkern, dessen Hülle aus zwei Zellmembranen besteht. Eukaryotische Zellen sind meist komplex gebaut und besitzen mehrere membranumgrenzte Zellbestandteile. Die Zellen werden Euzyten genannt.

Feinbau der Zelle

Zellkern: enthält die Erbinformation der Euzyte und steuert die wesentlichen Zellfunktionen. In der Membran sind Poren, die den Austausch großer Moleküle zwischen Zellkern und Zytoplasma ermöglichen.

Endoplasmatische Retikulum: inneres Membransystem, das als intrazelluläres Transportsystem der Zelle dient. Das ER ist beteiligt an der Synthese, der Verarbeitung und dem Transport von Stoffen, besonders von Proteinen und Lipiden. Wenn Ribosomen am ER vorhanden sind, heißt es raues ER, ohne Ribosomen ist es das glatte ER.

Ribosomen: sind beteiligt an der Proteinbiosynthese. Bestehend aus RNA und Protein verknüpfen die Ribosomen Aminosäurebausteine zu Polypeptidketten.

Mitochondrium: Ort der Energieumwandlung zur Bildung von ATP. Phosphat und ADP werden im Mitochondrium unter Nutzung der Energie aus anderen chemischen Reaktionen zu ATP verbunden. Sie kommen nur in eukaryotischen Zellen vor.

Dictyosomen: Membransystem, das Proteine und andere Stoffe weiterverarbeitet und an ihren Bestimmungsort bringt. Die Gesamtheit aller Dictyosomen nennt man Golgi-Apparat.

Zellplasma: ist die wässrige Grundsubstanz der Zelle und wird auch Zytoplasma genannt. Es besteht zu etwa 10 bis 30 Prozent aus Protein.

Zytoskelett: besteht aus Mikrotubuli und Mikrofilamenten und dient unter anderem der Stabilisierung der eukaryotischen Zelle. Sie werden ständig umgebaut und unterstützen Transportvorgänge in der Zelle.

Chloroplast: Zellbestandteil der Pflanzenzelle, indem die Fotosynthese stattfindet. Dieser Vorgang liefert ATP und energiereiche Stoffe für die Pflanzenzelle.

Vakuole: flüssigkeitsgefüllte Räume in Zellen, die der Speicherung oder Ablagerung von Stoffen dienen.

Biomembran

Kompartimente: durch Membranen abgegrenzte Bereiche in der Zelle, in denen verschiedene Funktionen stattfinden können.

Biomembran: zelluläre Struktur zur Abgrenzung von Kompartimenten innerhalb von Zellen oder nach außen. Sie besteht aus einer Lipiddoppelschicht.

Membranlipid: bestehend aus einer unpolaren Schwanzregion und einer polaren kugelförmigen Kopfregion. Membranlipide mit Phosphorsäure als Molekülbaustein werden als Phospholipide bezeichnet.

Membranproteine: Proteine, die in oder an der Membran verankert sind. Transmembranproteine durchziehen die gesamte Membran, wohingegen andere integrale Proteine nur in eine der beiden Lipidschichten hineinreichen. Membranproteinmoleküle, die der Membran aufliegen, werden als periphere Membranproteine bezeichnet.

Fluid-Mosaik-Modell: Modell, das die Biomembran als gelartiges und mosaikartiges Nebeneinander von Lipiden und Proteinen beschreibt.

Diffusion: Ausgleich von Konzentrationsunterschieden aufgrund der ungerichteten Teilchenbewegung.

Osmose: durch eine selektiv permeable Membran sind manche Stoffe voneinander getrennt, während andere die Membran passieren können. Trennt eine Biomembran zwei wässrige Phasen mit unterschiedlicher Konzentration darin gelöster Teilchen, besteht ein umgekehrtes Konzentrationsgefälle für das Wasser. Da die Wasserteilchen die Membran passieren können, kommt es durch die ungerichtete Teilchenbewegung zu einem Übertritt von Wasser in Richtung der Phase mit der geringeren Wasserkonzentration.

Aktiver Transport: Substanzen werden gegen einen Konzentrationsgradienten transportiert.

Endozytose: Aufnahme von Stoffen über membranumschlossene Vesikel durch Einstülpung der Zellmembran in die Zelle.

Exozytose: Abgabe von Stoffen aus der Zelle nach außen über Vesikel, die mit der Zellmembran verschmelzen und ihren Inhalt nach außen entleeren.

Genetik der Zelle

In diesem Kapitel beschäftigen Sie sich mit

- ► der Bedeutung des Zellkerns;
- ► dem Ablauf der Zellteilung;
- ► dem Zusammenhang von Genen und der Ausprägung von Merkmalen;
- ► dem Prozess der Proteinbiosynthese;
- ► der Reproduktion und den Auswirkungen von Mutationen im Erbgut.

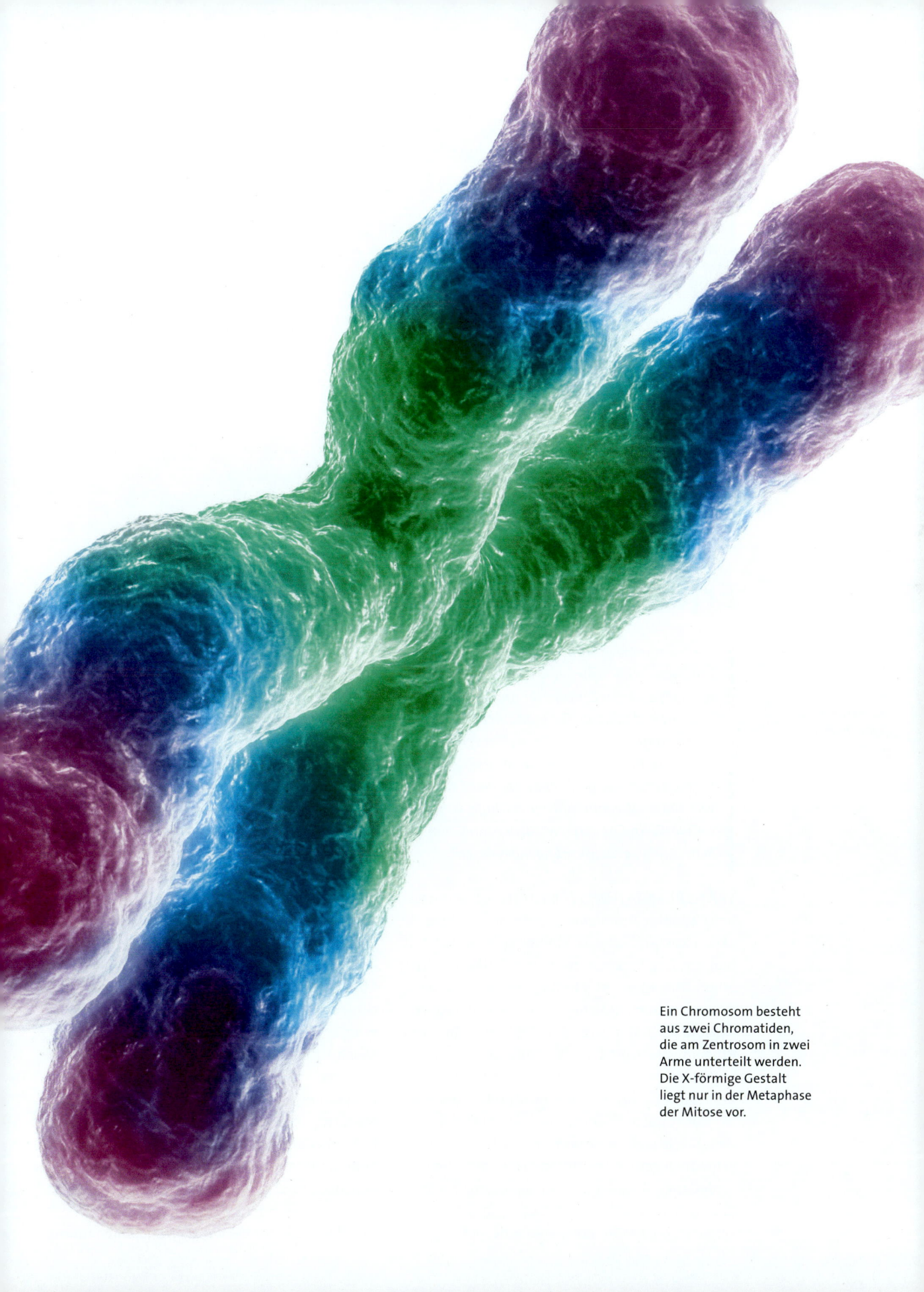

Ein Chromosom besteht
aus zwei Chromatiden,
die am Zentrosom in zwei
Arme unterteilt werden.
Die X-förmige Gestalt
liegt nur in der Metaphase
der Mitose vor.

01 Schirmalge
Acetabularia

Erforschung der Bedeutung des Zellkerns

Joachim
HÄMMERLING
(1901–1980),
deutscher Botaniker

> *Die Schirmalge Acetabularia besteht die meiste Zeit ihres Lebens aus einer einzigen Zelle. Sie kann bis zu zehn Zentimeter groß werden, sodass man sie gut in die Hand nehmen kann. Schon aufgrund ihrer Größe ist Acetabularia ein Glücksfall für die Zellforschung, insbesondere für die Erforschung der Funktion des Zellkerns. Wie haben Wissenschaftler mithilfe von Acetabularia und anderen Modellorganismen die Bedeutung des Zellkerns nachgewiesen?*

TRANSPLANTATIONSVERSUCHE · Die einzellige Grünalge *Acetabularia* sieht im ausgewachsenen Zustand wie ein kleiner Schirm aus. Mit bloßem Auge erkennt man drei Zellabschnitte: einen Hut, einen Stiel und einen Fußabschnitt, den man auch Rhizoid nennt. Im gelappten Rhizoid befindet sich der Zellkern. Mit dem Rhizoid verankert sich die Grünalge am Untergrund. Der Stiel kann je nach Art bis zu zehn Zentimeter groß werden und trägt einen Hut, in dem nach mehrmonatiger Entwicklung Geschlechtszellen heranreifen. An den unterschiedlich geformten Hüten lassen sich die verschiedenen *Acetabularia*-Arten unterscheiden. Bereits in den 1930er-Jahren erkannten Wissenschaftler die besondere Regenerationsfähigkeit

von *Acetabularia*. Um die Bedeutung von Zellplasma und Zellkern zu erforschen, untersuchte der Botaniker Joachim HÄMMERLING zunächst die Überlebenschancen von kernlosen und kernhaltigen Abschnitten und beobachtete ihre Regenerationsfähigkeit. Sowohl kernlose Teile als auch kernhaltige Abschnitte der Algenzelle überlebten eine Zeit lang. Die kernlose Spitze des Stiels konnte sogar einen Hut ausbilden. Aber lediglich aus dem kernhaltigen Rhizoidabschnitt bildete sich eine vollständige Schirmalge mit allen Merkmalen.

Aus diesen Beobachtungen entwickelte der Wissenschaftler die Hypothese, dass der Zellkern die Information für die Ausbildung von Merkmalen der Zelle enthält. Zur Überprüfung führte HÄMMERLING eine Reihe von Experimenten durch, in denen er Zellkerne oder Stielabschnitte übertrug und unterschiedlich kombinierte. Er transplantierte zunächst den Zellkern einer *Acetabularia*-Zelle auf ein abgeschnittenes kernloses Stielstück derselben Art. Er beobachtete, dass der Stiel nun wieder zur vollständigen Regeneration der gesamten Algenzelle in der Lage war.

Weitere Experimente untermauerten die Funktion des Zellkerns bei der Merkmalsausbildung.

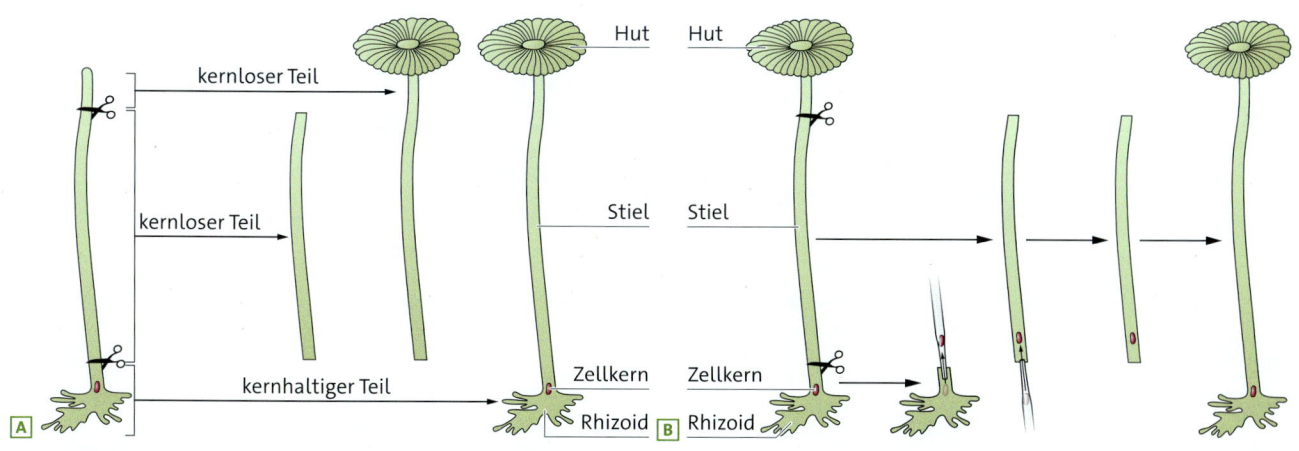

02 Zellkerntransfer bei *Acetabularia*: **A** Vorversuch zur Regenerationsfähigkeit nach Zerteilen, **B** Zellkerntransfer innerhalb einer zerteilten Zelle

HÄMMERLING kombinierte zum Beispiel die Rhizoide von zwei verschiedenen *Acetabularia*-Arten, indem er sie ineinandersteckte. Sie bildeten intermediäre Hüte aus, die die Merkmale beider Arten zeigten. Behandelte er die Rhizoide mit einer giftigen Substanz, bildete sich kein Hut. Das eingesetzte Gift verhindert die Bildung von chemischen Substanzen im Zellkern, die offenbar für die Merkmalsausbildung notwendig sind. Diese Experimente unterstützten die Hypothese zur Bedeutung des Zellkerns.

KERNENTNAHME BEI VIELZELLERN · Die großen Eizellen von Amphibien erwiesen sich als geeignete Versuchsobjekte, um die Funktionen des Zellkerns für die Entwicklung und Differenzierung eines Vielzellers zu untersuchen. Dem Biologen Hans SPEMANN gelang es, mithilfe eines extrem dünnen Säuglingshaars seiner Tochter kernhaltige und kernlose Teile von befruchteten Amphibieneiern abzuschnüren. Die kernlosen Zytoplasmateile starben ab, die kernhaltigen Teile der Zygote dagegen teilten und differenzierten sich. Es entwickelten sich komplette Larven.

Auch bei Vielzellern war damit nachweislich nur der kernhaltige Teil einer Zygote in der Lage, sich zu differenzieren und die Entwicklung zu einem kompletten Individuum zu steuern. Kernhaltige Zellen eines Vielzellers, die die Fähigkeit haben, sich zu teilen und zu verschiedenen Zelltypen oder Geweben zu differenzieren oder sogar zu kompletten Organismen zu entwickeln, nennt man **Stammzellen.**

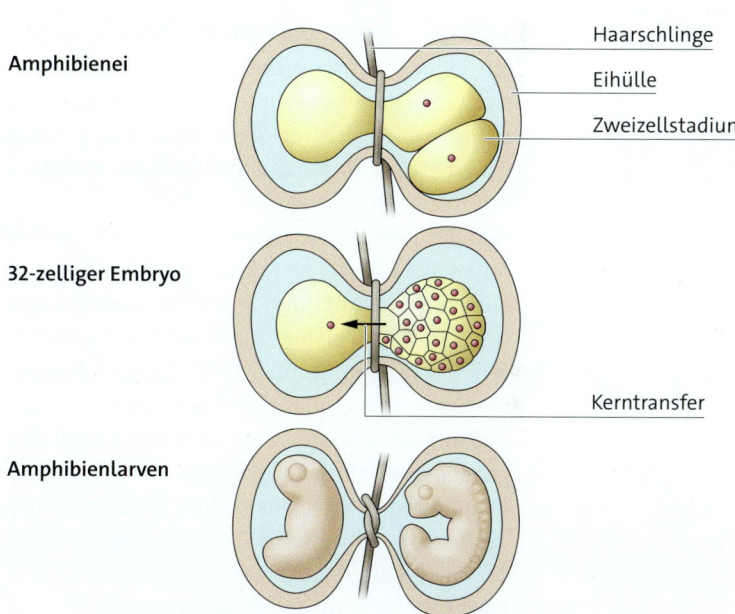

03 Indirekte Kerntransplantation bei einem Amphibienei

EMBRYONALER ZELLKERNTRANSFER · In einem weiteren Experiment klärte SPEMANN, ob durch die Zellteilungen während der Embryonalentwicklung der Zellkern seine Fähigkeit verliert, einen kompletten Organismus zu bilden. Dazu schnürte er zunächst eine Zygote in zwei Teilbereiche und übertrug dann einen Zellkern aus dem sich entwickelnden 32-zelligen Embryo in den zunächst abgeschnürten kernlosen Teil. Das Experiment zeigte, dass auch der transplantierte embryonale Zellkern in der Lage war, die Entwicklung zur vollständigen Amphibienlarve zu steuern.

Hans SPEMANN (1869–1941), deutscher Biologe

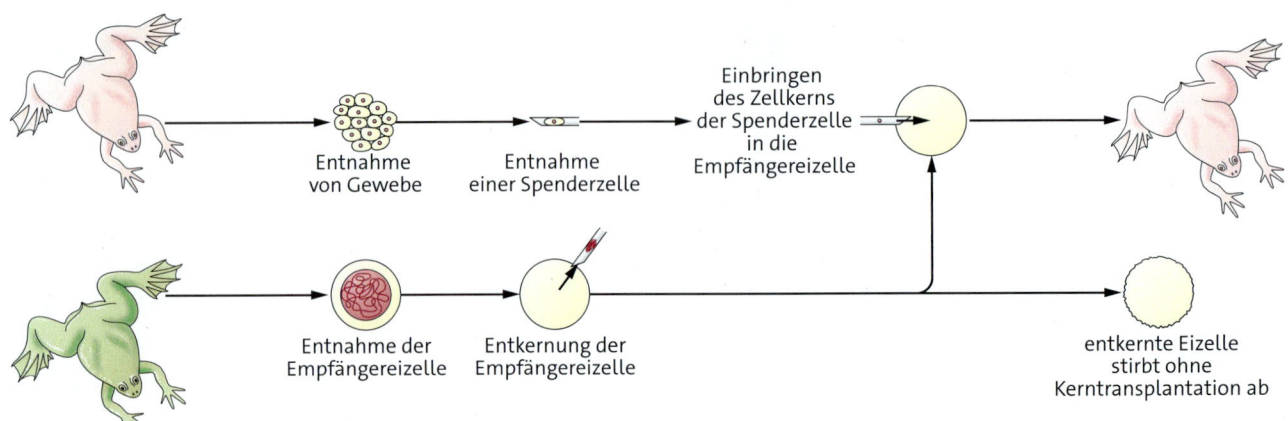

04 Somatischer Zellkerntransfer bei *Xenopus*

SOMATISCHER ZELLKERNTRANSFER

SOMATISCHER ZELLKERNTRANSFER · Die Zellen eines sich entwickelnden Embryos sehen sich zunächst noch sehr ähnlich. Der Körper des erwachsenen Organismus besteht dagegen aus Billionen Zellen, die sich deutlich voneinander unterscheiden. Einige dieser Körperzellen oder *somatischen Zellen* können sich noch weiter teilen und differenzieren, die meisten aber sind dazu nicht mehr fähig. Sie sind spezialisiert und erfüllen zum Beispiel als Haut- oder Drüsenzellen ganz bestimmte Funktionen. Daher lag die Frage nahe, ob der Zellkern einer solchen differenzierten Körperzelle ebenfalls noch alle genetischen Informationen für die Bildung eines kompletten Organismus enthält. Im 19. Jahrhundert nahm man sogar an, dass sich somatische Zellen deshalb spezialisieren, weil sich ihre Zellkerne im Verlauf der Embryonalentwicklung und Differenzierung verändern und die Erbinformation unwiederbringlich verlorengeht.

Im Jahr 1962 untersuchte der britische Biologe John GURDON diese Frage. Der Krallenfrosch *Xenopus laevis* erwies sich als besonders geeignetes Untersuchungsobjekt. Er ist leicht im Labor zu halten und zu vermehren. Außerdem kommt er in zwei Farbvarianten vor. Neben grün gefärbten Krallenfröschen gibt es genetisch unterscheidbare weiße Albinotiere.

Mit einer extrem feinen Glaspipette entnahm GURDON einen Zellkern aus einer Körperzelle eines ausgewachsenen Albinofrosches. Diesen Zellkern übertrug er in eine Eizelle eines grünen Krallenfrosches. Ihr Zellkern wurde zuvor entfernt oder durch UV-Licht zerstört. Aus den auf diese Weise präparierten Eiern mit den transplantierten Zellkernen entwickelten sich in einigen Fällen vollständige Krallenfrösche. Entkernte Eizellen starben dagegen alle ab. Somit konnte gezeigt werden, dass die Kerne aus differenziertem Gewebe von Krallenfröschen noch über die Fähigkeit verfügen, die Entwicklung zu einem kompletten Organismus zu steuern, sie sind **totipotent.** Die Zellkerne aus den Körperzellen der Frösche enthalten somit die gesamte Erbinformation.

Durch den Transfer des somatischen Zellkerns in das Zytoplasma einer entkernten Eizelle war es GURDON gelungen, die genetische Information des Zellkerns zu reaktivieren, ihn zu **reprogrammieren.** Diese Entdeckung war die Forschungsgrundlage für die Reprogrammierung von somatischen Zellen zu entwicklungsfähigen Stammzellen.

Die weiße Färbung der durch somatischen Zellkerntransfer gezüchteten Frösche diente GURDON als Hinweis für ihre genetische Übereinstimmung mit dem Zellkernspender. Da sie nur seine Erbinformationen enthielten, waren sie seine genetischen Kopien. Individuen mit identischer Erbinformation nennt man **Klone.**

John GURDON (*1933), britischer Biologe, 2012 Nobelpreis für Medizin

1 Stellen Sie die Fragestellungen und die methodischen Verfahren der verschiedenen historischen Experimente tabellarisch zusammen!

2 Fassen Sie die Ergebnisse zur Bedeutung des Zellkerns zusammen!

Material A ▸ Zellkerntransfer zwischen zwei *Acetabularia*-Arten

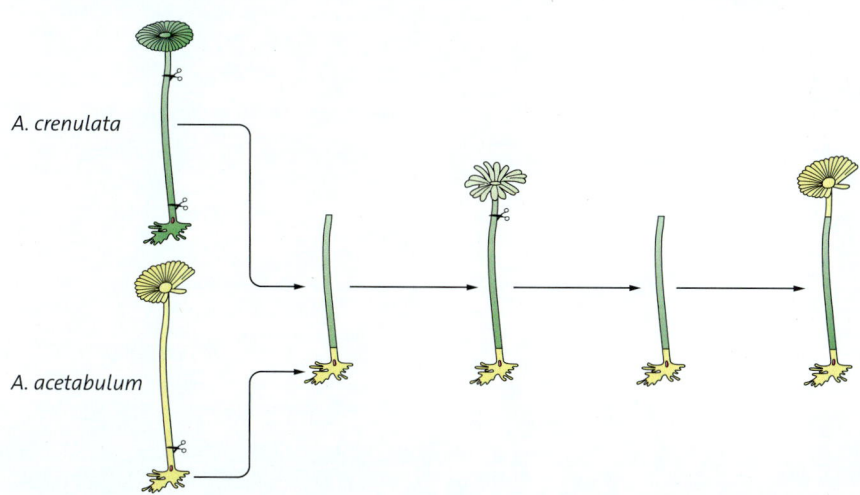

A. crenulata

A. acetabulum

HÄMMERLING führte Zellkerntransferexperimente mit zwei verschiedenen *Acetabularia*-Arten durch, die sich in der Form ihrer Hüte unterscheiden.

Dazu setzte er die Stiele von *A. crenulata* auf die kernhaltigen Rhizoide von *A. acetabulum*.

A1 Beschreiben Sie die Durchführung und die Ergebnisse der Experimente!

A2 Stellen Sie zwei bis drei Hypothesen auf, die mithilfe dieser Experimente geprüft werden können!

A3 Deuten Sie die Ergebnisse am Ende des Experiments! Entwickeln Sie dazu Hypothesen, die die Entstehung der neuen Hutform erklären!

A4 Entwickeln Sie experimentelle Ideen zur Überprüfung Ihrer Hypothese!

Material B ▸ Gewinnung von Ersatzgewebe?

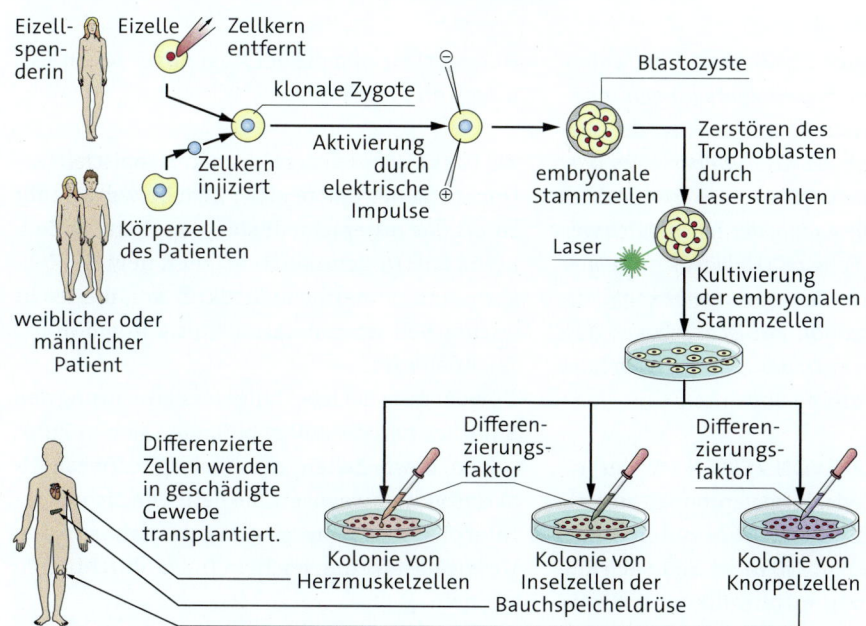

Als therapeutisches Klonen bezeichnet man ein Verfahren, bei dem Stammzellen aus geklonten Embryonen gewonnen werden. Unter geeigneten Wachstumsbedingungen können sie sich zu verschiedenen Gewebezellen differenzieren.

Im Jahr 2013 ist es amerikanischen Forschern erstmals gelungen, aus einer Hautzelle eines erwachsenen Menschen einen Embryo zu erzeugen und bis zu einem frühen Entwicklungsstadium heranwachsen zu lassen.

Sie erhoffen sich dadurch, in Zukunft zum Beispiel zerstörtes Hautgewebe durch die gezüchteten Zellen ersetzen zu können.

Die Verfahren des therapeutischen und reproduktiven Klonens sind in Deutschland durch das Embryonenschutzgesetz streng verboten.

B1 Vergleichen Sie die Schritte des reproduktiven Klonens beim Krallenfrosch mit dem therapeutischen Klonen!

B2 Deuten Sie die Ergebnisse im Hinblick auf die Bedeutung des Zellkerns!

B3 Nennen Sie Argumente, die trotz der Hoffnungen gegen die Erlaubnis zum therapeutischen Klonen sprechen!

01 Morula des Menschen

Teilung von Zellkern und Zelle

Aus der befruchteten Eizelle, der Zygote, entwickelt sich nach mehreren Zellteilungen innerhalb von drei bis vier Tagen im Eileiter der Mutter ein Zellhaufen, der als Maulbeerkeim oder Morula bezeichnet wird. Bis zum erwachsenen Menschen wird die Anzahl der Zellen durch weitere Teilungen auf etwa 100 Billionen ansteigen. Sie alle enthalten im Zellkern dieselbe komplette genetische Information. Wie ist es möglich, dass alle Tochterzellen nach der Zellteilung dieselbe genetische Ausstattung haben?

griech. chróma = Farbe

TEILUNGSFÄHIGKEIT VON ZELLEN · In der frühen Embryonalentwicklung verdoppelt sich die Zellanzahl ungefähr alle acht Minuten. Dabei vergrößert sich der Embryo nicht. Erst nach Einnistung in die Gebärmutterschleimhaut wird der Embryo mit Nährstoffen versorgt und beginnt zu wachsen.

Im erwachsenen Organismus ist die Zellteilungsaktivität sehr verschieden. Die für die Bildung der Blutzellen verantwortlichen Zellen im Knochenmark teilen sich etwa alle 13 Stunden. Zellen von Gehirn und Nervensystem sowie die des Herzmuskels und die der Augenlinse teilen sich hingegen nicht mehr.

ZELLZYKLUS · Bei der lichtmikroskopischen Betrachtung der Spitze einer Zwiebelwurzel fällt sofort das unterschiedliche Aussehen der Zellkerne auf. In den meisten Zellen liegt im Zellkern eine einheitliche Struktur vor, die leicht anzufärben ist und deshalb als *Chromatin* bezeichnet wird.

Obwohl man auch bei längerer Betrachtung den Eindruck hat, die Zellen befänden sich in Ruhe, haben diese Zellen eine hohe Stoffwechselaktivität und wachsen. Sie befinden sich in der **Interphase.** Die Interphase gliedert man in drei Unterphasen, die nacheinander durchlaufen werden:

G = Abkürzung für gap

engl. gap = Lücke

In der G_1-**Phase** werden Proteine und RNA hergestellt sowie neue Organellen und mehr Zellplasma gebildet, sodass die Zelle wächst. Für diese Prozesse ist es notwendig, dass das genetische Material, die DNA, abgelesen werden kann. Die DNA liegt als fadenförmige Struktur vor, sie befindet sich in ihrer *Arbeitsform*.

Während der nachfolgenden Phase wird die DNA verdoppelt. Aus dieser DNA-Synthese leitet sich die Abkürzung **S-Phase** ab.

Auf die S-Phase folgt die **G_2-Phase** der Zelle. Auch in dieser Phase setzt sich das Wachstum fort. Es werden Proteine synthetisiert, die für die Zellteilung wichtig sind. Gleichzeitig lösen sich die Zellkontakte zu den Nachbarzellen.

In einigen Zellen erkennt man schleifenförmige Strukturen, die **Chromosomen.** Die DNA ist dicht gepackt oder auch kondensiert und kann nicht abgelesen werden. Sie befindet sich in ihrer *Transportform.* Dieser Zustand der DNA deutet darauf hin, dass die Teilung des Zellkerns kurz bevorsteht. Die anschließende Phase der Teilung des Zellkerns bezeichnet man als **Mitose.** Im Anschluss an die Mitose erfolgt die eigentliche Teilung der Zelle, die **Zytokinese.** In tierischen Zellen entsteht eine Teilungsfurche, die die beiden entstandenen Tochterzellen voneinander abschnürt. In Pflanzenzellen findet keine Furchung statt. Bei ihnen wandern am Ende der Mitose Vesikel des Golgi-Apparats zur Zellmitte, der *Äquatorialebene.* Durch Verschmelzen der Vesikel entstehen neue Doppelmembranen, die sich mit den alten Zellmembranen verbinden und zur Ausbildung von zwei Tochterzellen führen. Erst danach setzt die Synthese der neuen Zellwand ein. Wachstum und Teilung wechseln sich im Zellzyklus ab. Dabei befinden sich die Zellen die meiste Zeit in der G_1-Phase. Bei den sich sehr schnell teilenden Zellen der frühen Embryonalentwicklung wechseln die Zellen nur zwischen Mitose- und S-Phase und überspringen die beiden G-Phasen.

STEUERUNG DES ZELLZYKLUS · Zellwachstum und Zellteilung sind lebenswichtige Prozesse, die kontrolliert ablaufen müssen. Deshalb ist eine Regulation der Teilungsaktivität notwendig. Auch die Übergänge zwischen den Phasen des Zellzyklus werden von speziellen Proteinen gesteuert. An bestimmten Kontrollpunkten überprüfen sie den Fortschritt des Zellzyklus, bevor die Zelle in die nächste Phase eintritt. So wird beispielsweise kontrolliert, ob die DNA-Synthese vollständig abgelaufen ist oder ob das Zellvolumen die erforderliche Größe hat.

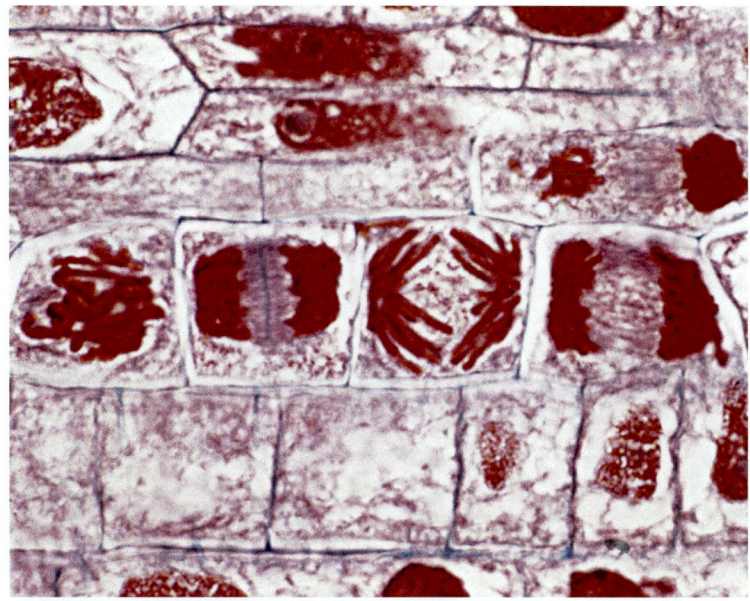

02 Zellen der Zwiebelwurzel im Lichtmikroskop

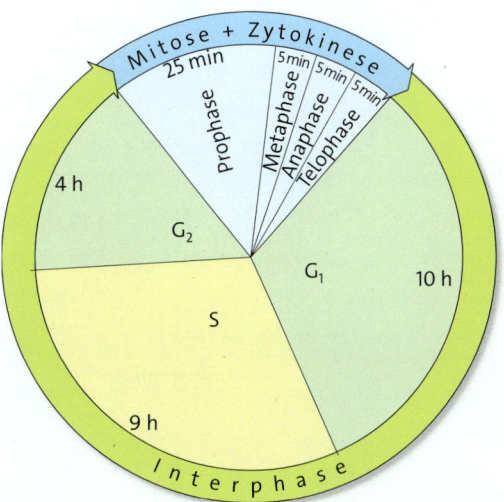

03 Phasen des Zellzyklus

04 Ungefähre Dauer der Phasen des Zellzyklus menschlicher Zellen in Stunden

Zelltyp	Gesamt-zyklus	G_1-Phase	S-Phase	G_2-Phase	Mitose
Knochenmark-zellen (Bildung der Blutzellen)	13	2	8	2	1
Dünndarmzellen	17	6	8	2	1
Dickdarmzellen	33	22	8	2	1
Hautzellen	1 000	989	8	2	1
Leberzellen	10 000	9 989	8	2	1

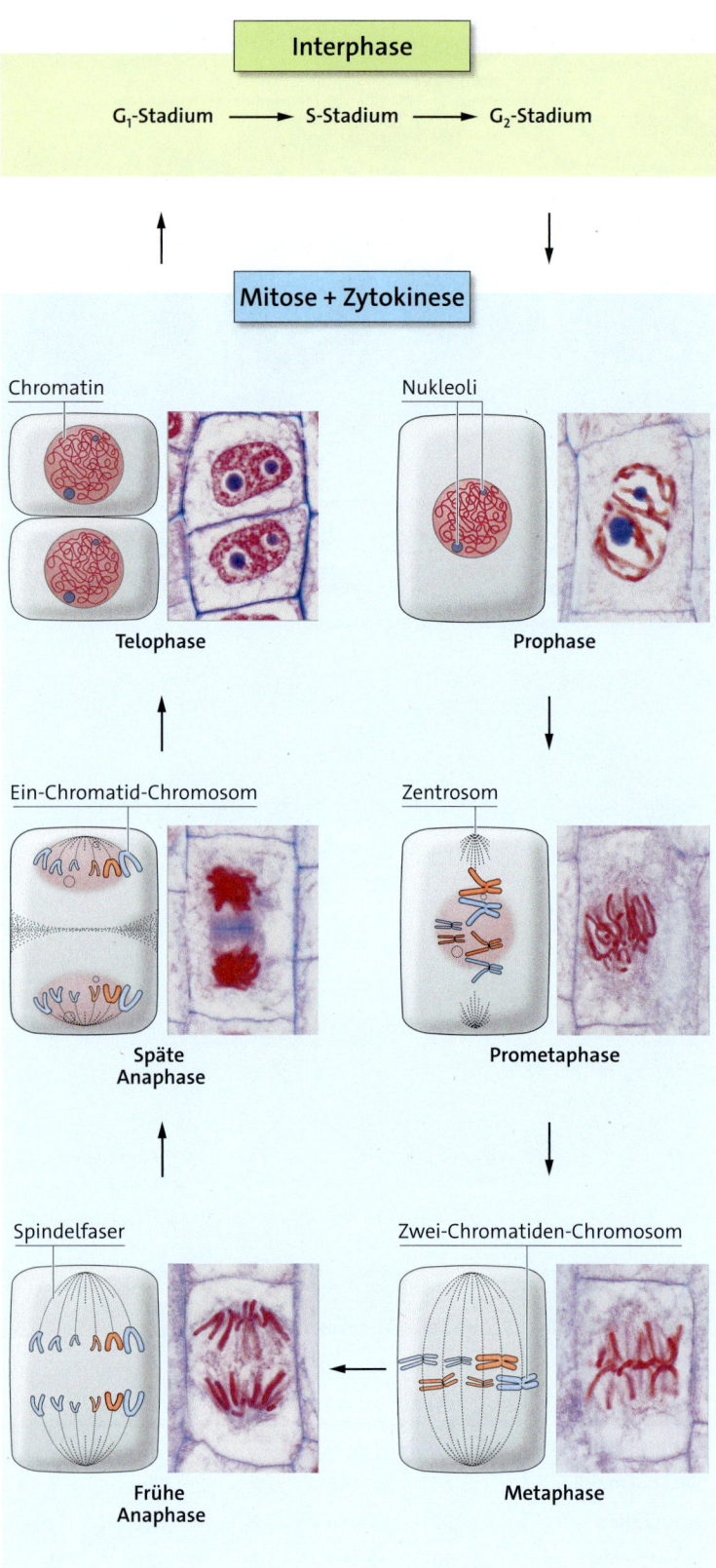

Interphase

G₁-Stadium ⟶ S-Stadium ⟶ G₂-Stadium

Mitose + Zytokinese

Chromatin

Telophase

Nukleoli

Prophase

Ein-Chromatid-Chromosom

Späte Anaphase

Zentrosom

Prometaphase

Spindelfaser

Frühe Anaphase

Zwei-Chromatiden-Chromosom

Metaphase

05 Phasen der Mitose im Zellzyklus der Küchenzwiebel

ABLAUF DER MITOSE · Die Phase im Zellzyklus der Eukaryoten, in der aus einem Zellkern zwei genetisch identische Zellkerne hervorgehen, heißt Mitose. Dieser kontinuierlich ablaufende Prozess lässt sich einfacher beschreiben, wenn man ihn in Phasen unterteilt:

Prophase: Während der Prophase lösen sich die Nukleoli auf. Gleichzeitig winden sich die Chromatinfäden schraubenförmig auf, werden immer kompakter und verdichten sich zu den im Lichtmikroskop sichtbaren *Zwei-Chroma-tiden-Chromosomen*, die auch als Doppel-chromosomen bezeichnet werden. Die Zwei-Chromatiden-Chromosomen werden an einer Verbindungsstelle, dem *Zentromer*, zusammen-gehalten. Im Lichtmikroskop nicht sichtbar ist ein kleines Organell in der Nähe des Zellkerns, aus dem durch Teilung das *Zentrosomenpaar* hervorgeht. Die Zentrosomen wandern zu den Zellpolen und organisieren von dort den Spin-delfaserapparat aus Bündeln von röhrenförmi-gen Eiweißmolekülen, den *Mikrotubuli*.

Prometaphase: Die Chromosomen verdichten sich weiter und treten deutlicher hervor. Die Kernmembran löst sich auf. Im Bereich des Zentromers befindet sich eine Stelle, an der die Spindelfasern anheften, das *Kinetochor*.

Metaphase: Die Chromosomen ordnen sich in einer Ebene in der Mitte der Zelle an, der *Äqua-torialebene*. Die Zwei-Chromatiden-Chromoso-men sind mit den Spindelfasern verbunden, wer-den aber noch am Zentromer zusammengehalten.

Anaphase: Sobald sich die Zwei-Chromatiden-Chromosomen voneinander trennen, beginnt die Anaphase. Durch Bewegungsvorgänge an den Spindelfasern werden die Chromatiden zu den Zellpolen gezogen. Sie bewegen sich mit einer Geschwindigkeit von etwa einem Mikrometer pro Minute. Am Ende der Anaphase befindet sich an beiden Zellpolen ein vollständiger Chromo-somensatz aus Ein-Chromatid-Chromosomen.

Telophase: Die Spindelfasern werden abgebaut. Gleichzeitig beginnt die Neubildung der Kern-membranen und Nukleoli. Die Ein-Chromatid-Chromosomen entwinden sich zu Chromatin-fäden. Beide neu entstandenen Zellkerne enthalten jetzt die gleiche Erbinformation. Erst am Ende der Mitose beginnt die Zytokinese. Die beiden Tochterzellen werden gebildet.

SPINDELFASERAPPARAT · Während der Mitose werden die Chromatiden auf die beiden Tochterzellen aufgeteilt. Diesen Vorgang ermöglicht ein Gerüst, an dem die Chromatiden zu den Zellpolen gezogen werden, der Spindelfaserapparat. Er ist aus dünnen, hohlen Röhren aufgebaut, den Mikrotubuli.

Es gibt drei Mikrotubilitypen, die jeweils aus einzelnen Tubulinmolekülen bestehen. Die sternförmig von den Zentrosomen ausstrahlenden Mikrotubuli, die *Astral-Mikrotubuli,* verankern den Spindelfaserapparat in der Zelle. Die Verbindung der Zentrosomen mit den Kinetochoren der Chromatiden erfolgt über die *Kinetochor-Mikrotubuli.* Andere Mikrotubuli reichen von den Zentrosomen über die Äquatorialebene hinaus. Sie überlappen in der Zellmitte und werden als *Pol-Mikrotubuli* bezeichnet.

Während der Anaphase verkürzen sich die Kinetochor-Mikrotubuli. Dies geschieht durch den Abbau der Tubulinmoleküle an den Kinetochoren. Dadurch werden die Chromatiden in Richtung der Zentrosomen gezogen.

Die Bewegung der Chromatiden zu den Zentrosomen wird verstärkt, indem die Pol-Mikrotubuli in der Überlappungszone durch Anbau von Tubulinmolekülen ständig verlängert werden. Gleichzeitig veranlassen spezifische Proteine, die Motorproteine, in der Überlappungszone der Pol-Mikrotubuli, dass diese aneinander vorbei auseinandergleiten. Dadurch werden die Zentrosomen zu den Zellpolen geschoben.

Der Spindelfaserapparat ist Bestandteil eines Netzwerks im Zytoplasma der Zelle, des **Zytoskeletts.** Es ermöglicht Bewegungen und Transportvorgänge sowie die Stabilisierung der Zelle.

1 ⌡ Vergleichen Sie die unterschiedlichen Teilungsraten der verschiedenen Zelltypen!

2 ⌡ Erläutern Sie den Ablauf des Zellzyklus und die jeweils stattfindenden Prozesse!

3 ⌡ Erklären Sie anhand der Funktion der unterschiedlichen Spindelfasern die Bedeutung des Zytoskeletts für die Mitose!

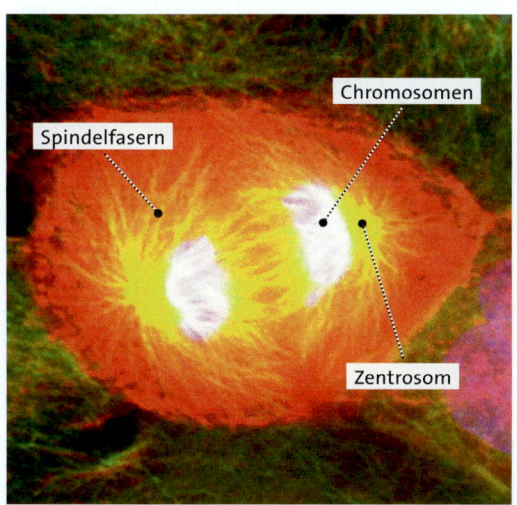

06 Fluoreszenzaufnahme des Spindelfaserapparats einer menschlichen Zelle während der Anaphase

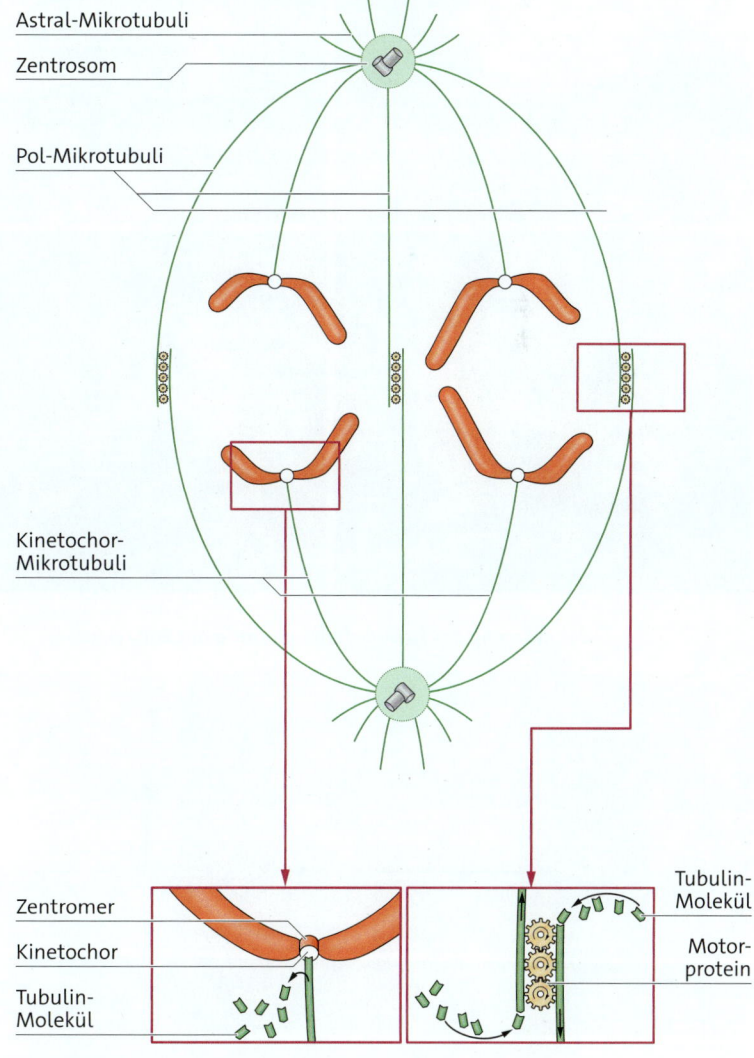

07 Funktion des Spindelfaserapparats während der Anaphase

Material A ▸ Mitosestadien

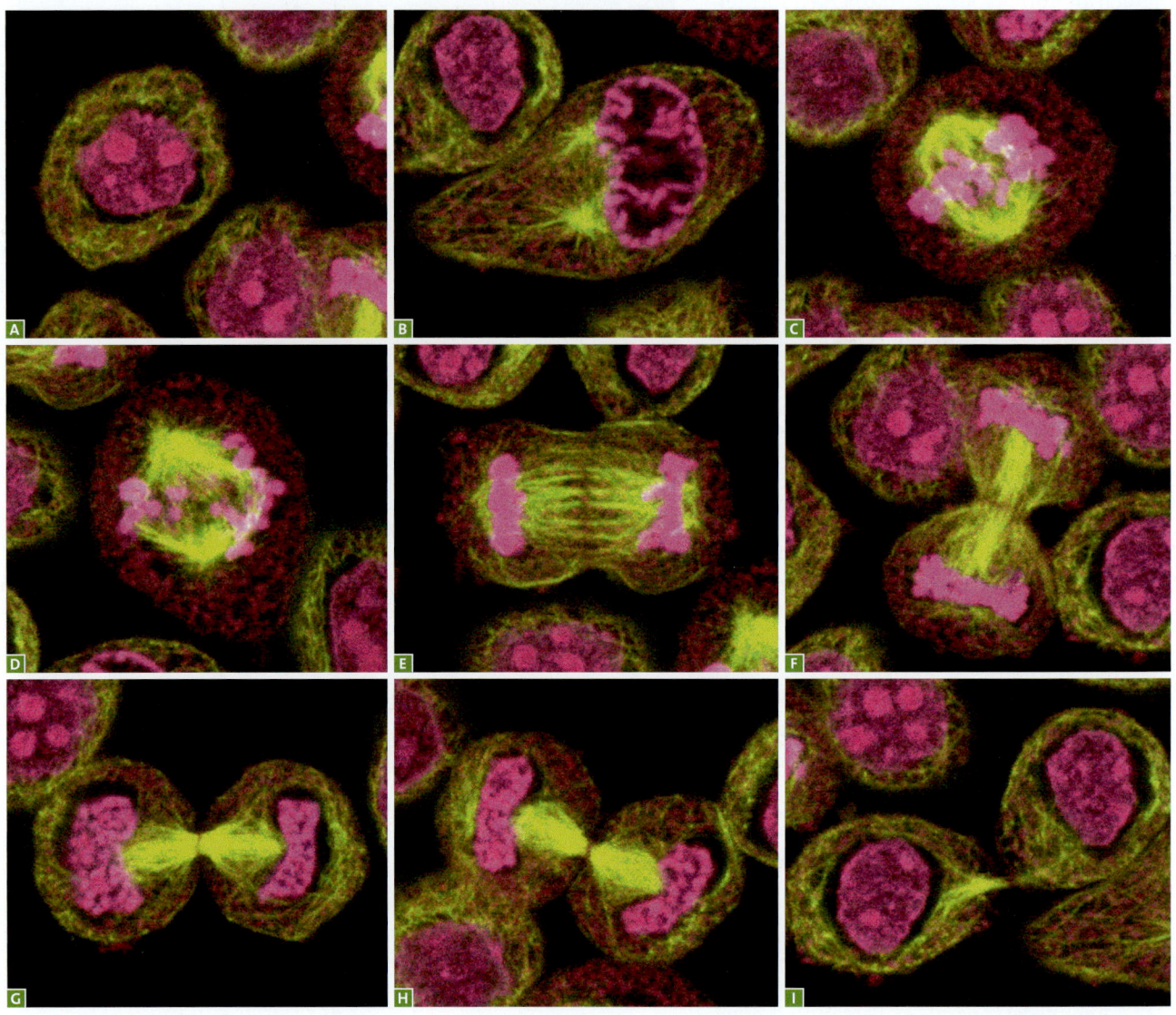

Veränderung des DNA-Gehalts im Laufe des Zellzyklus

A1 Begründen Sie, welche Phasen der Mitose in den mikroskopischen Aufnahmen dargestellt sind!

A2 Benennen Sie die im Diagramm mit Buchstaben versehenen Abschnitte des Zellzyklus und erläutern Sie, was in den einzelnen Abschnitten in der Zelle geschieht!

A3 Stellen Sie eine Hypothese auf, um welchen Zelltyp es sich bei den Zellen im Diagramm handeln könnte! Nehmen Sie Ihre Kenntnisse zum Zellzyklus zu Hilfe!

Material B ▸ Wirkung von Taxol

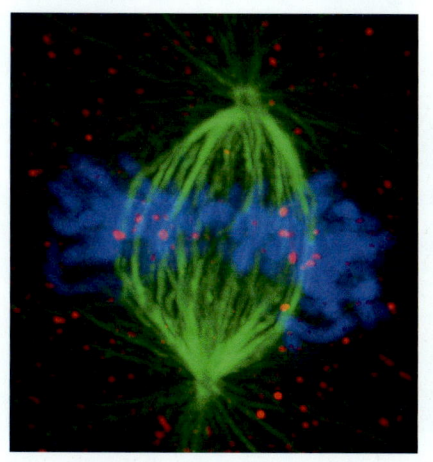

Mikrotubuli   Taxol

Tubulin

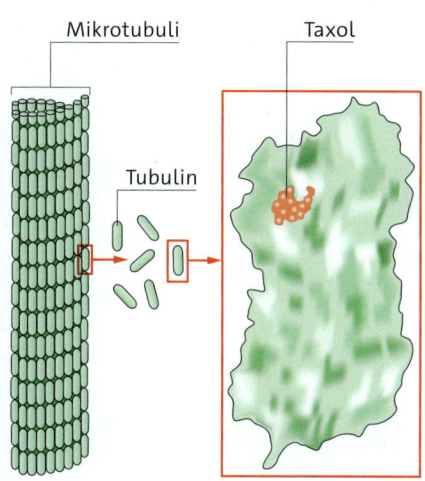

In einer humanen Tumorzelllinie wird der DNA-Gehalt der Zellen der Zellkultur untersucht. Die Verteilung des DNA-Gehalts in der Zellkultur ist in Diagramm A dargestellt. Der Wert 1 entspricht dem doppelten Chromosomensatz und ist im Zellzyklus der G_1-Phase zuzuordnen. Nach Behandlung der Tumorzelllinie mit dem Mitosehemmstoff Taxol wird nach einer bestimmten Wartezeit eine Probe entnommen. Es erfolgt eine erneute Untersuchung der Verteilung des DNA-Gehalts in den Zellen. Das Ergebnis ist in Diagramm B dargestellt.

Die Chemotherapie mit Taxol hat erhebliche Nebenwirkungen. Häufige Symptome sind:
- Übelkeit, Erbrechen und Durchfall;
- Haarausfall;
- Müdigkeit und körperliche Schwäche aufgrund der Verminderung der Anzahl der roten Blutzellen;
- stärkere Nasen- und Schleimhautblutungen sowie Blut im Stuhl oder Urin aufgrund der Verminderung der Anzahl der Blutplättchen;
- erhöhte Anfälligkeit für Infektionen aufgrund der Verminderung der weißen Blutzellen.

DNA-Gehalt in Krebszellen

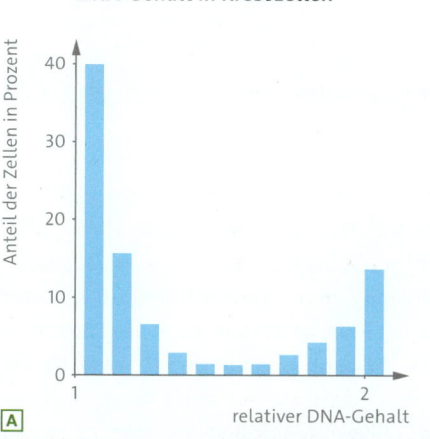

A

DNA-Gehalt in Krebszellen
nach Taxol-Behandlung

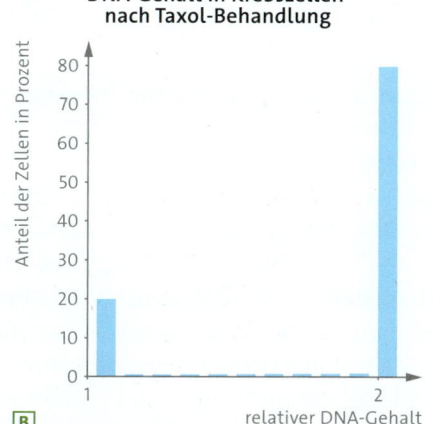

B

B1 Beschreiben Sie die Bedeutung des Spindelfaserapparates für die Mitose und erläutern Sie die Auswirkung von Taxol!

B2 Erklären Sie anhand des Ablaufs der Mitose den DNA-Gehalt in den Zellkulturen vor und nach Einwirkung von Taxol!

B3 Erklären Sie die Nebenwirkungen von Taxol anhand der Zellzyklusdauer der verschiedenen Zellen!

B4 Stellen Sie anhand des Zellzyklus eine Hypothese auf, weshalb Taxol nicht alle Tumorzellen erreichen kann!

Zelltyp	Häufigkeit der Zellteilung bzw. der Neubildung
Dünndarmzellen	alle 1 bis 2 Tage
Dickdarmzellen	alle 10 Tage
Magenschleimhautzellen	alle 7 Tage
Haarwurzelzellen	zweimal pro Tag
rote Blutzellen	alle 120 Tage
weiße Blutzellen	sehr unterschiedlich, häufig alle 1 bis 2 Tage
Blutplättchen	alle 8 Tage

In den 1950er- und 1960er-Jahren hat das National Cancer Institute in den USA etwa 35 000 Pflanzenarten untersuchen lassen, um neue Medikamente für die Krebstherapie zu finden. Bei der Pazifischen Eibe wurde man fündig. Der hochgiftige Eibenextrakt Taxol hemmt die Teilung der sich schnell teilenden Krebszellen und damit das Wachstum von Tumoren. Erst 1979 gelang es, die Wirkungsweise des Taxols aufzuklären:
Taxol bindet an die Bausteine der Mikrotubuli, die Tubulin-Moleküle. Die dadurch veränderten Tubulin-Moleküle stabilisieren die Mikrotubuli des Zytoskeletts, sodass es nicht mehr abgebaut wird.

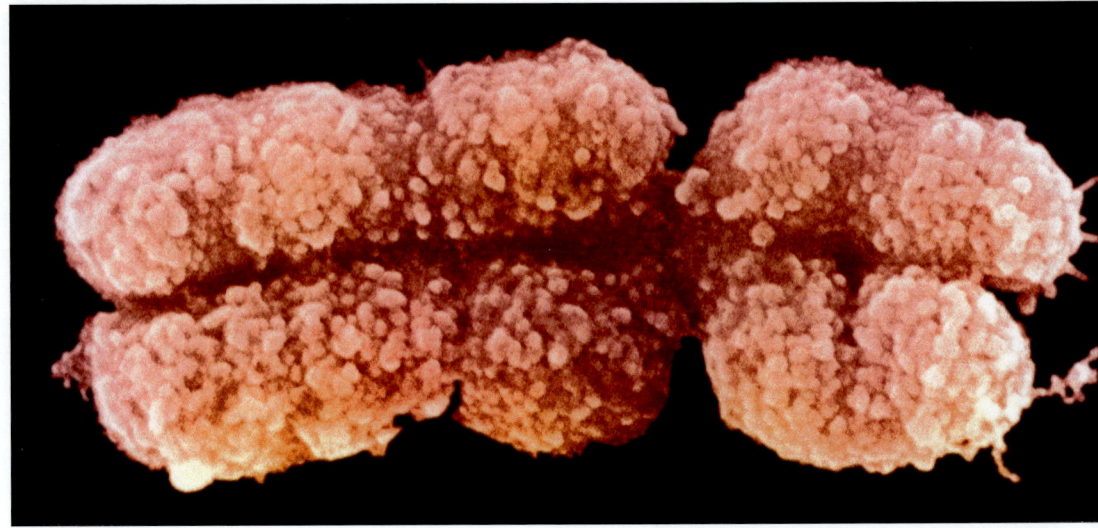

01 Methaphase-
chromosom

Vom Chromosom zur DNA

Bevor sich der Zellkern und damit die Zelle teilt, erkennt man im Zellkern die verdickten Chromosomen. In ihnen befindet sich das genetische Material, die DNA. Wie sind die Chromosomen und die darin verpackte DNA aufgebaut?

BAU DER CHROMOSOMEN · Beide Chromatiden eines Zwei-Chromatiden-Chromosoms bestehen jeweils aus einem Strang **Desoxyribonukleinsäure,** kurz DNA. Die beiden Stränge sind identisch aufgebaut.

In allen Chromatiden ist das DNA-Molekül nach dem gleichen Prinzip gepackt. Zunächst ist der DNA-Faden abschnittweise um bestimmte Proteine gewickelt, die **Histone**. Diese Strukturen bezeichnet man als **Nukleosomen**. Sie sind zu Schleifen verdrillt, die wiederum rosettenförmig angeordnet sind. Durch weiteres schrau-

*engl. DNA
= deoxyribonucleic
acid*

*dt. DNS
= Desoxyribonuklein-
säure*

benförmiges Aufwinden wird die DNA zum Chromatid verdichtet.

BAUSTEINE DER DNA · Namensgebend für die DNA ist ein Zucker, die **Desoxyribose**. Ihr Molekül enthält fünf Kohlenstoffatome, die im Uhrzeigersinn mit 1′ bis 5′ bezeichnet werden. Ein weiterer Baustein der DNA ist der Säurerest der Phosphorsäure, das **Phosphat**. Es verleiht der DNA die chemischen Eigenschaften einer Säure. Da diese Säure im Zellkern, dem Nukleus, vorkommt, nennt man sie Nukleinsäure. Am Aufbau der DNA sind zudem vier stickstoffhaltige organische Basen beteiligt. Es sind die aus einem Ring bestehenden Pyrimidine **Cytosin** und **Thymin,** kurz **C** und **T**, sowie die aus zwei Ringen bestehenden Purine **Adenin** und **Guanin, A** und **G**.

DNA-DOPPELSTRANG · Die Bausteine der DNA sind bereits seit Beginn des 20. Jahrhunderts bekannt, jedoch nicht ihre Struktur. Ende der 1940er-Jahre stellte der Biochemiker Erwin CHARGAFF fest, dass die Menge an Adenin in jeder DNA gleich der Menge an Thymin ist und die Menge an Cytosin genau der Menge an Guanin entspricht. Er stellte daraufhin die Hypothese auf, dass Adenin und Thymin sowie Guanin und Cytosin paarweise angeordnet sind. Diese zueinander passenden Basen werden als **komplementäre Basenpaare** bezeichnet.

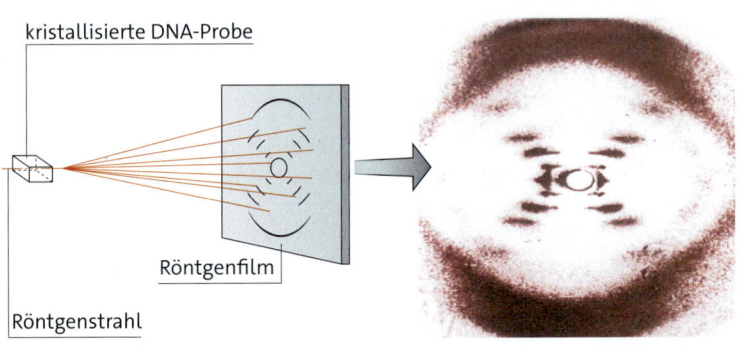

kristallisierte DNA-Probe

Röntgenfilm

Röntgenstrahl

02 Röntgenstrukturanalyse der DNA

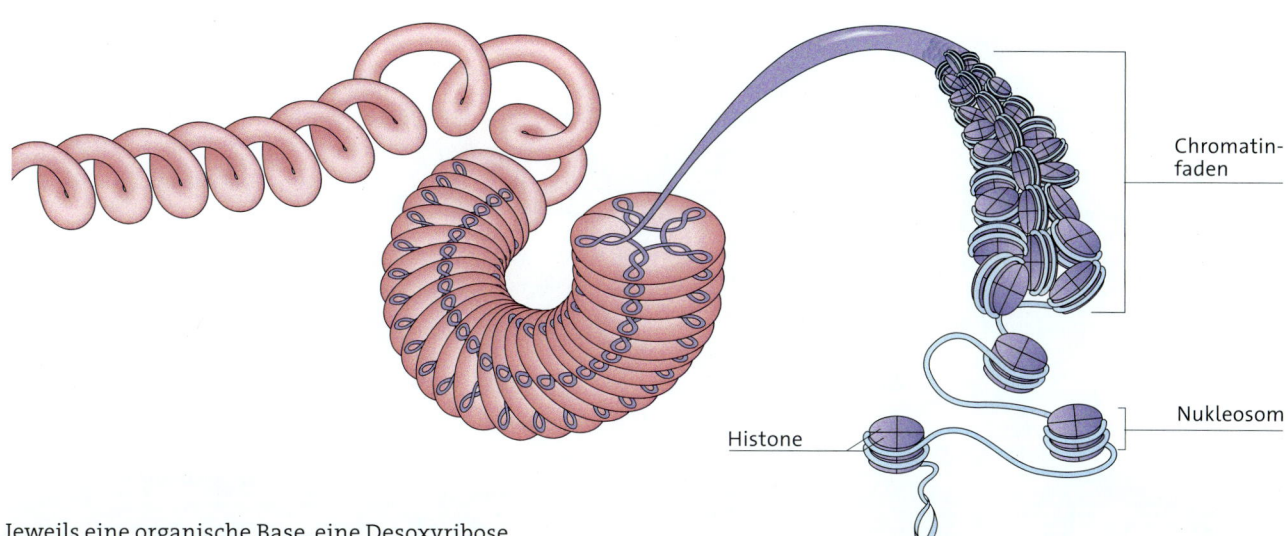

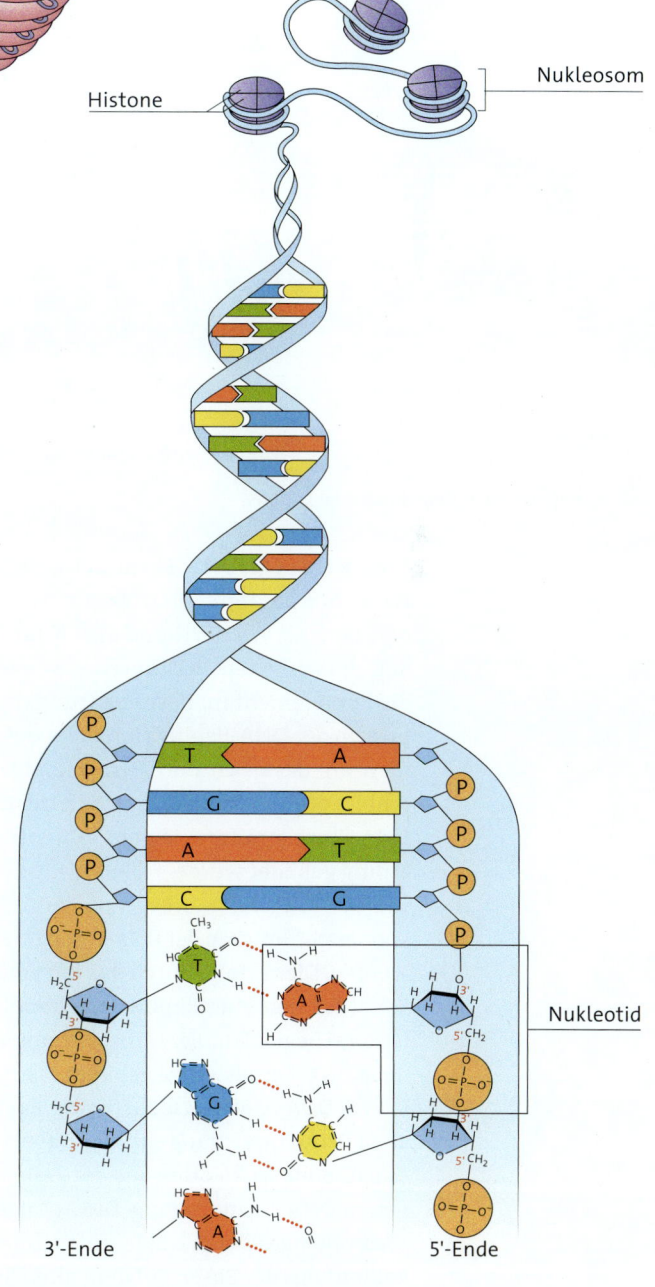

Chromatin-
faden

Nukleosom

Histone

Nukleotid

Jeweils eine organische Base, eine Desoxyribose und ein Phosphatrest bilden eine Einheit, die als **Nukleotid** bezeichnet wird. Die Nukleotide reihen sich kettenförmig aneinander. Dabei ist die Desoxyribose am Kohlenstoffatom 3′ und am Kohlenstoffatom 5′ mit je einer Phosphatgruppe verbunden. Zucker- und Phosphatmoleküle bilden das Rückgrat der Kette.

Mithilfe der Röntgenstrukturanalyse konnten die beiden Forscher James WATSON und Francis CRICK im Jahr 1953 die Struktur der DNA aufklären. Leitet man Röntgenstrahlen durch einen gereinigten DNA-Kristall auf einen Röntgenfilm, bilden sich bestimmte Beugungsmuster, die Rückschlüsse auf die räumliche Struktur der DNA zulassen.

Die DNA besteht aus zwei Strängen, die sich schraubenförmig umeinanderwinden. Sie bilden eine **Doppelhelix.** Dabei sind die beiden Stränge der DNA gegenläufig angeordnet. Sie verlaufen *antiparallel.* Das hat zur Folge, dass sich an jedem Ende der Doppelhelix ein Desoxyribosemolekül mit dem 5′-Ende und ein Desoxyribosemolekül mit dem 3′-Ende gegenüberstehen.

Die Stränge der Doppelhelix sind durch schwache Bindungen zwischen den komplementären Basenpaaren verknüpft: zwei Wasserstoffbrückenbindungen zwischen den Basen A und T sowie drei Wasserstoffbrückenbindungen zwischen den Basen C und G. In der Reihenfolge der Basen, der *Basensequenz,* ist die Erbinformation aller Lebewesen codiert.

3′-Ende

5′-Ende

1 Beschreiben Sie den Bau der DNA!

03 Bau der DNA in unterschiedlichen Vergrößerungen

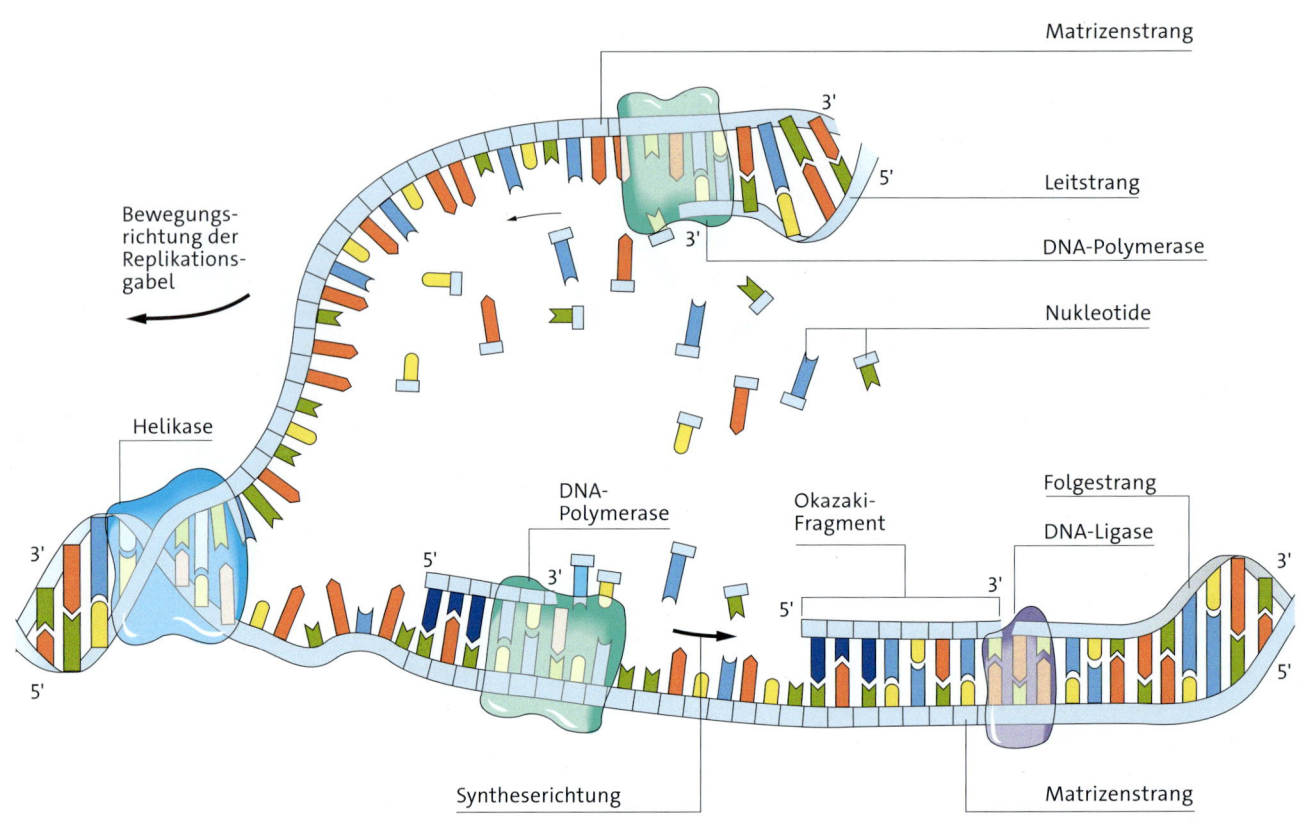

Matrizenstrang

Leitstrang

DNA-Polymerase

Nukleotide

Bewegungs-
richtung der
Replikations-
gabel

Helikase

DNA-
Polymerase

Okazaki-
Fragment

Folgestrang

DNA-Ligase

Syntheserichtung

Matrizenstrang

04 Verdopplung der DNA durch Replikation

DNA-REPLIKATION · Bevor sich eine Zelle teilt, wird ihre gesamte DNA verdoppelt, sie wird *repliziert*. Als WATSON und CRICK ihr DNA-Modell entwickelten, erkannten sie bereits, dass die komplementäre Basenpaarung das Grundprinzip der DNA-Replikation nahelegt. Sie nahmen an, dass sich die DNA wie ein Reißverschluss öffnen könne und an den frei liegenden DNA-Einzelsträngen jeweils ein neuer DNA-Strang gebildet würde.

Die DNA-Replikation beginnt damit, dass die Wasserstoffbrücken der DNA-Doppelhelix gelöst werden. Dies erfolgt durch das Enzym *Helikase*. Es bildet sich eine Replikationsgabel. An den nun frei liegenden DNA-Einzelsträngen werden neue DNA-Einzelstränge gebildet. Hierfür ist das Enzym *DNA-Polymerase* zuständig. Es gleitet am alten DNA-Einzelstrang entlang. Dabei verknüpft es passende Nukleotide aus der Zelle zu einem neuen DNA-Tochterstrang. Die Abfolge der neu zusammengesetzten Nukleotide wird durch die Reihenfolge der Basen auf dem alten Strang bestimmt. So dient der alte DNA-Strang als Matrize

für den neu gebildeten. Dieser Mechanismus heißt deshalb **semikonservative Replikation.**

OKAZAKI-FRAGMENTE · Nur ein DNA-Strang wird fortlaufend, also *kontinuierlich*, synthetisiert. Man nennt ihn Leitstrang. Seine Synthese folgt der sich öffnenden Replikationsgabel. Am anderen Strang, dem Folgestrang, wird die neue DNA in Gegenrichtung zu der sich öffnenden Replikationsgabel synthetisiert. Ursache hierfür ist die DNA-Polymerase. Sie kann den neuen Nukleotidstrang nur in 5'-3'-Richtung verlängern, da sie neue Nukleotide ausschließlich an das 3'-Ende der Desoxyribose bindet. Deshalb entstehen nur kürzere DNA-Stücke, die nach ihrem Entdecker als Okazaki-Fragmente bezeichnet werden. Anschließend werden die Okazaki-Fragmente durch das Enzym *Ligase* miteinander verbunden. Die Synthese des Folgestrangs erfolgt *diskontinuierlich*.

2 Beschreiben Sie den Ablauf der DNA-Replikation!

Material A ▸ Experiment von MESELSON und STAHL

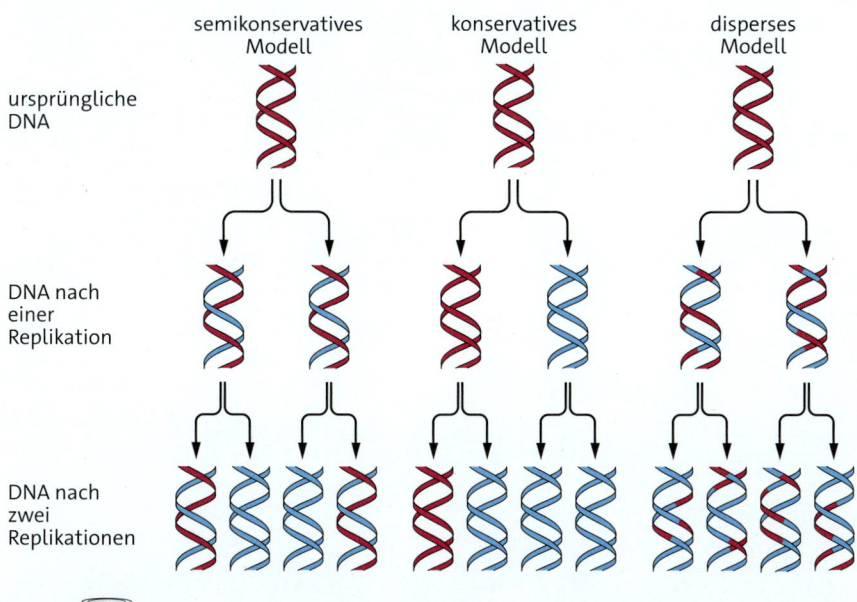

semikonservatives Modell

konservatives Modell

disperses Modell

ursprüngliche DNA

DNA nach einer Replikation

DNA nach zwei Replikationen

Nach der Entdeckung der Struktur der DNA war das Prinzip der DNA-Replikation zunächst nicht bekannt. Es wurden drei Modelle diskutiert:

1. Die DNA-Doppelhelix besteht nach der Replikation aus einem alten und einem neuen Strang, die Replikation verläuft *semikonservativ*.

2. Eine DNA-Doppelhelix bleibt erhalten und eine neue wird synthetisiert, die Replikation verläuft *konservativ*.

3. Beide neuen DNA-Doppelhelices bestehen stückweise aus alter und neu synthetisierter DNA, die Replikation verläuft *dispers*.

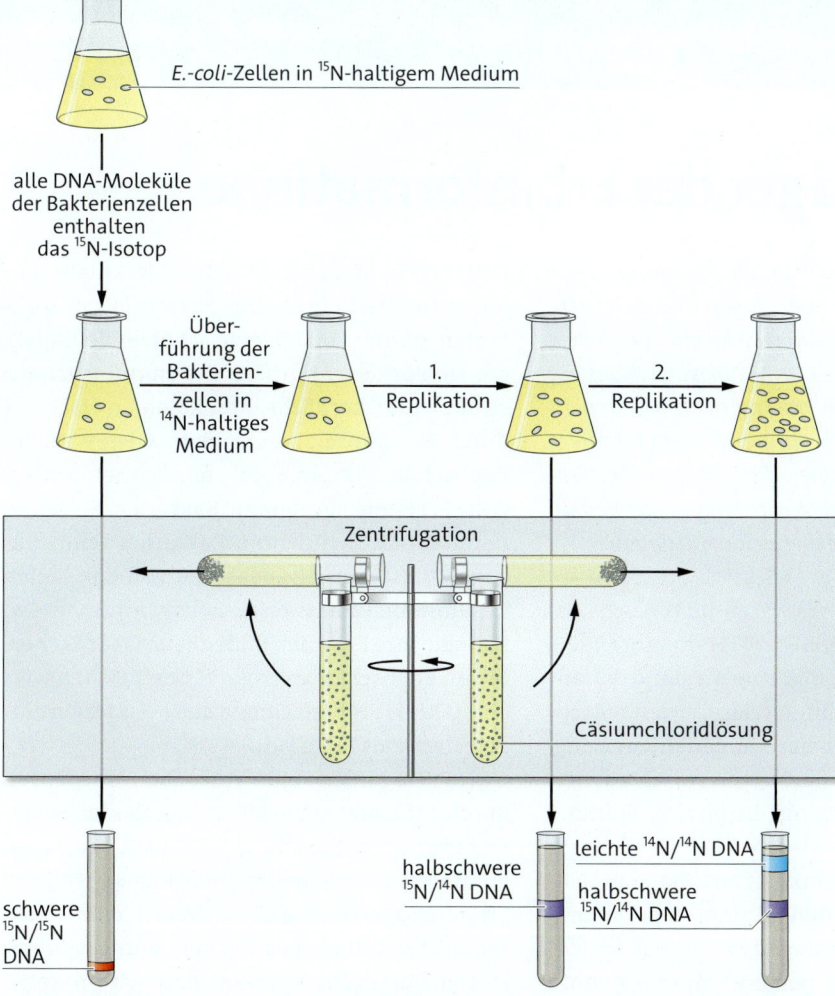

E.-coli-Zellen in ^{15}N-haltigem Medium

alle DNA-Moleküle der Bakterienzellen enthalten das ^{15}N-Isotop

Überführung der Bakterienzellen in ^{14}N-haltiges Medium

1. Replikation

2. Replikation

Zentrifugation

Cäsiumchloridlösung

schwere ^{15}N/^{15}N DNA

halbschwere ^{15}N/^{14}N DNA

leichte ^{14}N/^{14}N DNA

halbschwere ^{15}N/^{14}N DNA

Um zu überprüfen, welches Modell zutrifft, züchteten die beiden Forscher Matthew MESELSON und Franklin STAHL *E.-coli*-Bakterien in einem Nährmedium mit dem schweren Stickstoffisotop ^{15}N. Die Bakterien bauten das ^{15}N in ihre DNA ein und enthielten schließlich nur schwere DNA mit hoher Dichte. Anschließend überführten die Forscher die Bakterien in ein Medium mit dem leichten Stickstoffisotop ^{14}N. Neu gebildete DNA hatte eine geringere Dichte, sie war leichter. Vor der Überführung, nach einer und nach zwei Zellteilungen wurde die Bakterien-DNA isoliert und ihre Dichte bestimmt. Hierzu zentrifugierte man die DNA in einer Cäsiumchlorid-Lösung, deren Dichte zum Boden des Zentrifugengläschens zunimmt. Bei dieser Dichtegradientenzentrifugation sammelt sich die DNA im Gläschen genau in der Höhe, die der eigenen Dichte entspricht.

A1 Beschreiben Sie die Durchführung des Experiments und begründen Sie, welches Modell bestätigt wurde!

A2 Erklären Sie, wie die Verteilung der DNA bei den anderen Modellen ausgesehen hätte!

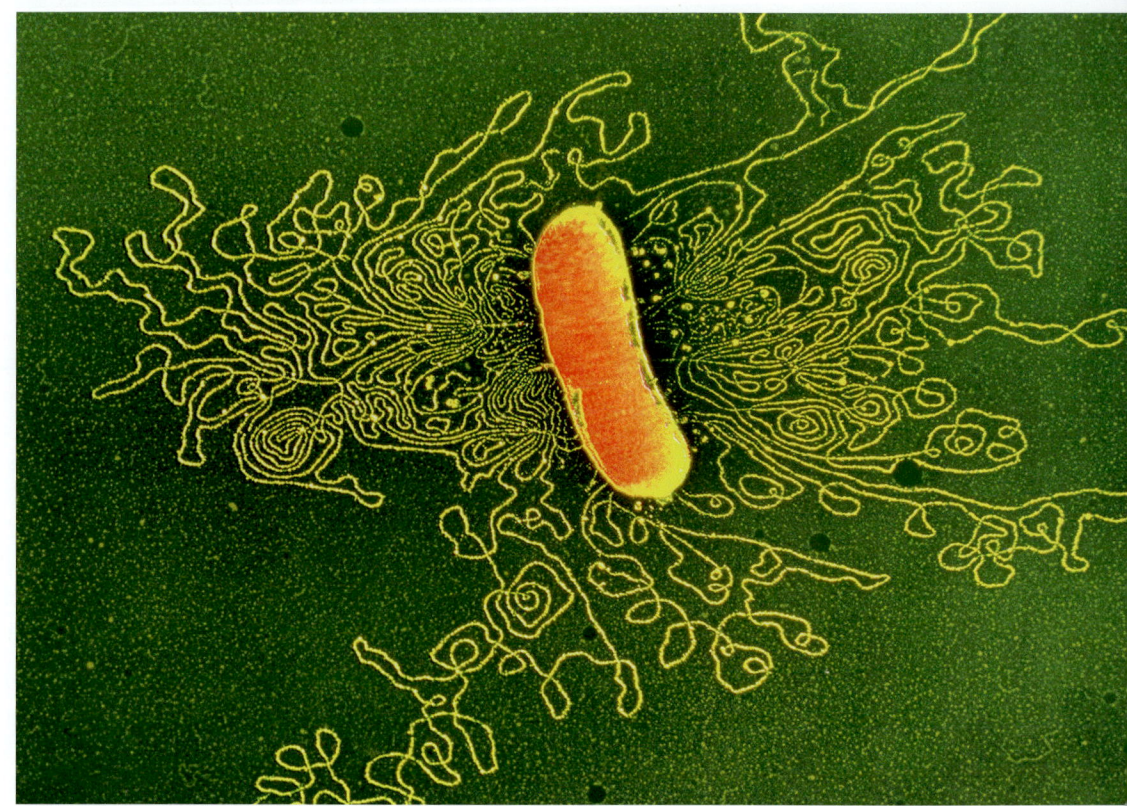

01 Bakterium mit
freigesetzter DNA,
REM-Aufnahme

DNA – Träger der Erbinformationen

Bakterien besitzen keinen Zellkern. Ihre Erbinfor-
mationen sind in einem lang gestreckten DNA-
Ringmolekül gespeichert. Platzen die Zellen,
dann setzen sie dieses DNA-Molekül frei, das mit
einem Elektronenmikroskop sichtbar gemacht
werden kann. Noch vor 80 Jahren vermutete
man, dass Proteine die Träger der Erb-
informationen sind. Wie gelang es, die Bedeu-
tung der DNA-Moleküle zu identifizieren?

lat. transformare
= umwandeln

TRANSFORMATION · Es waren die Versuche des
Mediziners Frederick GRIFFITH im Jahre 1928,
die die DNA-Forschung entscheidend voran-
brachten. GRIFFITH interessierte sich für Streptokokken als Erreger der Lungenentzündung.
Hierzu arbeitete er mit zwei verschiedenen
Varianten des Bakteriums, die man als Stämme
bezeichnet. Der eine Stamm löste bei Kontakt
mit Menschen die Krankheit aus, man bezeichnet ihn als virulenten Stamm. Der andere
Stamm war hingegen ungefährlich, man spricht
von avirulent. Diese beiden Stämme konnte

GRIFFITH aufgrund einfacher Merkmale sehr
leicht unterscheiden: Die Bakterien der virulenten Stämme bilden eine schützende Kapsel,
die sie vor den Angriffen des Immunsystems
schützt. Die Oberfläche ihrer Kolonien erscheint
durch die Kapselbildung glatt. Dies wird im
Englischen als „smooth" bezeichnet, sodass
GRIFFITH die virulenten Bakterien S-Stamm
nannte. Den avirulenten Bakterien fehlt hingegen diese Kapsel, sodass sie von den Zellen
des Immunsystems effektiv bekämpft werden
können. Ihre Kolonien bilden raue Oberflächen,
die im Englischen als „rough" beschrieben werden. GRIFFITH bezeichnete diese Bakterien entsprechend als R-Stamm.
GRIFFITH führte seine Versuche mit Mäusen
durch. Infizierte er die Mäuse mit Bakterien des
S-Stammes, starben diese nach wenigen Tagen
an Lungenentzündung. In ihrem Blut waren dann
Streptokokken nachweisbar. Mäuse, denen Bakterien des R-Stammes injiziert wurden, überlebten hingegen. In ihrem Blut waren keine

Streptokokken zu finden, da sie vom Immunsystem der Mäuse eliminiert worden waren. In einem weiteren Versuch erhitzte GRIFFITH die Bakterien des virulenten S-Stammes; auch die hiermit injizierten Mäuse überlebten.

Dann führte GRIFFITH eine weitere Versuchsvariante durch: Er mischte die abgetöteten S-Stamm-Bakterien mit lebenden Bakterien des avirulenten R-Stammes. Mit Erstaunen stellte er fest, dass die Mäuse nach Injektion dieser Mischung starben. Zudem konnte er in ihrem Blut Bakterien mit einer Kapsel nachweisen. Aus den lebenden R-Stamm-Bakterien mit den abgetöteten S-Stamm-Bakterien waren also lebende S-Stamm-Bakterien hervorgegangen. GRIFFITH schloss hieraus, dass die avirulenten Bakterien des R-Stammes die Fähigkeit zur Kapselbildung und entsprechenden Virulenz von den hitzegetöteten Bakterien aufgenommen hatten. Diese Informationsübertragung nannte er **Transformation.** Wodurch die Information genau übertragen wurde, wusste GRIFFITH nicht. Er vermutete, dass die Kapsel selbst für die Übertragung verantwortlich sei.

BIOLOGISCHE BEDEUTUNG · Für die Versuche von GRIFFITH war es ein Glücksfall, dass manche Bakterien in der Lage sind, freie DNA aus der Umgebung aufzunehmen. Nur durch diese Fähigkeit der Streptokokken kam es zu den bahnbrechenden Versuchsergebnissen. Bis heute wird der Transformationsmechanismus für Forschungszwecke genutzt.

Hinter dieser Fähigkeit von Bakterien steckt aber vor allem eine interessante biologische Funktion. Ob im Boden oder in unserem Körper, Bakterien kommen häufig in hoher Dichte und großer Vielfalt vor. Durch absterbende oder zufällig beschädigte Bakterien wird entsprechend immer wieder DNA freigesetzt. Ist dann ein Bakterium in der Lage, diese freie DNA aufzunehmen, kann es das eigene DNA-Repertoire schnell erweitern. Kommt es dann zu einer Veränderung der Umweltbedingungen, verfügen die Bakterien mit dem größeren DNA-Repertoire mit einer höheren Wahrscheinlichkeit über Fähigkeiten, die ihnen das Überleben ermöglichen. Der Mechanismus der Transformation hat sich im Laufe der Bakterienevolution entsprechend als vorteilhaft erwiesen.

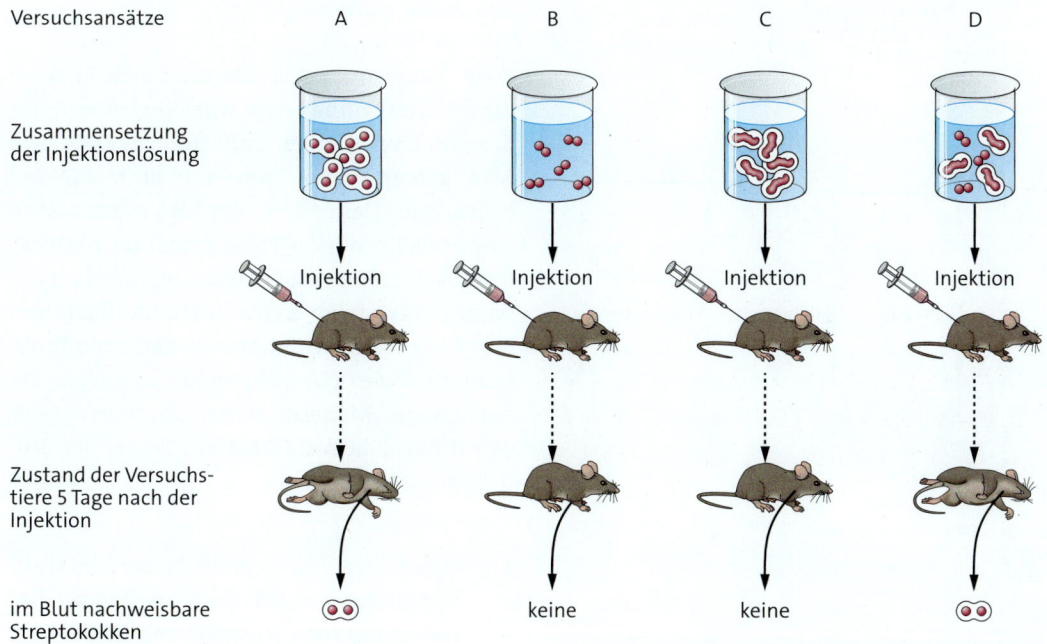

Versuchsansätze   A   B   C   D

Zusammensetzung der Injektionslösung

Injektion   Injektion   Injektion   Injektion

Zustand der Versuchstiere 5 Tage nach der Injektion

im Blut nachweisbare Streptokokken   ⊙⊙   keine   keine   ⊙⊙

⊙⊙ virulente S-Stamm-Streptokokken
⦁⦁ avirulente R-Stamm-Streptokokken
⊙⊙ hitzegetötete S-Stamm-Streptokokken

02 Transformationsversuche von GRIFFITH

DNA ALS INFORMATIONSTRÄGER · Nach den Versuchen von GRIFFITH vermuteten weltweit viele Forschungsgruppen, dass Proteine die Träger der Erbinformation sind. Auch Nukleinsäuren als Substanz in den Zellkernen waren schon seit Jahrzehnten bekannt. Sie galten jedoch als zu einfach gebaute Moleküle zur Speicherung der Erbinformationen. Ihre Grundbausteine bilden Nukleotide aus einem Phosphatrest, einer Zuckerkomponente und einer organischen Base. Zur Variation dieser Bausteine stehen mit Adenin, Cytosin, Guanin und Thymin lediglich vier verschiedene Basen zu Verfügung, sodass man diesen Molekülen die Rolle des Trägers der Erbinformationen nicht zutraute. Da Proteine aus 20 verschiedenen Aminosäuren zusammengesetzt sind, stuften viele diese als wahrscheinlichere Träger der Erbinformation ein.

Dem Mediziner Oswald AVERY gelang der große Durchbruch in dieser Frage. Er nahm zutreffend an, dass die transformierende Zellkomponente in den Versuchen von GRIFFITH der gesuchte Träger der Erbinformation war. Daher untersuchte er genauer, welche Komponente der abgetöteten S-Stamm-Bakterien die von GRIFFITH nachgewiesene Transformation hervorruft.

Hierzu stellte er ein Zellextrakt dieser Bakterien her, indem er sie abtötete, aufbrach und filtrierte. Zudem entfernte er Lipide und Kohlenhydrate und mischte dieses Extrakt dann mit R-Stamm-Bakterien. Nach kurzer Zeit konnte er beobachten, dass S-Stamm-Bakterien entstanden waren. Eine Transformation hatte stattgefunden, sodass die hierfür notwendige Zellkomponente im Extrakt noch enthalten sein musste.

Um weiter zu klären, welche Komponente des Extrakts für die Transformation verantwortlich war, baute AVERY durch Enzyme gezielt einzelne Stoffgruppen im Filtrat ab. So gab er *Proteasen* hinzu, die alle Proteine abbauten. Dann mischte er das restliche Extrakt mit R-Stamm-Bakterien und konnte erneut beobachten, dass S-Stamm-Bakterien entstanden. Die Idee, dass Proteine die Träger der Erbinformation sind, war damit widerlegt.

Dann baute AVERY wiederum durch Enzyme die im Filtrat enthaltenen Nukleinsäuren ab. Da diese in zwei Formen auftreten, als **DNA** und **RNA,** gab er einmal *RNase* und einmal *DNase* hinzu. Nach dem Abbau der RNA durch RNase kam es weiterhin zur Transformation. Als AVERY jedoch die DNA im Extrakt durch DNase abbaute, entstanden keine S-Stamm-Bakterien mehr. Der Transformationsmechanismus funktionierte ohne DNA nicht mehr. Ganz gegen die herrschende Meinung seiner Zeit wies AVERY damit nach, dass die DNA der Träger der Erbinformationen ist.

	DNase	RNase	Protease	ohne
Herstellung eines Zellextrakts aus S-Zellen				S-Zellen mit flüssigem Kulturmedium
Behandlung des Zellextrakts durch abbauende Enzyme				
Mischung der Extrakte mit R-Zellen				
Beobachtung: Sind S-Zellen in der Lösung enthalten?	nein	ja	ja	ja
Schlussfolgerung: Fand Transformation nach Mischung der Zellextrakte mit R-Zellen statt?	nein	ja	ja	ja

Zellen werden abgetötet, aufgebrochen und filtriert; durch Zengtrifugation werden Lipide und Kohlenhydrate entfernt.

03 Versuche von AVERY zum Nachweis des Informationsträgers in Transformationsprozessen

1 ⌐ Erläutern Sie die Bedeutung der Fähigkeit von Bakterien zur Transformation für die Forschung von GRIFFITH und AVERY!

2 ⌐ Formulieren Sie eine jeweils passende Hypothese zu den Versuchen in den Abbildungen 02 und 03!

Material A ▸ Kompetenzproteine ermöglichen die Bakterientransformation

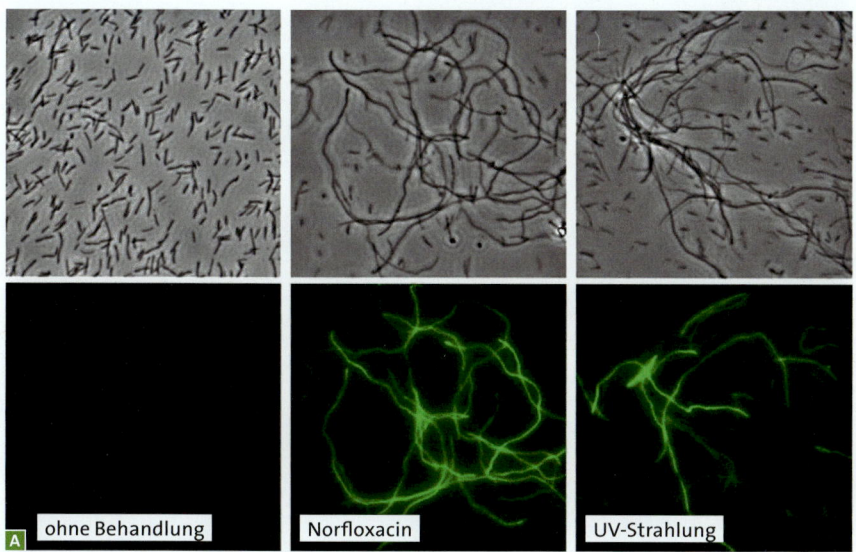

A — ohne Behandlung | Norfloxacin | UV-Strahlung

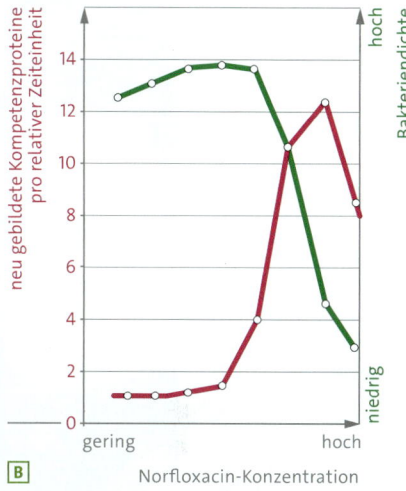

Auswirkung des Antibiotikums auf Proteinneubildung und Bakteriendichte

B — Norfloxacin-Konzentration (gering – hoch)

Das Bakterium *Legionella pneumophila* kommt weltweit in Süßwassergewässern vor und ist stäbchenförmig. Unter Stress bildet es Fäden, indem die Einzelbakterien nach Zellteilungen aneinander haften bleiben. Wie andere Bakterien ist auch *Legionella pneumophila* in der Lage, freie DNA-Stränge aus der Umgebung durch Transformation aufzunehmen.

Teilschritte der Transformation wie DNA-Aufnahme, DNA-Aufbereitung und DNA-Einbau in die eigene Bakterien-DNA werden von Proteinen unterstützt, die man als Kompetenzproteine bezeichnet. Je mehr von diesen Kompetenzproteinen in den Zellen vorhanden sind, umso größer ist die Wahrscheinlichkeit, dass ein DNA-Abschnitt aus der Umgebung transformiert wird.

Da der Prozess der Transformation die genetische Variabilität erhöht, besteht schon lange die Vermutung, dass ungünstige Umweltbedingungen eine erhöhte Transformationsaktivität auslösen. So konnte bei Nährstoffmangel eine verstärkte Transformation beobachtet werden. Um den Einfluss unterschiedlicher Faktoren auf die Transformation zu untersuchen, hat ein Forschungsteam aus Frankreich und den USA Versuche mit *Legionella-pneumophila*-Bakterien durchgeführt.

Fluoreszenznachweis von Kompetenzproteinen

In einem Versuch werden jeweils *Legionella-pneumophila*-Bakterien mit dem Antibiotikum Norfloxacin oder einer intensiven UV-Strahlung behandelt. 24 Stunden danach werden sowohl die behandelten als auch nicht behandelte Bakterien mikroskopisch analysiert. Eine einfache lichtmikroskopische Analyse dient der Feststellung der Wuchsform der Bakterien. Zusätzlich erfolgt eine fluoreszenzmikroskopische Analyse, die die Neubildung von Transformationskompetenzproteinen durch grünes Leuchten anzeigt.

Auswirkungen unterschiedlicher Konzentrationen des Antibiotikums

In einem weiteren Versuch werden die Neubildung der Kompetenzproteine und die Bakteriendichte in Abhängigkeit von der Konzentration des Antibiotikums als Stressfaktor gemessen.

A1 Beschreiben und deuten Sie die Ergebnisse der mikroskopischen Analyse in tabellarischer Form!

A2 Erläutern Sie den Zusammenhang zwischen Umweltstress und der Neubildung von Transformationskompetenzproteinen der Bakterien! Berücksichtigen Sie hierbei die Basiskonzepte Variabilität und Angepasstheit!

A3 Formulieren Sie Vermutungen, welche weiteren Außenfaktoren als Stress auf Bakterien wirken können!

A4 Beschreiben Sie das Diagramm! Teilen Sie hierzu die Daten in Abschnitte ein und nutzen Sie diese Abschnitte zur Strukturierung Ihrer Beschreibung!

A5 Deuten Sie die Neubildung der Kompetenzproteine in Abhängigkeit von der Konzentration des Antibiotikums Norfloxacin!

A6 Deuten Sie die Entwicklung der Bakteriendichte und stellen Sie Zusammenhänge zur Neubildung der Kompetenzproteine her!

01 Jugendliche mit unterschiedlichen Augenfarben

Von der DNA zum Merkmal

Ob braun, grün oder blau, die Augenfarbe eines Menschen hängt von seinen Erbinformationen ab. Diese Informationen sind in der DNA gespeichert. Doch wie wird mithilfe dieser Erbinformation der DNA das Merkmal Augenfarbe ausgebildet?

griech. mélas = schwarz

griech. gennan = erzeugen, hervorbringen

MERKMALE · Die meisten Merkmale eines Menschen wie seine Körpergröße, seine Ausdauer oder die Ausbildung seiner Nase setzen sich aus vielen Einzelmerkmalen zusammen und werden von vielzähligen Erbinformationen beeinflusst. Um den Zusammenhang zwischen der DNA und einem Merkmal zu analysieren, ist es daher hilfreich, ein relativ einfaches Merkmal zu betrachten. Ähnlich wie die Färbung roter Rosen durch einen Blütenfarbstoff wird die Augenfarbe des Menschen wesentlich durch das Vorhandensein eines Farbstoffes bestimmt, durch das Melanin. Braune Augen entstehen, wenn dieser dunkle Farbstoff in großen Mengen in die Regenbogenhaut des Auges eingelagert wird. Untersucht man, wie dieses Melanin gebildet wird, stößt man zunächst nicht auf die DNA. Vielmehr gibt es eine Vorstufe des Farbstoffes, das Tyrosin, das durch das Enzym Tyrosinase umgewandelt wird, sodass schließlich Melanin entsteht. Auch der Blütenfarbstoff Anthocyan wird wie viele andere Stoffe aus einer Vorstufe durch den Einfluss von Enzymen hergestellt. Enzyme spielen also für die Ausbildung von vielen Merkmalen eine zentrale Rolle. Damit stellt sich die Frage, wie die DNA die Bildung dieser Enzyme beeinflusst. Hierzu wurde bereits in der Mitte des letzten Jahrhunderts die Ein-Gen-ein-Enzym-Hypothese formuliert. Der Begriff Gen bezeichnet hierbei einen bestimmten Abschnitt eines DNA-Moleküls. Die Ein-Gen-ein-Enzym-Hypothese besagt, dass jeweils ein bestimmter Abschnitt der DNA, ein Gen, für ein bestimmtes Enzym codiert.

PROTEINE · Enzyme sind in der Lage, chemische Reaktionen zu katalysieren. Hierdurch beeinflussen sie die Bildung vieler Stoffe im Körper. Alle Enzyme weisen einen einheitlichen Grundaufbau auf, der aus einer Kette von Aminosäuren besteht. Damit gehören sie zur Stoffgruppe der Proteine, deren Aufbau je nach Beteiligung und Reihenfolge der 20 zur Verfügung stehenden Aminosäuren stark variiert. Abhängig von der Abfolge der Aminosäurebausteine bilden sich automatisch unterschiedliche Faltungen oder Windungen der Aminosäurekette aus, sodass ein spezifisches dreidimensionales Molekül entsteht. Entscheidend für den Aufbau der Proteine ist also die Abfolge ihrer Aminosäurebausteine, ihre Aminosäuresequenz. Da die vielen Aminosäurebausteine eines Proteins durch Peptidbindungen miteinander verknüpft sind, werden Proteine auch als Polypeptide bezeichnet.

EIN GEN, EIN POLYPEPTID · Auch wenn Enzyme an der Ausbildung vieler Merkmale beteiligt sind, gibt es auch Merkmale, die direkt durch Proteine ohne Enzymfunktion hervorgerufen werden. So bildet das Protein Myosin eine wesentliche Komponente im Aufbau von Muskeln. Es wird direkt nach den Informationen der codierenden DNA gebildet, ohne dass hier noch ein Enzym zwischengeschaltet ist. Da es viele Proteine beziehungsweise Polypeptide gibt, die direkt eine Merkmalsausbildung hervorrufen, hat man die Ein-Gen-ein-Enzym-Hypothese zur Ein-Gen-ein-Polypeptid-Hypothese verallgemeinert.

VON SEQUENZ ZU SEQUENZ · Die Beispiele der Augenfarbe und Muskelproteine zeigen, dass entlang der Wirkkette von der DNA zum Merkmal stets ein Polypeptid zwischengeschaltet ist. Dieses Polypeptid erzeugt entweder direkt ein Merkmal oder katalysiert die Bildung anderer Stoffe, die dann für die Merkmalsausbildung verantwortlich sind. Damit spielen Polypeptide die zentrale Rolle bei der Umsetzung der Erbinformationen. Vergleicht man den Aufbau von DNA-Molekülen und Polypeptiden, dann fällt eine zentrale Strukturähnlichkeit auf. Sowohl die Nukleotide der DNA als auch die Amino-

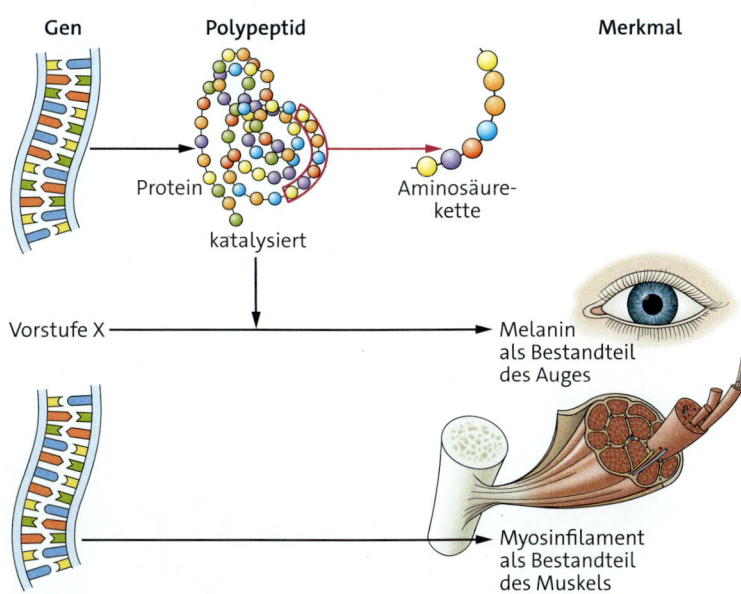

02 Ein-Gen-ein-Polypeptid-Hypothese

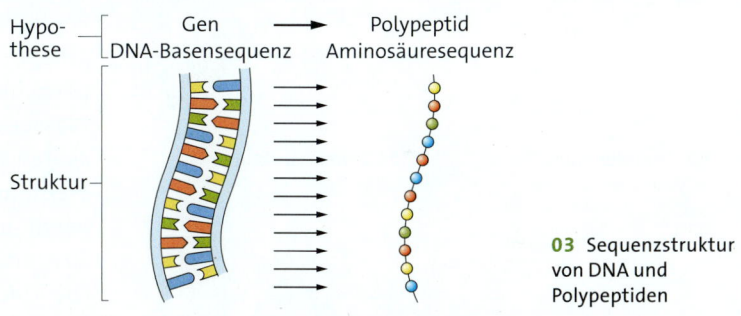

03 Sequenzstruktur von DNA und Polypeptiden

säuren der Proteine sind in einer linearen oder sequenziellen Abfolge miteinander verbunden. DNA und Polypeptide zeigen also eine Ähnlichkeit in ihrer Sequenzstruktur, als DNA-Basensequenz und Aminosäuresequenz. Durch diese Strukturähnlichkeit ist es leicht vorstellbar, dass die Information der DNA-Basensequenz als Vorlage für die Bildung einer Aminosäurekette dient. Hierbei wird dann lediglich die eine Sequenz in eine andere Sequenz übersetzt.

1 ⌡ Beschreiben Sie die Ähnlichkeit der grundlegenden Struktur von DNA und Polypeptiden!

2 ⌡ Erläutern Sie die weitreichendere Gültigkeit der Ein-Gen-ein-Polypeptid-Hypothese im Vergleich zur Ein-Gen-ein-Enzym-Hypothese!

Bausteine und Raumstruktur der Proteine

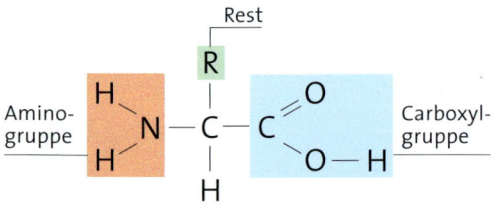

01 Allgemeine Strukturformel der Aminosäuren

AMINOSÄUREN · Proteine erfüllen als Enzyme, Transporter oder Hormone unterschiedlichste biologische Funktionen. Trotz dieser Vielfalt zeigen alle Proteine ein einheitliches Bauprinzip. Sie bestehen aus einer Kette von Aminosäurebausteinen.

Hierzu stehen 20 verschiedene Aminosäuren zur Verfügung, die wiederum einen einheitlichen Grundaufbau aufweisen.[a] An einem zentralen Kohlenstoffatom sind stets eine **Aminogruppe**, eine **Carboxylgruppe**, ein Wasserstoffatom und eine Seitenkette gebunden. Diese Seitenkette wird als **Rest** bezeichnet und ist bei den verschiedenen Aminosäuren unterschiedlich ausgeprägt.

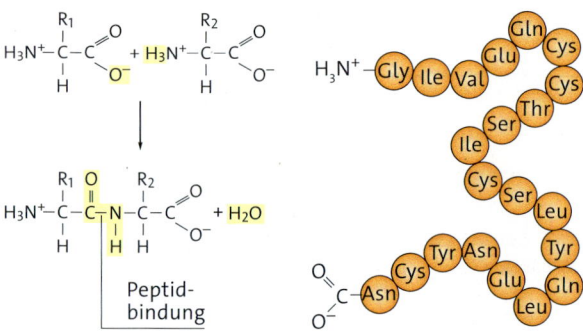

02 Peptidbindung   **03** Primärstruktur

PRIMÄRSTRUKTUR · Eine Kette aus Aminosäuren entsteht durch eine spezielle chemische Bindung zwischen den Aminosäurebausteinen, der **Peptidbindung.** Diese Peptidbindung bildet sich aus, wenn sich die Aminogruppe einer Aminosäure mit der Carboxylgruppe einer benachbarten Aminosäure unter Abspaltung eines Wassermoleküls verbindet. So können viele Aminosäuren zu einer Kette aneinandergereiht werden.

Wenn mindestens zehn Aminosäuren miteinander verknüpft sind, spricht man von Polypeptiden. Ab 50 Aminosäuren spricht man von Proteinen.

Die Abfolge der Aminosäuren ist entscheidend für die Eigenschaften eines Proteins und wird als **Primärstruktur** bezeichnet.

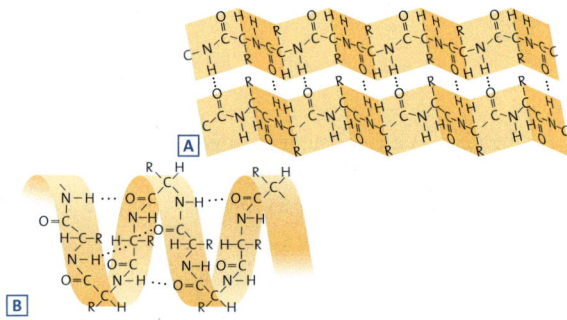

04 Sekundärstruktur: **A** α-Helix, **B** β-Faltblatt

SEKUNDÄRSTRUKTUR · Entlang einer Aminosäurekette bilden sich Winkel oder Windungen aus. Die Ausbildung dieser Helix- oder Faltblattstruktur geht auf Wechselwirkungen zwischen den Aminosäurebausteinen zurück und wird als **Sekundärstruktur** bezeichnet.

TERTIÄRSTRUKTUR · Zusätzlich zur Sekundärstruktur entstehen auch Bindungen zwischen Aminosäuren, die an weit entfernten Positionen der Primärstruktur liegen. So bildet sich die spezifische dreidimensionale Molekülstruktur aus. Hierdurch können Proteine Funktionen ausüben, die nur durch eine solche 3D-Struktur möglich sind. Ein Beispiel hierfür ist die Substrat-Spezifität von Enzymen im Sinne des Schlüssel-Schloss-Prinzips.

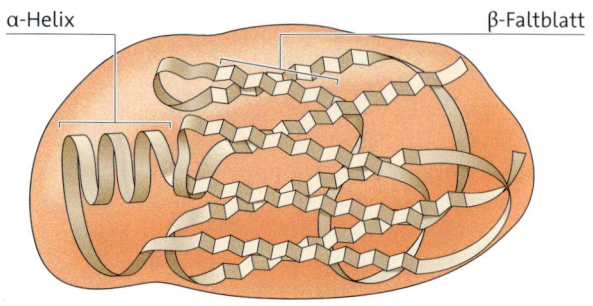

α-Helix   β-Faltblatt

05 Tertiärstruktur

Material A ▸ Tryptophansynthese

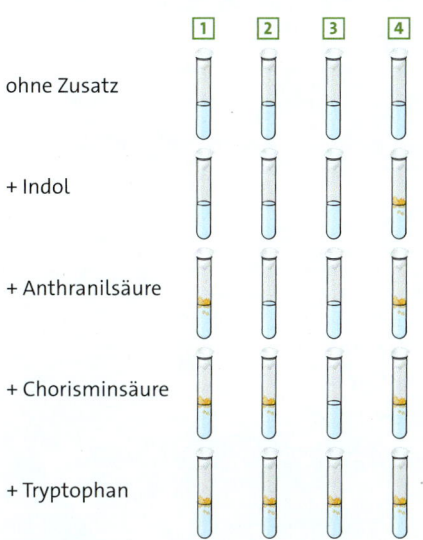

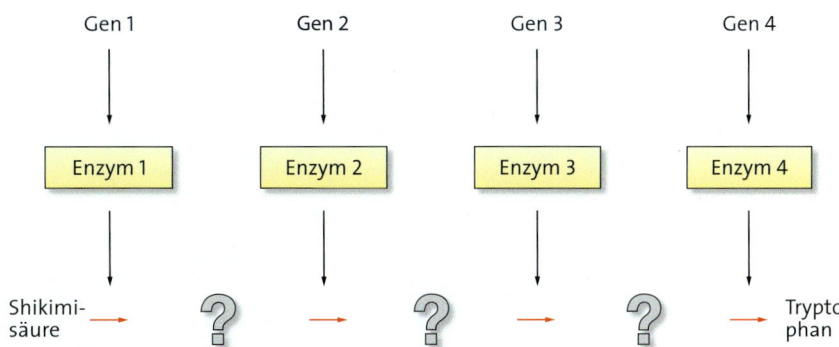

Tryptophan ist eine Aminosäure, die Organismen wie den Schimmelpilz *Neurospora* für ihren Stoffwechsel benötigen und selbst synthetisieren können. Hierdurch können die Pilze auch auf einem aminosäurefreien Minimalmedium wachsen. Vorstufe der Tryptophansynthese ist die Shikimisäure, die über drei Zwischenprodukte zu Tryptophan umgewandelt wird. Als Zwischenprodukte können die Anthranilsäure, Indol und Chorisminsäure

nachgewiesen werden. Somit sind vier Stoffumwandlungen und damit vier Enzyme an der Tryptophansynthese beteiligt.

Gemäß der Ein-Gen-ein-Enzym-Hypothese beeinflussen damit auch vier Gene den Syntheseweg. Um zu untersuchen, welcher Zusammenhang zwischen Genen und Enzymen besteht, wurden in einem Experiment von BEADLE und TATUM im Jahre 1940 Pilzzellen mit UV-Strahlung behandelt. Dies führte zu verschiedenen künstlich erzeugten Gendefekten. Um zu analysieren, über welche Enzyme die behandelten Pilzfäden verfügten, wurden Sporen der hieraus gewachsenen Pilze

jeweils auf vier verschiedenen Medien kultiviert. Diese Medien waren mit jeweils einem Zwischenprodukt des Synthesewegs angereichert. Dann wurde beobachtet, ob ein Pilzwachstum stattfand.

A1 Bestimmen Sie den Kontrollansatz im Experiment und begründen Sie dessen Notwendigkeit!

A2 Erstellen Sie eine Reihenfolge des Syntheseweges der Tryptophansynthese! Begründen Sie Ihr Ergebnis!

A3 Entscheiden und begründen Sie, inwieweit die Versuchsergebnisse die Ein-Gen-ein-Enzym-Hypothese bestätigen oder widerlegen!

Material B ▸ Polygenie

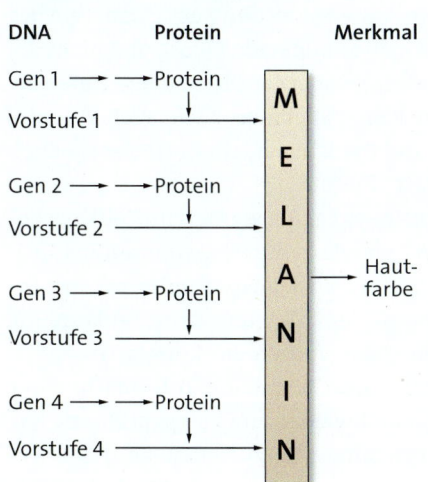

Viele Merkmale werden nicht durch ein einziges, sondern durch mehrere Gene bestimmt. Dazu gehört auch die Hautfarbe. Tatsächlich legen insgesamt vier Gene (Gen 1–4) mit jeweils zwei Genvarianten, zum Beispiel A und a, den genetischen Anteil der Hautfarbe fest. Dabei tragen die dominanten Genvarianten A, B, C und D jeweils den gleichen Beitrag zur Bildung des Hautfarbstoffes Melanin bei. Die rezessiven Genvarianten a, b, c und d leisten keinen Beitrag zur Hautfärbung.

B1 Beschreiben Sie den Weg von Gen 1 bis zum Merkmal Hautfärbung!

B2 Erklären Sie, bei welchem Genotyp es zur Ausprägung einer helleren Haut und bei welchem Genotyp es zur Ausprägung einer dunkleren Haut kommt!

B3 Geben Sie begründet an, welche Hautfarbe eine Person mit dem Genotyp Aa, Bb, Cc und Dd besitzt!

B4 Erläutern Sie, ob ein Paar, das selbst eine mittelbraune Hautfarbe hat, ein Kind mit deutlich dunklerer Hautfarbe bekommen kann!

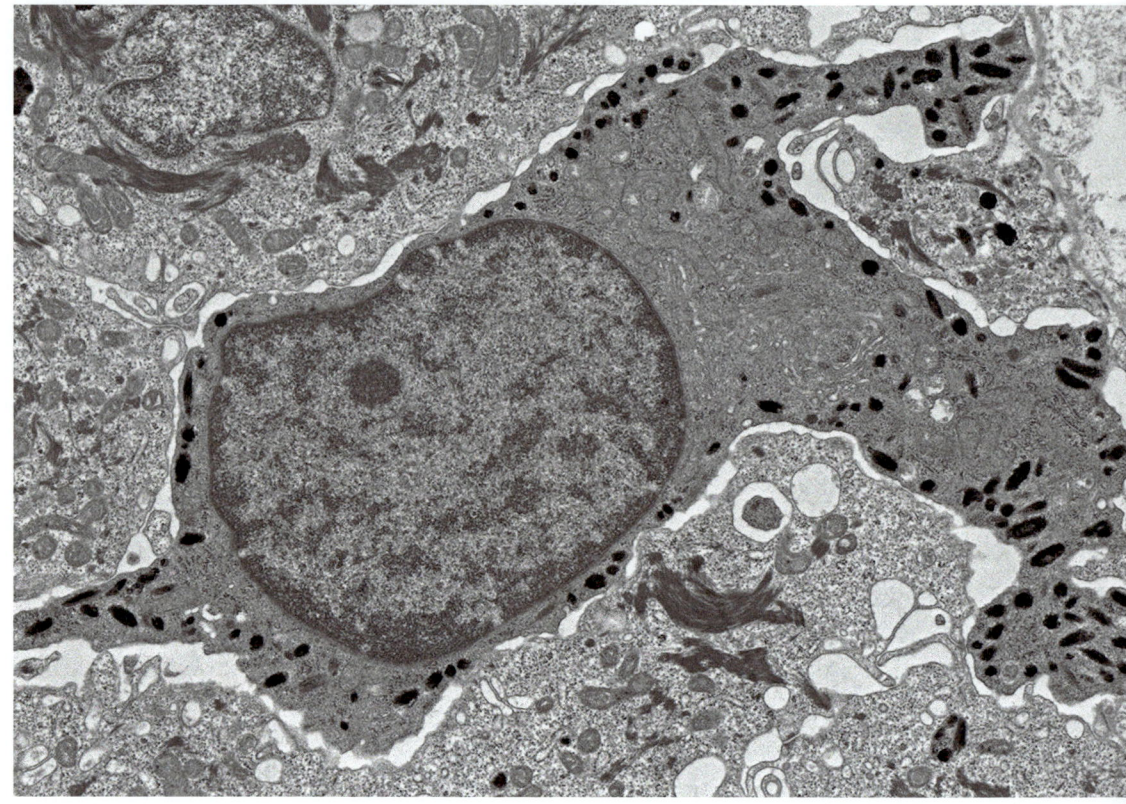

01 Melanozyt mit Zellkern und dunklen, melaningefüllten Vesikeln in den Zellfortsätzen

Transkription

DNA
Desoxyribose als
Zuckerkomponente

Basen:
Adenin
Cytosin
Guanin
Thymin

RNA
Ribose als
Zuckerkomponente

Basen:
Adenin
Cytosin
Guanin
Uracil

02 DNA und RNA im Vergleich

Melanozyten sind Zellen der menschlichen Haut, in denen Melanin gebildet wird. Das Melanin entsteht durch das Enzym Tyrosinase, das im Zellplasma gebildet, in Vesikeln angereichert und durch Licht aktiviert wird. Dort wandelt es die Vorstufe Tyrenosin zu Melanin um, dessen Menge den Bräunungsgrad der Haut bestimmt. Gemäß der Ein-Gen-ein-Polypeptid-Hypothese liefert ein bestimmter Abschnitt der DNA im Zellkern die Information für die Bildung des Enzyms. Enzyme werden jedoch im Zellplasma gebildet, während die DNA im Zellkern liegt. Wie gelangt die Information der DNA aus dem Zellkern ins Zellplasma?

MESSENGER-RNA · Die Übertragung der Informationen aus dem Zellkern in das Zellplasma erfolgt über Ribonukleinsäure-Moleküle, die als messenger-RNA oder kurz **mRNA** bezeichnet werden. Im Vergleich zur doppelsträngigen DNA sind RNA-Moleküle einsträngig. Da die beiden Stränge einer DNA aber jeweils komple-mentäre Basen aufweisen, kann in einem gleich langen RNA-Strang derselbe Umfang an Informationen gespeichert werden.

RNA-Moleküle sind in ihrem Aufbau einem DNA-Einzelstrang sehr ähnlich, weisen aber zwei Unterschiede auf. Den Zuckerbaustein der RNA-Nukleotide bildet die Ribose und nicht die Desoxyribose wie bei der DNA. Zudem treten als Basen in RNA-Molekülen zwar auch Adenin, Guanin und Cytosin auf, als vierte Base jedoch Uracil statt Thymin.

Diese mRNA-Moleküle werden im Zellkern gebildet und wandern durch Kernporen ins Zellplasma. Hierdurch transportieren sie die Informationen der DNA aus dem Zellkern ins Zellplasma, also von einem Kompartiment in das andere. Dort kann die Information der mRNA genutzt werden, um Polypeptide wie das Enzym Tyrosinase herzustellen. In die Wirkkette vom Gen zum Polypeptid tritt also mit der mRNA ein weiteres Molekül hinzu.

TRANSKRIPTION · Die Bildung der mRNA erfolgt dadurch, dass die Basenfolge der DNA in eine RNA-Basenfolge „umgeschrieben" wird. Dieser Prozess wird daher als **Transkription** bezeichnet. Er verläuft in seinen Grundzügen bei allen Zelltypen gleich, obwohl bei Prokaryoten keine räumliche Trennung zwischen DNA und Polypeptidbildung überbrückt werden muss. Trotz der Unterschiede zwischen Prokaryoten und Eukaryoten kann man daher die weitreichenden Gemeinsamkeiten als grundlegendes Ablaufmuster der Transkription verstehen. Dies lässt sich in drei Phasen untergliedern: **Initiation**, **Elongation** und **Termination**.

INITIATION · In dieser Startphase der Transkription bindet ein Enzymkomplex an die DNA, der die mRNA synthetisieren wird, die **RNA-Polymerase.** Dieser Komplex lagert sich hierbei stets an eine bestimmte Erkennungsregion der DNA an, an den **Promotor.** Durch diesen Promotor ist sichergestellt, dass der Ablesevorgang am Anfang des abzulesenden DNA-Abschnittes stattfindet. Der Promotor ist durch eine bestimmte Basensequenz gekennzeichnet, an die die RNA-Polymerase spezifisch bindet. Kommt es zu dieser Bindung, dann werden die komplementären DNA-Stränge durch die RNA-Polymerase in diesem Bereich voneinander getrennt.

ELONGATION · In dieser Phase findet die Synthese der mRNA statt. Hierbei lagern sich an einen der getrennten DNA-Stränge komplementäre RNA-Nukleotide an. Dieser DNA-Strang wird als **Matrizenstrang** oder **codogener Strang** bezeichnet. Sich komplementär anlagernde RNA-Nukleotide werden miteinander verbunden, sodass ein mRNA-Strang entsteht. Die RNA-Polymerase wandert dann entlang des Matrizenstranges und trennt in ihrer Laufrichtung die nachfolgenden DNA-Abschnitte voneinander, sodass sich weitere RNA-Nukleotide anlagern können. So wächst der mRNA-Strang weiter, das *RNA-Transkript* entsteht. Das Umschreiben der DNA-Information in die mRNA entsteht somit durch das komplementäre Anlagern von RNA-Nukleotiden an die DNA-Basensequenz. Dies ist der zentrale Transkriptionsmechanismus.

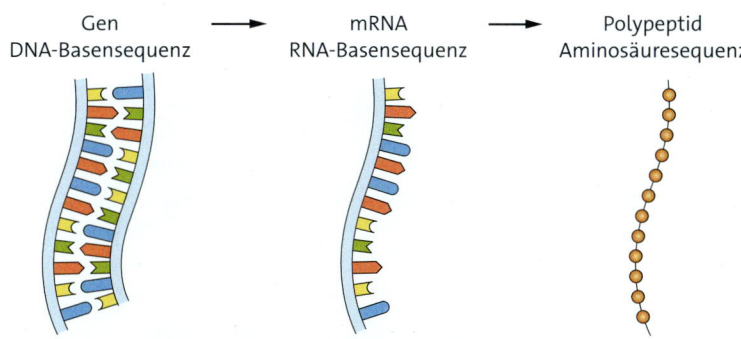

03 Wirkkette von der DNA über die mRNA zum Polypeptid

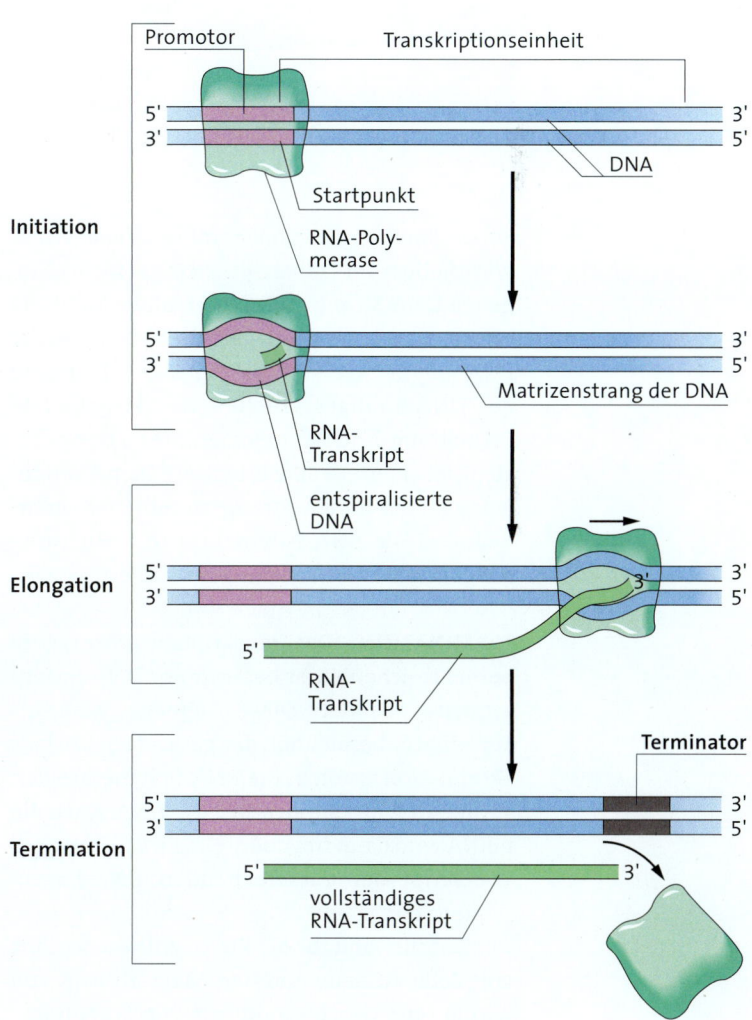

04 Schritte der Transkription

An der Rückseite der RNA-Polymerase trennt sich die RNA von der DNA und die DNA-Stränge schließen sich wieder. Zur gleichen Zeit liegen hierdurch etwa 15 DNA-Basenpaare voneinander getrennt vor.

lat. transcribere = umschreiben, überschreiben

nicht als Matrize
dienender Strang der DNA

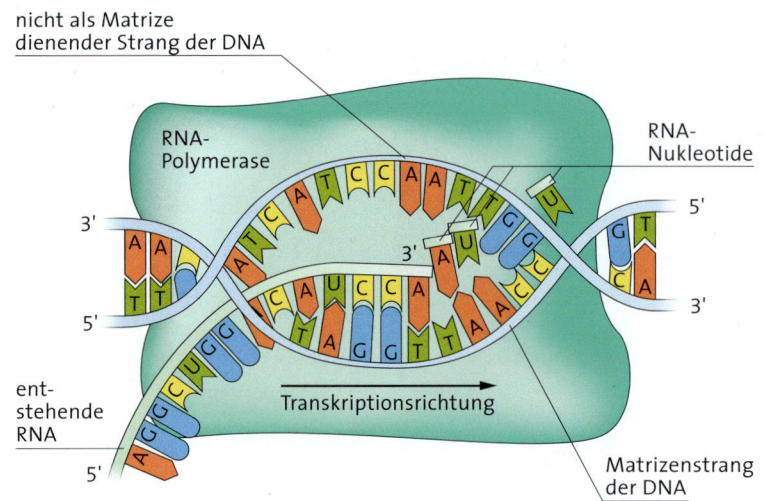

RNA-
Polymerase

RNA-
Nukleotide

3'

5'

3'

ent-
stehende
RNA

5'

Transkriptionsrichtung

Matrizenstrang
der DNA

05 Elongationsprozess (Schema)

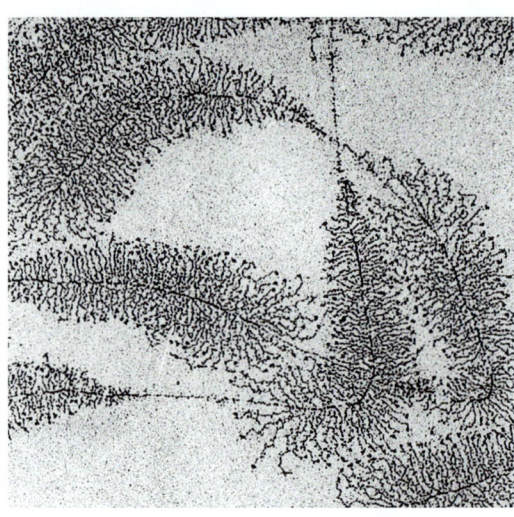

06 Parallele Transkriptionsprozesse an mehreren Abschnitten von DNA-Strängen, TEM-Aufnahme

Für die Eindeutigkeit von Erbinformationen ist es wichtig, dass der Transkriptionsprozess am codogenen DNA-Strang stets in derselben Richtung erfolgt. Dies ist dadurch gewährleistet, dass die RNA-Polymerase stets in der 3'→5'-Richtung des DNA-Stranges arbeitet. Da der gebildete RNA-Strang durch komplementäre Paarung entsteht, ist er antiparallel orientiert. Damit verlängert sich der mRNA-Strang an seinem 3'-Ende, während die RNA-Polymerase in 5'-Richtung des codogenen DNA-Stranges wandert.

TERMINATION · Der Transkriptionsprozess wird beim Erreichen einer bestimmter DNA-Basensequenz beendet. Diese Sequenz wird als **Terminator** bezeichnet, der gesamte Schritt als *Termination*. Erreicht die RNA-Polymerase den Terminator, löst sie sich von der DNA. Auch die mRNA wird dann frei und stellt ein vollständiges Transkript der entsprechenden DNA-Basensequenz dar.

Der Zeitaufwand für die RNA-Synthese variiert von Zelle zu Zelle. Bei dem Bakterium *E. coli* wurde eine Geschwindigkeit von 50 Nukleotiden pro Sekunde gemessen. Um die Gesamtleistung der Transkription bestimmen zu können, muss man jedoch beachten, dass entlang eines Gens gleichzeitig mehrere RNA-Polymerasen tätig sein können. Je weiter die Polymerase hierbei fortschreitet, umso länger ist der jeweils gebildete mRNA-Strang.

RNA-VIELFALT · Die RNA-Polymerase der Bakterien synthetisiert nicht nur mRNA-Moleküle, sondern auch weitere RNA-Formen wie die **tRNA** und **rRNA**. Diese Produkte der Transkription dienen nicht als Informationsmittler in der Wirkkette vom Gen zum Polypeptid, sondern erfüllen andere Aufgaben. Die ribosomale RNA bildet beispielsweise ein zentrales Element im Aufbau von Ribosomen.

Gene codieren damit nicht nur direkt für Polypeptide, sondern auch für andere Produkte. Daher hat man die Ein-Gen-ein-Polypeptid-Hypothese nochmals revidiert und spricht heute von der **Ein-Gen-ein-Transkriptionsprodukt-Hypothese.** Als Gene werden damit jene Abschnitte einer DNA-Basensequenz bezeichnet, die als Einheit transkribiert werden.

1 Stellen Sie den Prozess der Transkription als Fließschema dar!

2 Notieren Sie in der linken Spalte einer Tabelle alle beteiligten Komponenten der Transkription und erläutern Sie in der rechten Spalte deren jeweilige Bedeutung!

3 Erläutern Sie, wie es gelingt, dass beim Umschreiben der DNA in eine RNA keine Informationen verloren gehen!

Material A ▸ Operon-Modell der Genregulation bei Prokaryoten

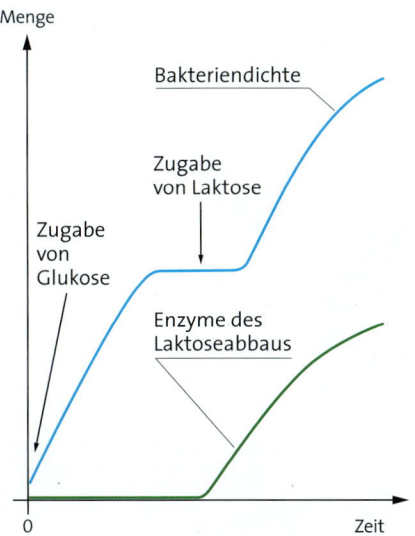

Menge

Bakteriendichte

Zugabe von Laktose

Zugabe von Glukose

Enzyme des Laktoseabbaus

0   Zeit

E.-coli-Bakterien benötigen für ihren Energiestoffwechsel Glukose. Steht anstelle der Glukose das Disaccharid Laktose zur Verfügung, können die Bakterien diese Lactose mithilfe von entsprechenden Enzymen abbauen und nutzen.

In einem bekannten Experiment wurden einer *E.-coli*-Kultur zunächst Glukose und dann später Laktose zugefügt. Im Diagramm sind die Entwicklung der Bakteriendichte in der Kultur sowie die Menge der Enzyme in den Bakterien zum Laktoseabbau über die Versuchszeit dargestellt.

Der DNA-Abschnitt, der die Enzyme zum Laktoseabbau codiert, umfasst außer dem Promotor als Startpunkt für die RNA-Polymerase weitere DNA-Abschnitte, die als Regulatorgen und Operator bezeichnet werden. Neben dem Operator liegen die Strukturgene, die die Basensequenz zur Codierung der Enzyme enthalten. Das Regulatorgen und der Operator bilden die Abschnitte der DNA, durch die die Synthese der Enzyme reguliert wird. Das Regulatorgen codiert hierbei für ein Polypeptid, das als Repressor bezeichnet wird. Der Repressor kann in aktiver oder inaktiver Form vorliegen.

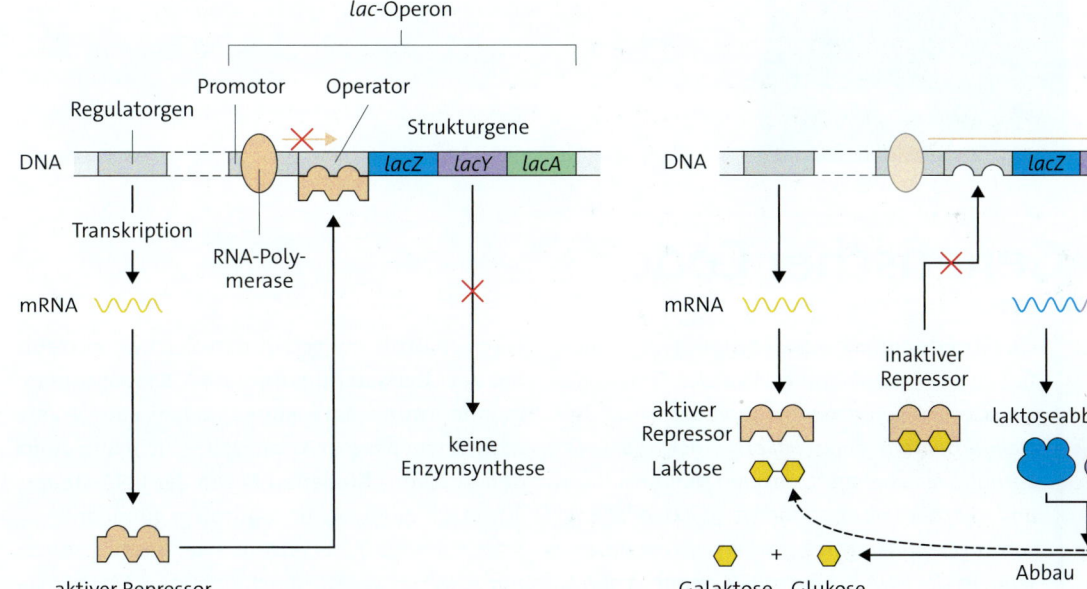

lac-Operon

A1 Teilen Sie das Diagramm in Phasen ein!

A2 Beschreiben Sie das Diagramm mit Bezug zu den Phasen!

A3 Deuten Sie die beschriebenen Daten aus dem Diagramm bezüglich eines Zusammenhangs zwischen Laktoseangebot und Enzymmenge sowie bezüglich der Bakteriendichte!

A4 Die Abbildungen A und B zeigen das lac-Operon-Modell in zwei verschiedenen Zuständen. Vergleichen Sie diese Zustände, indem Sie eine dreispaltige Tabelle anlegen! Notieren Sie in der linken Spalte die Strukturen des Prozesses (Regulatorgen, Promotor, Operator, Strukturgene, Repressor und RNA-Polymerase)! Charakterisieren Sie in den beiden anderen Spalten

die jeweiligen Zustände dieser Strukturen, zum Beispiel aktiv oder inaktiv, und ihre Funktion, zum Beispiel codiert für das Repressorprotein!

A5 Stellen Sie einen Zusammenhang zwischen dem Diagramm und dem Operon-Modell her, indem Sie die Modellvarianten A und B den passenden Phasen des Diagramms begründet zuordnen!

01 Der Barcode speichert sämtliche Informationen und wird elektronisch weiterverarbeitet

Genetischer Code

Ein Barcode enthält ganz bestimmte Informationen über ein Produkt. Wird der Strichcode eingescannt, liefert dieser beispielsweise die Zustellungsdetails eines Pakets. Auch die DNA enthält kleinstgepackt unsere Erbinformation und stellt alle Informationen für die Herstellung von Polypeptiden bereit. Dabei wird die Basensequenz der DNA in eine mRNA-Sequenz durch komplementäre Basenpaarung übertragen. Wie wird aber die Information der mRNA-Basensequenz in die Aminosäuresequenz der Polypeptide übersetzt?

TRIPLETT-CODE · Um Informationen von einem Informationsträger zu einem anderen übertragen zu können, benötigt man einen Übersetzungscode. Dieser Code ist für die Transkription der DNA in eine mRNA besonders einfach, da für je ein DNA-Nukleotid ein RNA-Nukleotid gemäß Basenpaarung zur Verfügung steht. Es existieren jeweils vier verschiedene Basen, sodass ein

1:1-Verhältnis zwischen den Zeichen besteht. Bei der Übersetzung einer RNA-Basensequenz in eine Aminosäuresequenz reicht ein 1:1-Verhältnis von Base zu Aminosäure nicht aus, denn den vier verschiedenen Basen der RNA stehen 20 verschiedene Aminosäuren gegenüber. Auch Einheiten aus jeweils zwei Basen können nur 16 verschiedene Zeichen bilden. Mathematisch lässt sich dies durch $4^2 = 16$ berechnen. Erst mit einer Informationseinheit aus drei Basen, einem **Basentriplett,** entstehen mit $4^3 = 64$ so viele Zeichenvarianten, dass alle 20 Aminosäuren eindeutig codiert werden können. Diese theoretischen Überlegungen, die durch empirische Analysen bestätigt wurden, stellte der Biologe Sydney BRENNER an und erhielt 2002 den Nobelpreis für Medizin. Der entsprechende Code, bei dem jeweils drei Basen der mRNA für eine Aminosäure des Polypeptids codieren, wird als *Triplett-Code* bezeichnet. Ein einzelnes Triplett wird auch Codon genannt.

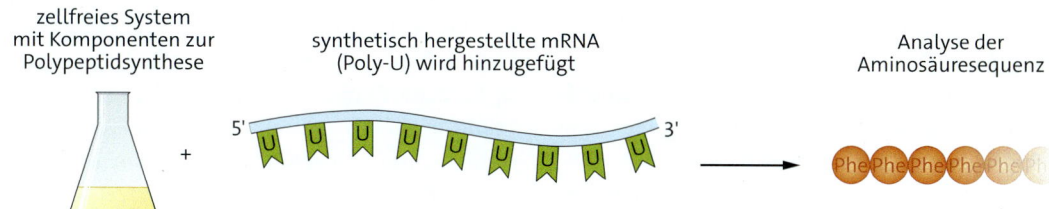

zellfreies System
mit Komponenten zur
Polypeptidsynthese

synthetisch hergestellte mRNA
(Poly-U) wird hinzugefügt

Analyse der
Aminosäuresequenz

Phe = Phenylalanin

02 Poly-U-Experiment von MATTHAEI und NIRENBERG

DECHIFFRIERUNG DES CODES · Die Tatsache, dass Aminosäuren durch Basentripletts bestimmt werden, beantwortet noch nicht die Frage, welche Aminosäure genau durch welches Triplett codiert wird. Diese Dechiffrierung des genetischen Codes erfolgte durch mehrere Experimente unterschiedlicher Forschungsgruppen. Die wesentliche Forschungsstrategie bestand darin, künstliche mRNA-Moleküle mit bekannter Basensequenz herzustellen, um die daraus resultierende Aminosäuresequenz zu analysieren. Die synthetisch hergestellten mRNA-Moleküle überführten die Forschungsteams hierzu in *zellfreie Systeme,* in denen alle Komponenten des Zellplasmas zur Polypeptidsynthese vorhanden waren.

Zuerst testeten die amerikanischen Biochemiker Heinrich MATTHAEI und Marshall NIRENBERG mRNA-Moleküle, die nur aus einem einzigen Basentyp aufgebaut waren. Verwendeten sie mRNA-Moleküle bestehend aus Uracil-Basen, erhielten sie Aminosäureketten mit ausschließlich Phenylalanin. Mit diesem Poly-U-Experiment war erwiesen, dass das Basentriplett UUU für die Aminosäure Phenylalanin codierte. Dies war der erste Schritt in die Dechiffrierung des genetischen Codes.

Eine Forschungsgruppe um Gobind KHORANA synthetisierte dann weitere mRNA-Moleküle, die zum Beispiel aus zwei oder drei Basenabschnitten mit regelmäßiger Wiederholung bestanden. Die Dinukleotid-Experimente mit mRNA-Molekülen aus zwei sich regelmäßig wiederholenden Basen brachten stets zwei verschiedene Aminosäuren hervor. Dies lässt sich dadurch erklären, dass bei regelmäßigem Wechsel zweier RNA-Basen zwei Triplettvarianten möglich sind. Im Poly-UG-Experiment sind dies beispielsweise die Tripletts UGU oder GUG. Diese Tripletts führen zur Bildung von Peptiden mit Cystein und Valin. Jeweils eines dieser Tripletts codiert also für eine dieser beiden Aminosäuren.

Durch weitere Experimente mit anderen Basenvarianten entschlüsselte man schließlich den gesamten genetischen Code.

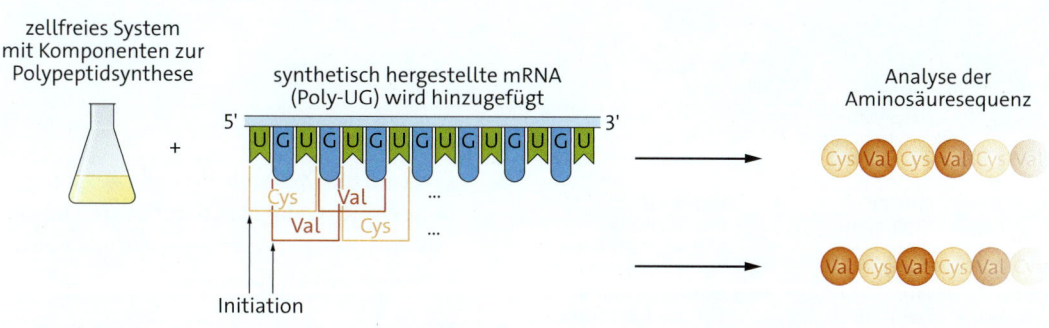

zellfreies System
mit Komponenten zur
Polypeptidsynthese

synthetisch hergestellte mRNA
(Poly-UG) wird hinzugefügt

Analyse der
Aminosäuresequenz

Initiation

Cys = Cystein
Val = Valin

03 Dinukleotid-Experiment von KHORANA und Kollegen

Die Gesamtheit aller Zuordnungen zwischen den Basentripletts und den Aminosäuren werden in der **Codesonne** dargestellt. Eine Zuordnung lässt sich ablesen, indem man von der Mitte nach außen gehend die drei Basen anordnet, um schließlich im äußeren Ring die zugehörige Aminosäure zu identifizieren.

Die Codesonne zeigt, dass mehrere Basentripletts für dieselbe Aminosäure codieren können. Dies entspricht der Tatsache, dass der Triplett-Code mit 64 Varianten mehr als 20 Aminosäuren codieren könnte. Durch Mehrfachzuordnungen der Tripletts wird diese Differenz ausgeglichen, sodass jedes Triplett eindeutig zugeordnet werden kann.

Zudem zeigt sich, dass durch Tripletts auch Startsignale oder Stoppsignale codiert sein können. Diese spielen eine wichtige Rolle bei der Herstellung der Polypeptide auf der Grundlage der mRNA-Basensequenz.

WEITERE EIGENSCHAFTEN DES CODES · Alle Basentripletts können über die Codesonne **eindeutig** zugeordnet werden. Zudem zeigt der Triplett-Code weitere Eigenschaften, die wichtig für seine Funktionsweise sind. So werden die Tripletts stets in direkter Abfolge übersetzt, sodass keine Ableselücken entstehen. Man bezeichnet den Code daher als **kommafrei.** Außerdem gibt es auch keine Basen, die gleichzeitig zu zwei benachbarten Tripletts gehören. Tripletts sind **überlappungsfrei.** Durch diese Eigenschaften ist gesichert, dass eine mRNA-Basensequenz stets zuverlässig in dieselbe Aminosäuresequenz übersetzt wird.

Eine Eigenschaft des genetischen Codes ist besonders bedeutsam: Er gilt mit wenigen Ausnahmen für alle Lebewesen vom Bakterium zum Menschen und ist damit **universell.** Dies ist ein wichtiges Indiz dafür, dass alle Lebewesen, die es heute gibt, auf einen einzigen ursprünglichen Vorfahren zurückgehen, einen einfachen Einzeller mit Triplett-Code.

Die Universalität des genetischen Codes ermöglicht zudem, verschiedene Organismen auf allen Ebenen der Wirkkette von der DNA über die mRNA bis zur Aminosäuresequenz des Polypeptids miteinander vergleichen zu können. Dies bietet beispielsweise wichtige Einblicke in die stammesgeschichtliche Verwandtschaft zwischen verschiedenen Arten.

Gleichzeitig ermöglicht es, Gene von einem Organismus in einen anderen zu übertragen. So kann heute beispielsweise das menschliche Insulin für Diabetiker von Bakterien hergestellt werden, auf die das entsprechende Gen eines Menschen übertragen wurde.

▶ Start
⛔ Stopp

Aminosäuren

Gly = Glycin	Tyr = Tyrosin	Leu = Leucin
Val = Valin	Asp = Asparagin-säure	Pro = Prolin
Ile = Isoleucin		Met = Methionin
Phe = Phenyl-alanin	Glu = Glutamin-säure	Thr = Threonin
		Gln = Glutamin
Cys = Cystein	Lys = Lysin	Trp = Tryptophan
Ser = Serin	His = Histidin	Arg = Arginin
Asn = Asparagin	Ala = Alanin	

04 Codesonne

1 ⌡ Erklären Sie, weshalb ein Code aus Einheiten mit zwei Basen nicht ausreicht, um die Informationen zum Aufbau von Polypeptiden zu speichern!

2 ⌡ Nennen Sie Merkmale des genetischen Codes und erklären Sie die Bedeutung dieser Merkmale!

Material A ▸ Trinukleotid-Experimente

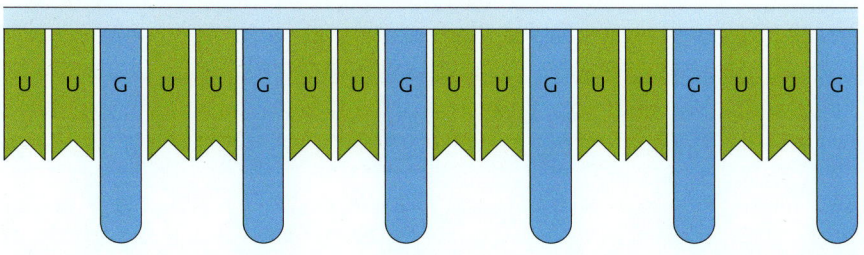

Zur Aufklärung des genetischen Codes führten KHORANA und Kollegen auch Experimente durch, in denen die künstlich hergestellte mRNA aus Wiederholungen eines Trinukleotids wie UUG bestand.

A1 Nennen Sie für die gezeigte Trinukleotid-RNA die möglichen Tripletts!

A2 Bestimmen Sie die Aminosäuresequenzen, die hier je nach Leseraster im zellfreien System entstehen können!

A3 Bestimmen Sie entsprechend die möglichen Tripletts und Aminosäuresequenzen der Peptide für das Tetranukleotid UAUC!

Material B ▸ Codesonne

In der Codesonne ist angegeben, welches Basentriplett der RNA welche Aminosäure codiert. Die Leserichtung ist immer von innen nach außen. Das Basentriplett AUG codiert demnach die Aminosäure Methionin.

B1 Nennen Sie alle möglichen Basentripletts der RNA für die Aminosäure Leucin!

B2 Übersetzen Sie die mRNA-Sequenz AUG GUA AAG CCA AGA CAC UGA sowohl in die DNA als auch in die Aminosäuresequenz!

Material C ▸ Das genetische Alphabet

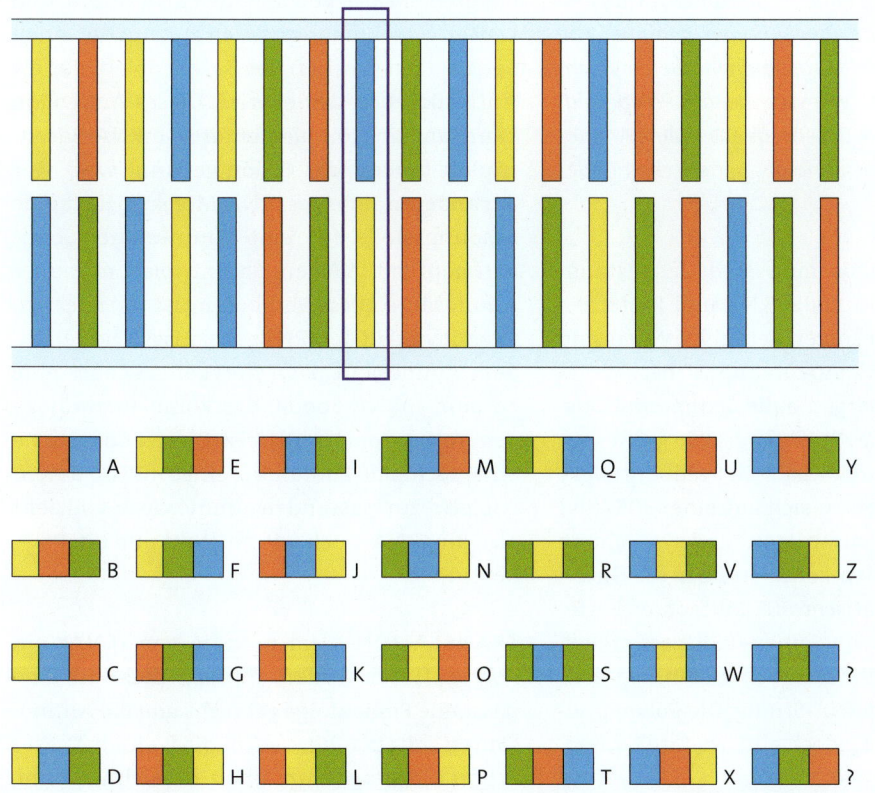

Die Art der Codierung lässt sich modellhaft auch auf die Buchstabenschrift anwenden.

C1 Übersetzen Sie die als DNA codierte Information!

C2 Zwei Tripletts zeigen keine Zuordnung zu einem Buchstaben. Stellen Sie Vermutungen an, welche Funktion diese besitzen könnten!

C3 Nennen Sie die Strukturen, die bei der Proteinbiosynthese den Buchstaben und dem ganzen Wort entsprechen!

C4 Beschreiben Sie die Folgen, wenn der lila gekennzeichnete Teil der DNA verloren geht! Übersetzen Sie auch diese Information!

C5 Zeichnen Sie ein weiteres denkbares Farbentriplett für den Buchstaben E!

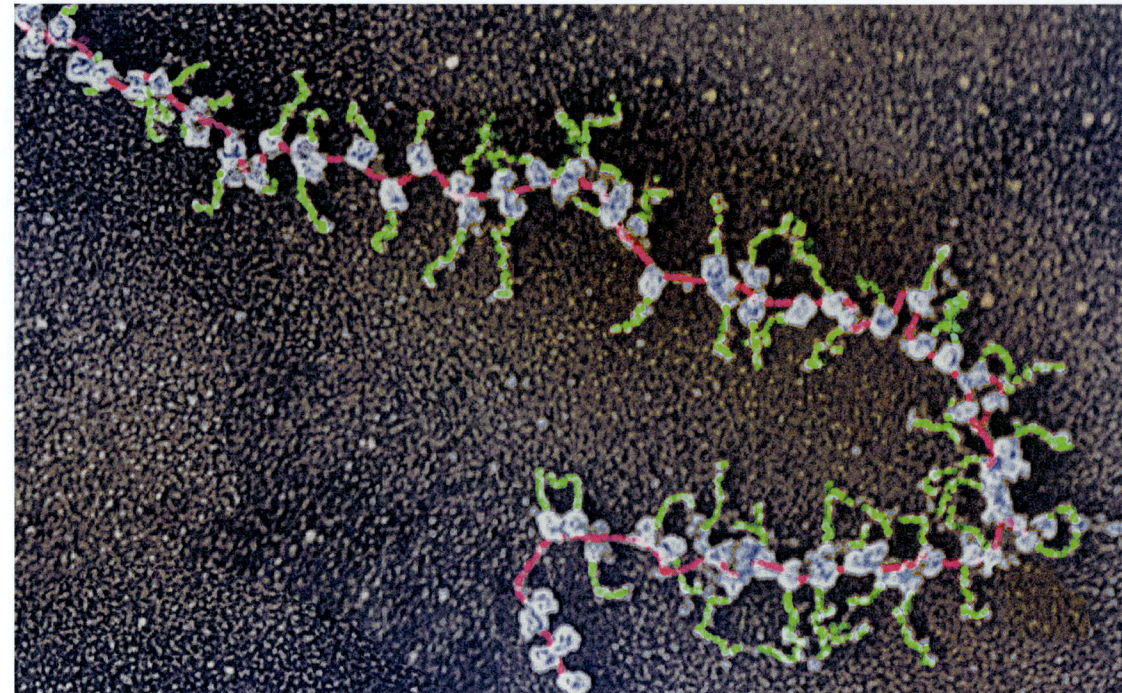

01 Polypeptid-synthese an einem mRNA-Strang mit Ribosomen, REM-Aufnahme

Translation

lat. translatio = übertragen

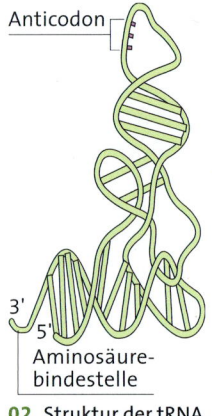

Anticodon

3'
5'
Aminosäure-bindestelle

02 Struktur der tRNA mit Anticodon und Bindungsstelle für eine Aminosäure

> *Wandert ein mRNA-Strang aus dem Zellkern ins Zellplasma, dann binden Ribosomen an ihn und die Synthese von Polypeptiden beginnt. Wie treten mRNA und Ribosomen hierbei in Wechselwirkung? Und wie wird bei der Polypeptidsynthese die RNA-Basensequenz in eine Aminosäuresequenz im Sinne des genetischen Codes übersetzt?*

RIBOSOMEN · Ribosomen sind Zellbestandteile, die aus ribosomaler RNA und Proteinen bestehen. Die Ribosomen der Prokaryoten sind 70S-Ribosomen. Die Abkürzung „S" bezeichnet die Einheit **Svedberg,** die die Sedimentationseigenschaften eines Stoffes misst. Je größer ein Stoff ist, um so größer ist sein Svedberg-Wert. 70S-Ribosomen setzen sich aus einer 30S- und 50S-Untereinheit zusammen. Sind sie nicht an die mRNA gebunden, zerfallen sie in die Untereinheiten. Eukaryotische 80S-Ribosomen bestehen aus einer 50S- und einer 40S-Untereinheit. Sind beide Untereinheiten verbunden, liegt zwischen ihnen der mRNA-Strang. Die Polypeptidsynthese erfordert jedoch eine weitere Komponente, die **tRNA.**

TRANSFER-RNA · tRNA-Moleküle bestehen aus einem mehrfach gewundenen RNA-Strang und weisen zwei Bindungsstellen auf. Auf der einen Seite tragen sie ein freies Basentriplett, das als **Anticodon** bezeichnet wird. Dieses Anticodon kann an ein komplementäres mRNA-Basentriplett binden, das **Codon** genannt wird. Auf der anderen Seite des tRNA-Moleküls liegt eine Bindungsstelle für eine Aminosäure. Somit verknüpfen tRNAs ein Basentriplett mit einer Aminosäure. Diese Verbindung ist trotz der Anticodonvielfalt der tRNAs spezifisch. Die gebundene Aminosäure passt stets gemäß Codesonne zu dem mRNA-Codon, das komplementär zu dem Anticodon der tRNA ist. Die der Codesonne entsprechende Zuordnung eines mRNA-Basentripletts zur passenden Aminosäure vollzieht also die tRNA. Doch wie entsteht nun ein Polypeptid?

TRANSLATION · Um mithilfe von tRNAs ein Polypeptid zu bilden, müssen diese in eine passende Reihenfolge gebracht und die Aminosäuren miteinander verknüpft werden. Dieser Prozess, der als *Translation* bezeichnet wird, vollzieht sich an Ribosomen, die an eine mRNA gebunden sind. Analog zur Transkription werden hierbei die Teilschritte **Initiation, Elongation** und **Termination** unterschieden.

INITIATION · Im ersten Schritt der Translation bildet sich der **Translationskomplex** aus mRNA, tRNA und Ribosom. Zunächst bindet eine kleine Ribosomen-Untereinheit an einen mRNA-Strang in der Nähe eines Startcodons. An dieses Startcodon lagert sich eine tRNA mit dem passenden Anticodon an. Die Aminosäure Methionin, mit der diese erste tRNA stets beladen ist, wird nun durch ein Enzym chemisch verändert und als Start-Methionin markiert. Danach bindet eine große Untereinheit des Ribosoms. Diese weist drei Bindungsstellen für tRNAs auf. Die Start-tRNA liegt hierbei in der zweiten Bindungsstelle des Ribosoms. Der gesamte Initiationsprozess wird durch weitere Moleküle unterstützt, die als **Initiationsfaktoren** bezeichnet werden.

ELONGATION · In der Elongationsphase findet die eigentliche Peptidsynthese statt. Hierzu bindet an die erste Bindungsstelle des Ribosoms eine weitere tRNA, dessen Anticodon zum Codon des dortigen mRNA-Tripletts passt. Nun katalysiert das Ribosom zwei Reaktionsschritte.

Zunächst wird die Aminosäure von der tRNA an der mittleren Position 2 gelöst und dann an die Aminosäure der benachbarten tRNA in Position 1 gebunden. Es entsteht eine Dipeptid. Die tRNA in Position 2 ist nun unbeladen, wandert zu Position 3 und löst sich aus dem Komplex. Wird Position 2 frei, wechselt die tRNA mit dem angehängten Dipeptid aus Position 1 an diese Stelle. Nun bindet erneut eine beladene tRNA an Position 1. Das Dipeptid der vorhandenen tRNA an Position 2 wird gelöst und an die Aminosäure von Position 1 gebunden, sodass ein Tripeptid entsteht. Beide tRNAs wandern eine Position weiter und der Vorgang startet erneut durch Ablösung der ungeladenen tRNA aus Bindungsstelle 3 und Bindung einer neuen tRNA an Position 1. So wird die Peptidkette immer länger, sodass Polypeptide aus vielen Aminosäurenbausteinen entstehen.

TERMINATION · Gelangt schließlich ein Stoppcodon an Bindungsstelle 1, kann dort keine tRNA binden, da es keine entsprechenden tRNAs gibt. Unterstützt durch weitere Moleküle, die als **Terminationsfaktoren** bezeichnet werden, bricht die Translation nun ab. Das Polypeptid wird von der tRNA an Position 2 abgelöst und bildet seine charakteristische Sekundär-

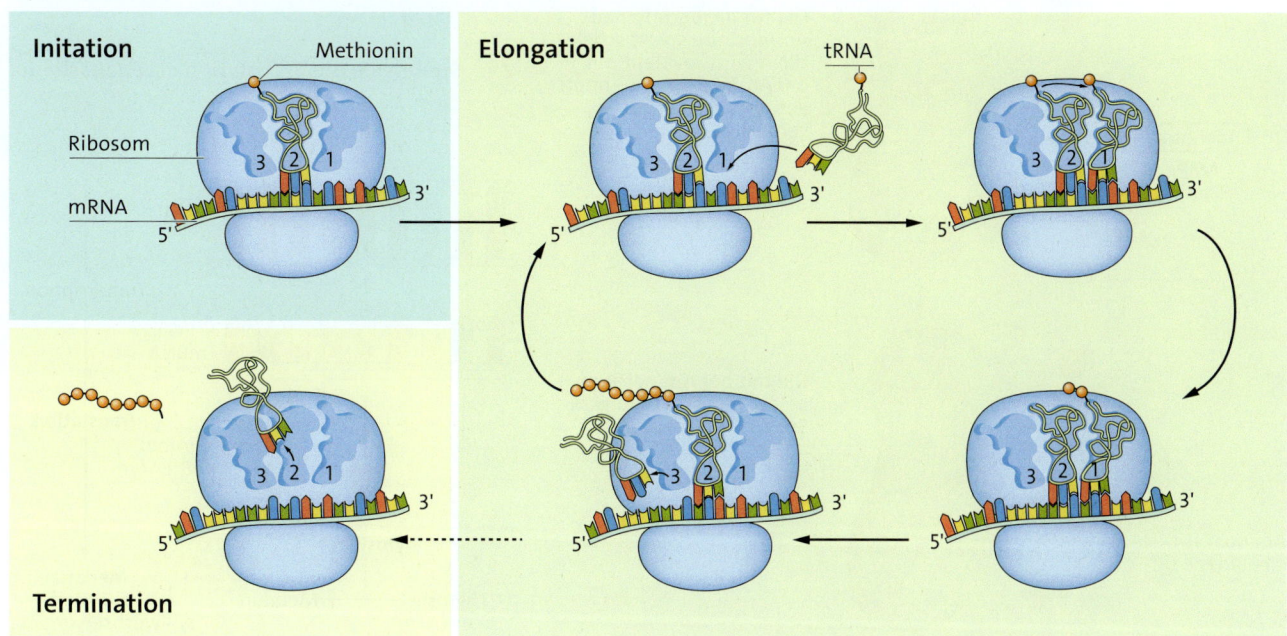

struktur und Tertiärstruktur aus. Vor dieser Reifung des Proteins wird das Start-Methionin am Amino-Ende des Peptids entfernt. Dies ist nun überflüssig, da es nicht zur Primärstruktur des neuen Peptids gehört.

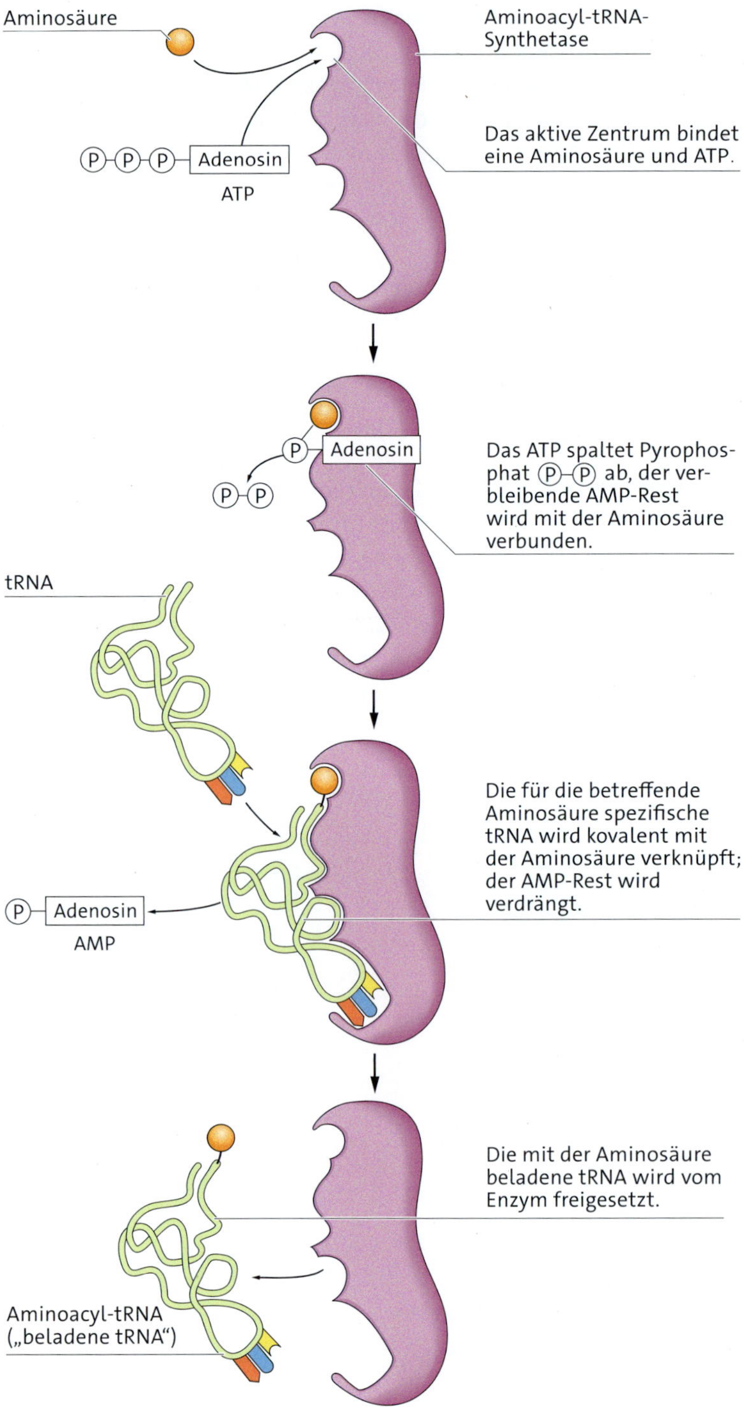

BELADUNG DER TRANSFER-RNA · Für jede der 20 verschiedenen Aminosäuren gibt es ein spezifisches tRNA-Molekül, das nur diese Aminosäure binden kann. Diese Spezifität wird durch das Enzym Aminoacyl-tRNA-Synthetase gewährleistet, von dem es ebenfalls 20 passende Varianten gibt, für jede Aminosäure ein spezifisches Enzym.

Vor dem Beladen der tRNA bindet eine Aminoacyl-tRNA-Synthetase eine passende Aminosäure und verknüpft diese mit einem AMP-Rest. Lagert sich nun eine wiederum passende tRNA an das Enzym, wird die Aminosäure auf dessen freie Bindungsstelle übertragen. Hierbei wird das AMP wieder frei.

PROTEINBIOSYNTHESE · Die Translation bildet den letzten Teilschritt von der DNA zur Protein oder Polypeptid. Die Teilschritte Transkription und Translation werden zusammen als Proteinbiosynthese bezeichnet. Dieser Prozess bringt die Vielfalt der Proteine in Zellen hervor, die als Enzyme oder direkt als Proteine die Ausbildung von Merkmalen bedingen. Meist besteht über die Hälfte der Trockenmasse von Zellen aus Proteinen, was deren große Bedeutung für alle zellulären Lebensvorgänge unterstreicht.

1 ⌡ Erläutern Sie die Bedeutung der tRNA als „Übersetzer"!

2 ⌡ Stellen Sie die Translation als Fließschema dar!

Figur 04 (linke Spalte)

Aminosäure

Aminoacyl-tRNA-Synthetase

Das aktive Zentrum bindet eine Aminosäure und ATP.

P—P—P—Adenosin
ATP

Das ATP spaltet Pyrophosphat P—P ab, der verbleibende AMP-Rest wird mit der Aminosäure verbunden.

P—Adenosin
P—P

tRNA

Die für die betreffende Aminosäure spezifische tRNA wird kovalent mit der Aminosäure verknüpft; der AMP-Rest wird verdrängt.

P—Adenosin
AMP

Die mit der Aminosäure beladene tRNA wird vom Enzym freigesetzt.

Aminoacyl-tRNA („beladene tRNA")

04 Beladung der tRNA

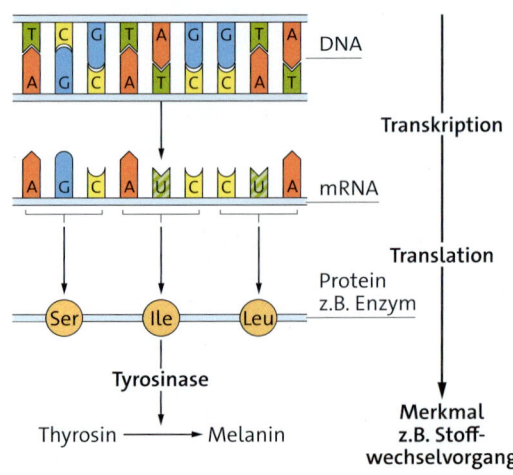

05 Proteinbiosynthese im Überblick

DNA

Transkription

mRNA

Translation

Protein z.B. Enzym

Ser   Ile   Leu

Tyrosinase

Thyrosin ⟶ Melanin

Merkmal z.B. Stoffwechselvorgang

Material A ▸ Proteinbiosynthese

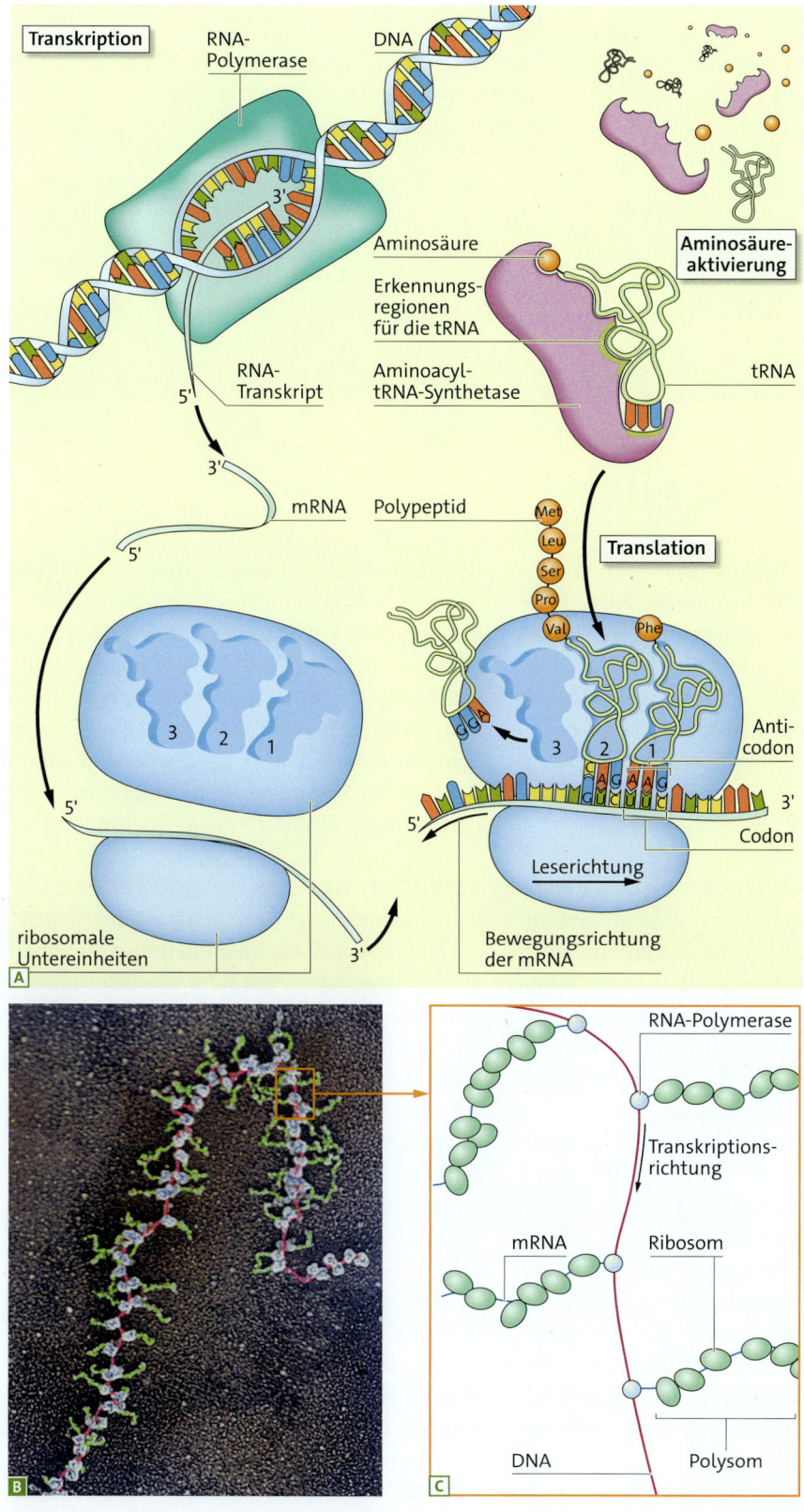

A

Transkription · RNA-Polymerase · DNA · Aminosäure-aktivierung · Aminosäure · Erkennungsregionen für die tRNA · Aminoacyl-tRNA-Synthetase · tRNA · RNA-Transkript · mRNA · Polypeptid · Met · Leu · Ser · Pro · Val · Phe · Translation · Anticodon · Codon · Leserichtung · Bewegungsrichtung der mRNA · ribosomale Untereinheiten

B · **C**

RNA-Polymerase · Transkriptionsrichtung · mRNA · Ribosom · DNA · Polysom

A1 Tragen Sie alle Komponenten der Proteinbiosynthese in die linke Spalte einer zweispaltigen Tabelle ein und beschreiben Sie in der rechten Spalte die jeweilige Funktion der Komponenten!

A2 Entscheiden Sie, ob die genannten Alltagsgegenstände eine Ähnlichkeit mit einer der Komponenten der Proteinbiosynthese aufweisen: Backofen, Fotokopierer, Hefter, Autowaschstraße, Backofen, Drehtür, Paketbote, Telefonbuch! Erläutern Sie die entsprechenden Analogien!

A3 Vergleichen Sie Abbildung A mit dem Originalfoto B der Proteinbiosynthese und der passenden Schemazeichnung C! Diskutieren Sie Abbildung A auf dieser Grundlage kritisch!

A4 Entscheiden und begründen Sie, ob das Originalfoto von einer pro- oder eukaryotischen Zelle stammt!

A5 Entscheiden und begründen Sie, welche Teilaspekte der Proteinbiosynthese den folgenden Basiskonzepten zugeordnet werden können:
- Variabilität und Angepasstheit;
- Information und Kommunikation;
- Stoff- und Energieumwandlung!

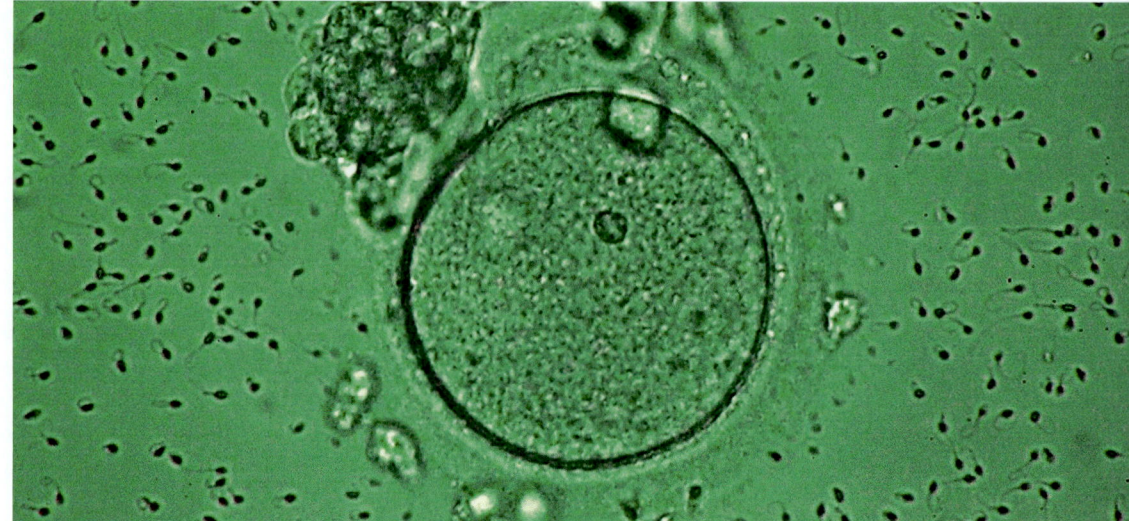

01 Zusammentreffen von Spermienzellen und Eizelle (Lichtmikroskopische Aufnahme)

Geschlechtszellen

Winzige Spermienzellen schwimmen um eine Eizelle und bewegen sich auf sie zu. Mithilfe chemischer Signale haben sich die Geschlechtszellen gefunden. Nach dem Eindringen einer der Spermienzellen wird die Eizelle befruchtet. Die Entwicklung eines neuen Menschen kann beginnen. Wie sind diese besonderen Zellen, die die sexuelle Fortpflanzung ermöglichen, gebaut und wie werden sie gebildet?

EIZELLE UND SPERMIENZELLE · Die Geschlechtszellen, auch Gameten genannt, sind spezialisierte Zellen, die ganz besondere Merkmale aufweisen. Sie entwickeln sich in speziellen Teilen der Geschlechtsorgane, den Geschlechtsdrüsen. Die Frau bildet Eizellen, der Mann Spermienzellen. Eizellen werden in den Eierstöcken gebildet und Spermienzellen im Hoden.

Bereits bei der Betrachtung mit dem Lichtmikroskop fallen reife menschliche Eizellen durch ihre besondere Größe von etwa 120 bis 200 Mikrometern auf. Die Eizelle wird so groß, weil sie im Laufe ihrer Entwicklung viele Nährstoffe aus den umgebenden Hilfszellen, den *Follikelzellen*, aufnimmt. Diese Nährstoffe dienen als Reservestoffe für die ersten Entwicklungsschritte des Embryos. Sie werden als *Dotter* bezeichnet.

Die Spermienzellen sind mit einer Gesamtlänge von 60 Mikrometern deutlich kleiner. Sie haben einen zu ihrer Funktion passenden Bau: Der nur

fünf Mikrometer große *Kopfteil* enthält den Zellkern, wenig Zellplasma und das *Akrosom*, das dem Zellkern wie eine Kappe aufliegt und Enzyme enthält. Im *Mittelteil* befinden sich viele Mitochondrien. Sie stellen die Energie für die Fortbewegung bereit. Die Fortbewegung ermöglicht der *Schwanzfaden*, auch Geißel genannt. Der Bau der Spermienzellen ermöglicht es ihnen, aktiv auf die Eizelle zuzuschwimmen.

BEFRUCHTUNG · Die menschliche Eizelle ist von einer durchsichtigen, schützenden Schicht, der *Eihülle*, umgeben. An ihr befinden sich Spermienzellrezeptoren. Die Spermienzellen binden dort und das Akrosom setzt eiweißspaltende Enzyme frei, sodass die Eihülle durchdrungen werden kann. Gelangt eine Spermienzelle bis zur Eizellmembran, fusionieren die beiden Zellmembranen zu einer Befruchtungsmembran. Dadurch können keine weiteren Spermienzellen die Eizellmembran durchdringen. So wird gewährleistet, dass immer nur eine Spermienzelle mit der Eizelle verschmilzt. Der Zellkern der Spermienzelle, in dieser Phase als männlicher Vorkern bezeichnet, gelangt in das Zytoplasma der weiblichen Eizelle und wandert auf den Zellkern der Eizelle, den weiblichen Vorkern, zu. Die Inhalte der beiden Vorkerne, ihre Chromosomen, vermischen sich. Die Eizelle ist befruchtet. Bei der **sexuellen Fortpflanzung**

wird somit mütterliches und väterliches genetisches Material neu kombiniert.

CHROMOSOMENSATZ DER GESCHLECHTSZELLEN

Mitte des 19. Jahrhunderts konnten Biologen erstmalig bei der Befruchtung von Ei- und Spermienzelle eine Verschmelzung der beiden Zellkerne im Lichtmikroskop beobachten. Diese Beobachtung führte zu der Annahme, dass sich die Zellkerne der Geschlechtszellen von denen der Körperzellen unterscheiden müssten. Ende des 19. Jahrhunderts wurde dann tatsächlich nachgewiesen, dass Körperzellen 46 Chromosomen enthalten, Geschlechtszellen nur 23. Man spricht bei den Geschlechtszellen von einem einfachen, einem **haploiden**, Chromosomensatz, bei den Körperzellen von einem doppelten, einem **diploiden**, Chromosomensatz. Von den 23 Chromosomen einer Geschlechtszelle ist eines das Geschlecht bestimmende Chromosom oder **Gonosom**, die anderen nennt man **Autosomen**. Beim Menschen gibt es zwei verschiedene Gonosomen: das X-Chromosom und das Y-Chromosom. Eizellen enthalten immer ein X-Chromosom, Spermienzellen können ein X- oder ein Y-Chromosom enthalten.

Bei der Befruchtung verschmelzen die haploiden Zellkerne von Ei- und Spermienzellen. Die 22 Autosomen von Mutter und Vater sind sich jeweils strukturell ähnlich, man nennt sie **homolog**. Trifft eine Spermienzelle, die neben den 22 Autosomen ein Y-Chromosom enthält, auf die Eizelle mit 22 Autosomen und einem X-Chromosom, so entsteht genetisch gesehen ein Junge. Enthalten sowohl Eizelle als auch Spermienzelle ein X-Chromosom, entsteht ein Mädchen. Die Kombination der Erbinformation von Vater und Mutter bei der Befruchtung führt somit zu einer befruchteten Eizelle, einer **Zygote**, mit einem diploiden Chromosomensatz. Aus ihr gehen dann durch mitotische Zellteilungen alle diploiden Körperzellen des heranwachsenden Menschen hervor.

Auch die Geschlechtszellen in den Geschlechtsdrüsen sind zunächst diploid. Im Laufe der Entwicklung eines Menschen wird der Chromosomensatz in den Geschlechtszellen auf einen haploiden reduziert, da sich sonst von Generation zu Generation der Chromosomensatz ver-

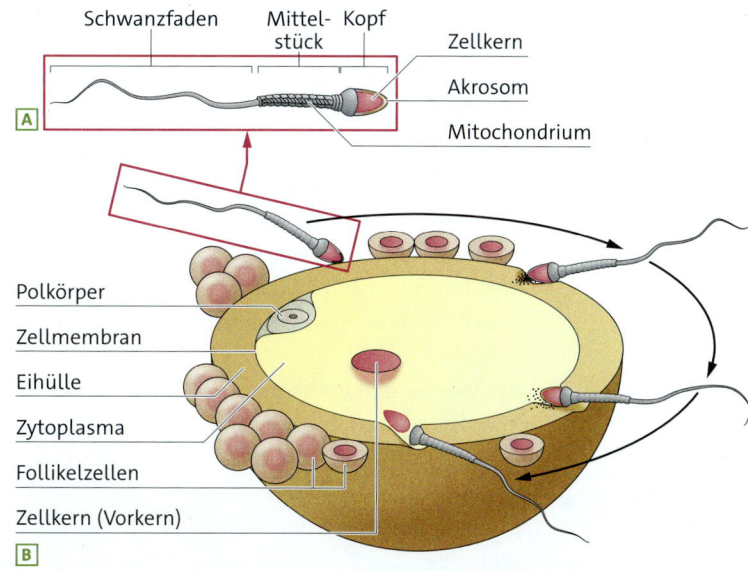

02 Geschlechtszellen und Befruchtung (Schema): **A** Spermienzelle, **B** Eizelle

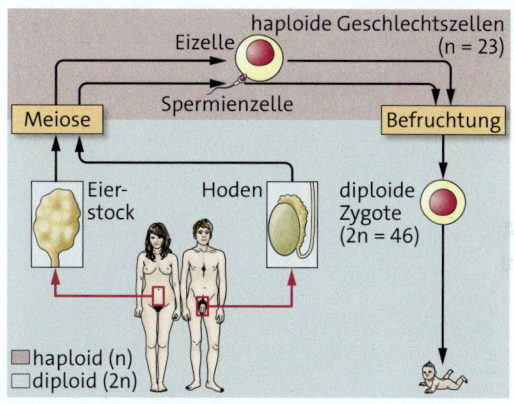

03 Geschlechtszellenbildung im Lebenszyklus (Schema)

doppeln würde. Die haploiden Geschlechtszellen entstehen folglich aus diploiden Urgeschlechtszellen. Der Vorgang der Geschlechtszellenreifung heißt **Meiose**. Sie lässt sich sowohl bei der Eizellreifung, der *Oogenese*, als auch bei der Spermienzellenreifung, der *Spermatogenese*, in zwei Teilschritte gliedern: die erste und die zweite Reifeteilung.

1 ⌡ Vergleichen Sie den Bau und die Eigenschaften von Eizelle und Spermienzelle in Form einer Tabelle!

2 ⌡ Erläutern Sie die Bedeutung der genetischen Besonderheiten der Geschlechtszellen für die sexuelle Fortpflanzung!

ERSTE REIFETEILUNG DER MEIOSE · Die Chromosomen der Urgeschlechtszellen liegen zu Beginn der Meiose als dünne, fädige Zwei-Chromatiden-Chromosomen vor, da die DNA vor der Reifeteilung verdoppelt wurde.

In der *Prophase I* legen sich die jeweils homologen väterlichen und mütterlichen Zwei-Chromatiden-Chromosomen dicht aneinander. Sie werden nach und nach reißverschlussartig durch Proteine in Längsrichtung zusammengehalten.

Sind die beiden homologen Chromosomen vollständig gepaart, bilden sie jeweils ein lichtmikroskopisch gut erkennbares Gefüge aus vier nebeneinanderliegenden Chromatidenfäden, eine **Tetrade**. Bei der Geschlechtszellenbildung beim Menschen erkennt man also 23 Tetraden. In diesem Stadium kann es zu Brüchen in Chromatiden kommen sowie zu einem über kreuzweisen Austausch von Chromosomenabschnitten zwischen mütterlichen und väterlichen Chromatiden. Im Lichtmikroskop werden diese **Crossing-over**-Ereignisse später als Überkreuzungsstellen sichtbar, die **Chiasmata**.

In der *Metaphase I* ordnen sich die homologen Chromosomenpaare in der Äquatorialebene der Zelle an. Spindelfasern, die sich bereits in der Prophase gebildet haben, treten in Kontakt mit den Zentromeren der Chromosomen.

In der *Anaphase I* werden die homologen Chromosomen voneinander getrennt und zu den entgegengesetzten Zellpolen gezogen. An jedem Zellpol ist nun von jedem homologen Chromosomenpaar nur noch eines vorhanden. Danach wird das Zytoplasma geteilt. Bei der Eizellenbildung wird das Zytoplasma ungleich auf die beiden Tochterzellen verteilt, die spätere Eizelle enthält viel Zytoplasma, die kleinere Zelle wenig, sie wird als Polkörper bezeichnet.

Die erste Reifeteilung führt also zur Halbierung des Chromosomensatzes, es sind zwei haploide Tochterzellen entstanden.

ZWEITE REIFETEILUNG DER MEIOSE · In der *Prophase II* wird in jeder haploiden Tochterzelle ein neuer Spindelfaserapparat gebildet. Die folgenden Schritte verlaufen ähnlich wie bei der Mitose. Die Zwei-Chromatiden-Chromosomen ordnen sich in der *Metaphase II* in der Äquatorialebene an. In der *Anaphase II* werden die Chromatiden der Zwei-Chromatiden-Chromosomen am Zentromer getrennt und jeweils zu den Zellpolen transportiert. In der nachfolgenden *Telophase II* bildet sich eine Zellkernmembran, es folgt die Teilung des Zellplasmas, die *Zytokinese*. Es sind vier haploide Tochterzellen entstanden: bei der Eizellenbildung die große Eizelle und die drei Polkörper mit jeweils 23 Ein-Chromatid-Chromosomen. Die haploiden Tochterzellen sind durch die zufällige Verteilung der Chromosomen und das Crossing-over in der Metaphase I genetisch unterschiedlich.

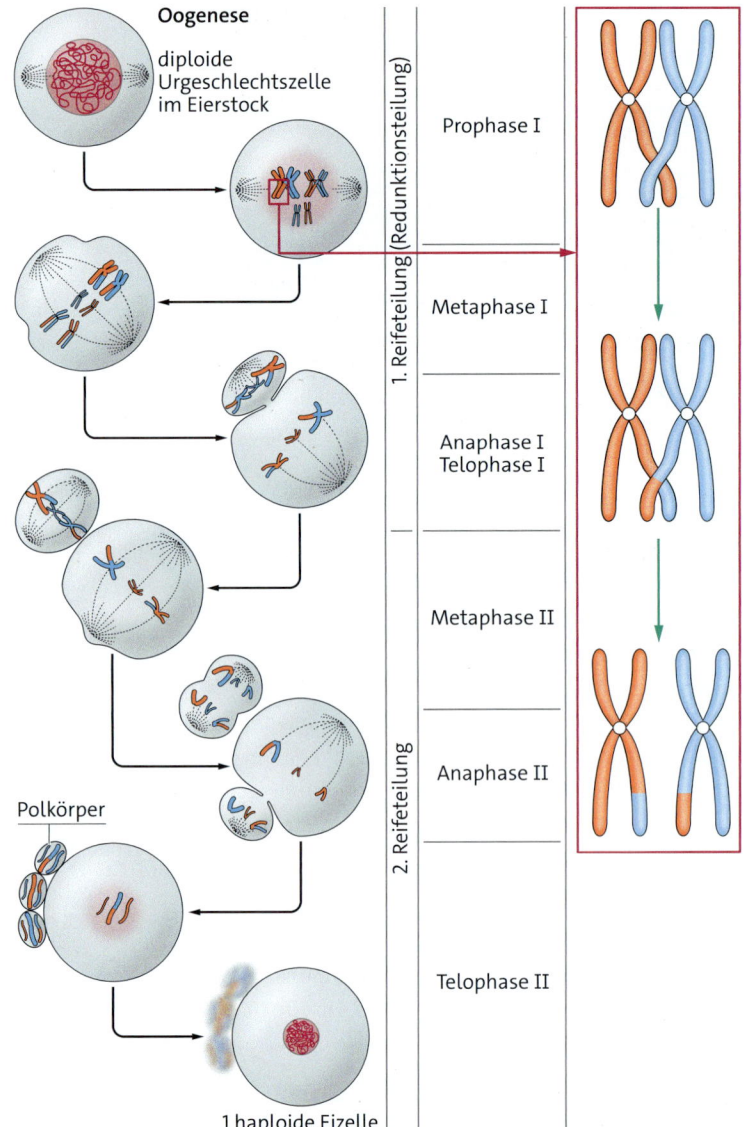

Oogenese

diploide Urgeschlechtszelle im Eierstock

1. Reifeteilung (Reduktionsteilung)

Prophase I

Metaphase I

Anaphase I
Telophase I

2. Reifeteilung

Metaphase II

Polkörper

Anaphase II

Telophase II

1 haploide Eizelle

04 Bildung der Eizelle beim Menschen am Beispiel von drei Chromosomenpaaren

Material A ▶ Spermatogenese – Reifung von Spermienzellen beim Menschen

Spermatogenese

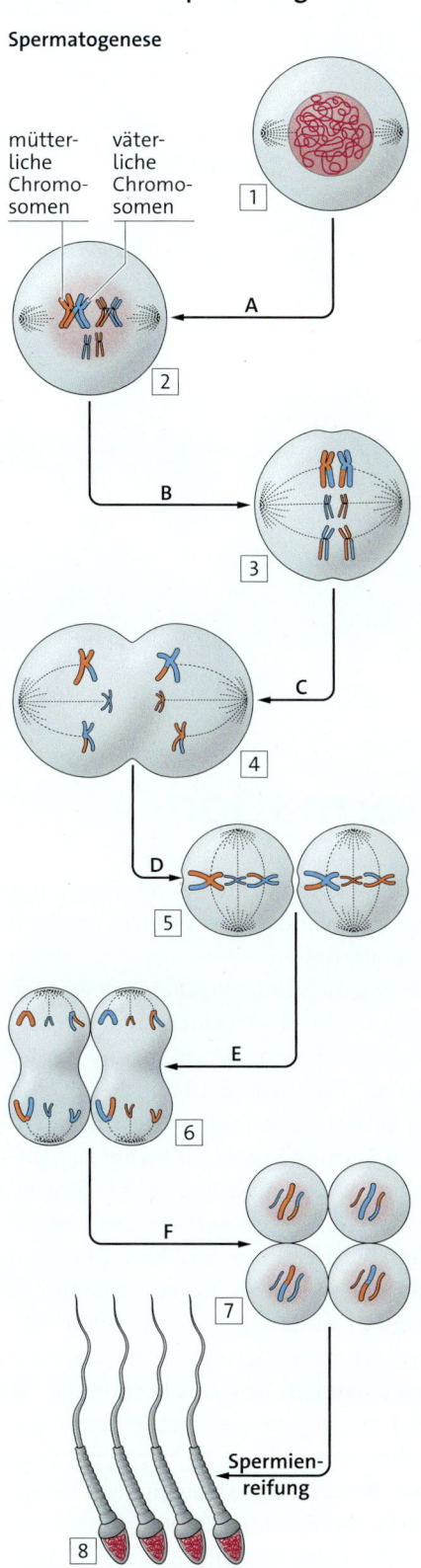

mütterliche Chromosomen väterliche Chromosomen

4 haploide Spermienzellen

Spermienreifung

Die Oogenese und die Spermatogenese führen zu sehr unterschiedlich aussehenden Geschlechtszellen. Trotzdem lassen sich beide Vorgänge gut vergleichen.

A1 Ordnen Sie die Phasen der Meiose den Zahlen in der Abbildung der Spermatogenese zu! Beschreiben Sie die Abläufe von A bis G!

A2 Erläutern Sie Gemeinsamkeiten und Unterschiede der Oogenese und der Spermatogenese!

A3 Begründen Sie, dass Meiosen die Voraussetzung für sexuelle Fortpflanzung sind!

A4 Vergleichen Sie Mitose und Meiose und stellen Sie die Unterschiede übersichtlich tabellarisch dar! Skizzieren Sie dazu wesentliche Phasen, die die Unterschiede bedingen!

A5 Erklären Sie anhand der Abbildung zur Spermatogenese, weshalb Geschlechtszellen genetisch unterschiedlich sind!

Material B ▶ Behandlung von Unfruchtbarkeit beim Mann

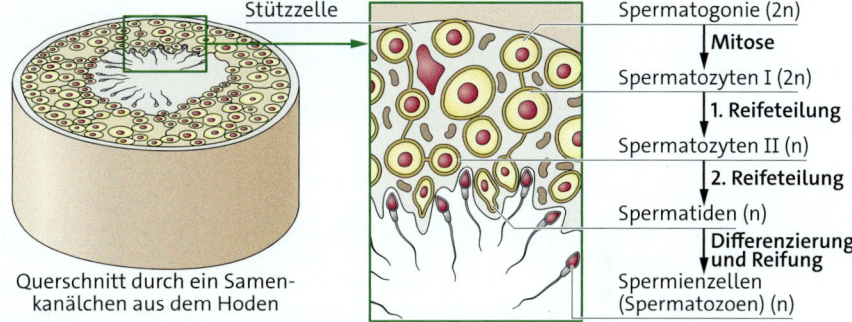

Stützzelle

Spermatogonie (2n)
→ **Mitose**
Spermatozyten I (2n)
→ **1. Reifeteilung**
Spermatozyten II (n)
→ **2. Reifeteilung**
Spermatiden (n)
→ **Differenzierung und Reifung**
Spermienzellen (Spermatozoen) (n)

Querschnitt durch ein Samenkanälchen aus dem Hoden

Bei etwa einem Prozent der Männer enthält die Spermienflüssigkeit keine Spermienzellen. Diese Männer können keine Kinder zeugen, sie sind unfruchtbar. Japanischen Forschern gelang es, Zellen aus dem Hodengewebe der betroffenen Männer zu entnehmen. Sie nutzten diese zur künstlichen Befruchtung einer reifen Eizelle. Auf diese Weise konnten 14 Kinder gezeugt und geboren werden, darunter vier Mädchen und zehn Jungen.

B1 Beschreiben Sie die Veränderungen, die die Zellen von der Urspermienzelle bis zur fertigen Spermienzelle durchmachen!

B2 Entwickeln Sie eine Hypothese, welche Zellen die Wissenschaftler aus dem Hoden für die künstliche Befruchtung entnommen haben!

B3 Zeigen Sie anhand von Skizzen zur Metaphase I und II, wie viele X- und Y-haltige Spermienzellen aus jeder Urgeschlechtszelle entstehen können!

B4 Zeichnen Sie schematisch die Befruchtung einer Eizelle, die zu einem Jungen beziehungsweise zu einem Mädchen führt! Entwickeln Sie eine Hypothese, wie viele Jungen und Mädchen bei natürlicher Befruchtung zu erwarten wären!

B5 Recherchieren Sie Erklärungen für Abweichungen vom zu erwartenden Verhältnis auch bei einer natürlichen Befruchtung!

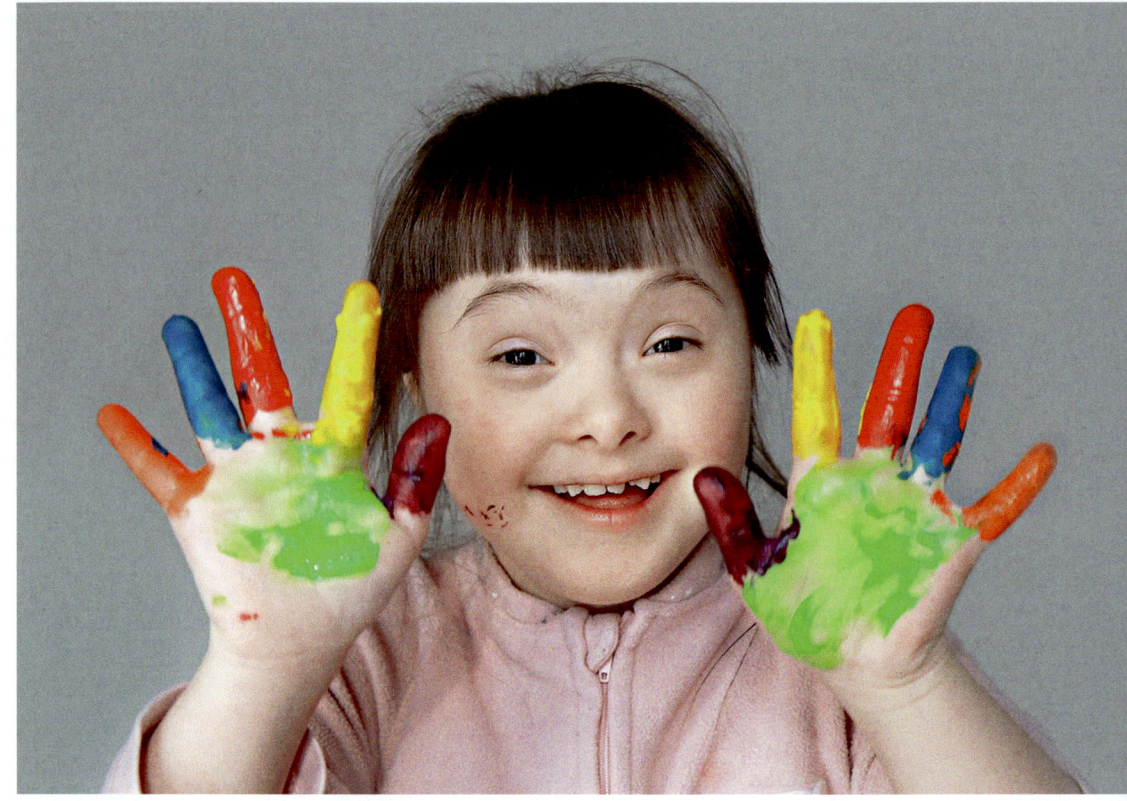

01 Mädchen mit Down-Syndrom beim Malen

Veränderungen der Erbinformation

Menschen mit Down-Syndrom haben viele Talente. Manche spielen leidenschaftlich gerne Fußball, andere sind begeisterte Musiker oder Künstler. Ihr typisches Aussehen wird durch ein überzähliges Chromosom hervorgerufen. Dieses dritte Chromosom 21 existiert in ihren Zellen zusätzlich zu den beiden homologen Chromosomen 21. Es beeinflusst ihre Entwicklung und führt zu den teilweise charakteristischen Merkmalen. Wie kommt es zu einem überzähligen Chromosom?

griech. tria = drei, dreierlei

griech. corpora = Körper, hier Chromosomenkörper als Träger der Erbinformationen

lat. mutare = verändern

GENOMMUTATION · Menschen mit Down-Syndrom oder Trisomie 21 tragen in allen Zellkernen ihrer Körperzellen ein zusätzliches Chromosom 21 und somit 47 statt 46 Chromosomen. Eine solch veränderte Anzahl der Chromosomen nennt man *Genommutation.* Als **Mutation** werden generell alle andauernden Veränderungen der Erbinformationen bezeichnet. Der Begriff **Genom** ist eine Wortschöpfung aus den Bezeichnungen Gen und Chromosom und benennt die Gesamtheit der Chromosomen einer Zelle. Da diese Gesamtzahl bei Menschen mit Down-Syndrom verändert ist, spricht man von einer Genommutation.

Wenn die Genommutation in allen Körperzellen eines Menschen vorliegt, kann man davon ausgehen, dass diese Veränderung bereits in der *Zygote* vorlag, also in der ersten Zelle der individuellen Entwicklung. Dies trifft auch bei Trisomie 21 zu. Da eine Zygote direkt aus der Verschmelzung von Geschlechtszellen hervorgeht, liegt die Ursache für Genommutationen schon in den Geschlechtszellen beziehungsweise in der Geschlechtszellenbildung. Ein zusätzliches Chromosom 21 kann entsprechend durch fehlende Trennung von Chromosomen während der Meiose entstehen. Unterbleibt während der ersten Reifeteilung die Aufteilung der homologen Chromosomenpaare, so tragen am Ende der Meiose zwei der vier haploiden Geschlechtszellen zwei *Ein-Chromatid-Chromosomen* 21. In den anderen beiden Geschlechtszellen fehlen diese Chromosomen dann gänzlich. Verschmelzen die Geschlechtszellen mit zusätzlichem Chromosom 21 mit einer anderen Geschlechtszelle, liegen insgesamt drei Chromosomen 21 vor, während alle anderen Chromosomen nur zweifach vorhanden sind. Auch eine ausbleibende Aufteilung des *Zwei-Chromatiden-Chromosoms* in der zweiten Reifeteilung kann zu einer Geschlechtszelle mit einem zusätzlichen Chromosom führen. Untersuchungen haben jedoch ergeben, dass Trisomie 21 während der ersten Reifeteilung entsteht.

Trisomien können bei allen Chromosomen entstehen. Viele Genommutationen führen dazu, dass die Zygoten nicht lebensfähig sind oder nur eine kurze Entwicklung durchlaufen. Trisomien der Chromosomen 13 und 18 führen zunächst zu einer Entwicklung, die betroffenen Kinder werden jedoch aufgrund von Fehlbildungen nicht älter als ein Jahr.

Durch unvollständige Aufteilungen der Chromosomen während der Meiose können nach Geschlechtszellenverschmelzung auch Zygoten entstehen, die bezüglich eines Chromosomentypus nur über ein einzelnes Chromosom verfügen. Zygoten mit **Monosomien** *autosomaler Chromosomen* sind nicht überlebensfähig.

CHROMOSOMENMUTATIONEN · Chromosomen können nicht nur in veränderter Zahl vorliegen, sondern auch in ihrer Struktur verändert sein. Der Verlust eines Abschnittes am kurzen Arm von Chromosom 5 führt zum Beispiel zum **Katzenschrei-Syndrom.** Betroffene zeigen Veränderungen der Stimmritze und des Kehlkopfes, sodass ihr Schreien einem katzenartigen Miauen ähnelt.

Die Struktur von Chromosomen kann auf unterschiedliche Arten verändert sein. Fehlt ein Stück des Chromosoms wie beim Katzenschrei-Syndrom, spricht man von einer **Deletion.** Kommt ein neuer Abschnitt hinzu, liegt eine **Translokation** vor. Liegt ein Chromosomenabschnitt nach der Veränderung doppelt vor, spricht man von einer **Duplikation.** Diese verschiedenen Veränderungen der Chromosomenstruktur, die man als *Chromosomenmutationen* zusammenfasst, entstehen zum Beispiel durch ungleiches **Crossing-over.** Hierunter versteht man den Austausch von Abschnitten zwischen zwei homologen Chromo-

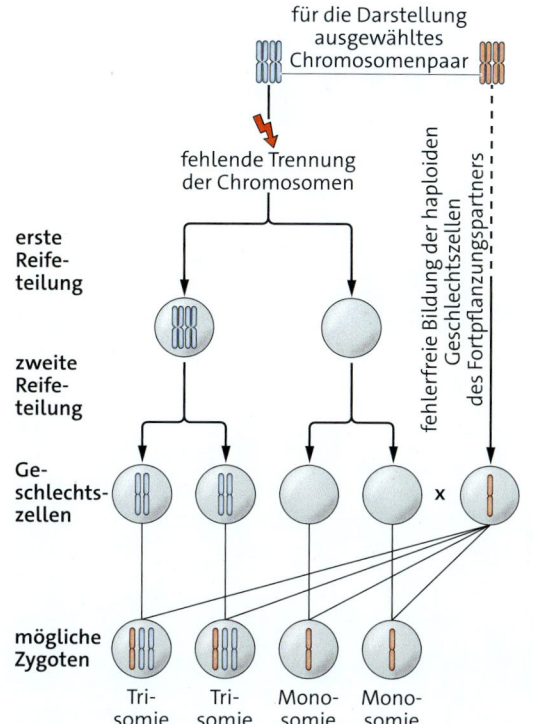

02 Mögliche Zygoten nach fehlender Aufteilung der homologen Chromosomen in der ersten Reifeteilung der Meiose

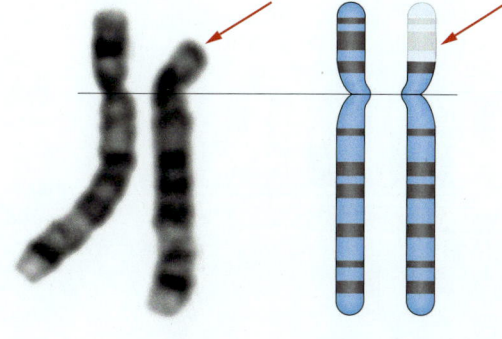

03 Chromosomenpaar 5 mit verkürztem Arm (Pfeile) an einem der Chromosomen, verantwortlich für das Katzenschrei-Syndrom (links Originalfoto, rechts schematisch)

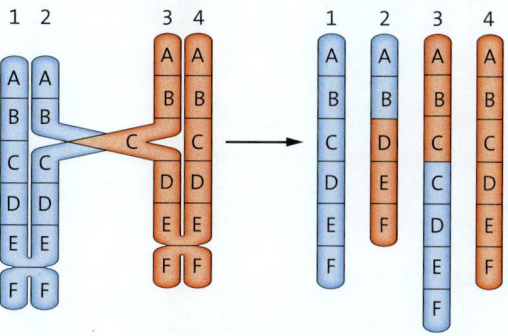

04 Ungleiches Crossing-over

somen während der Meiose. Sind die ausgetauschten Abschnitte ungleich groß, so führt dies bei dem einen Chromosom zu einer Deletion und bei dem anderen zu einer Duplikation.

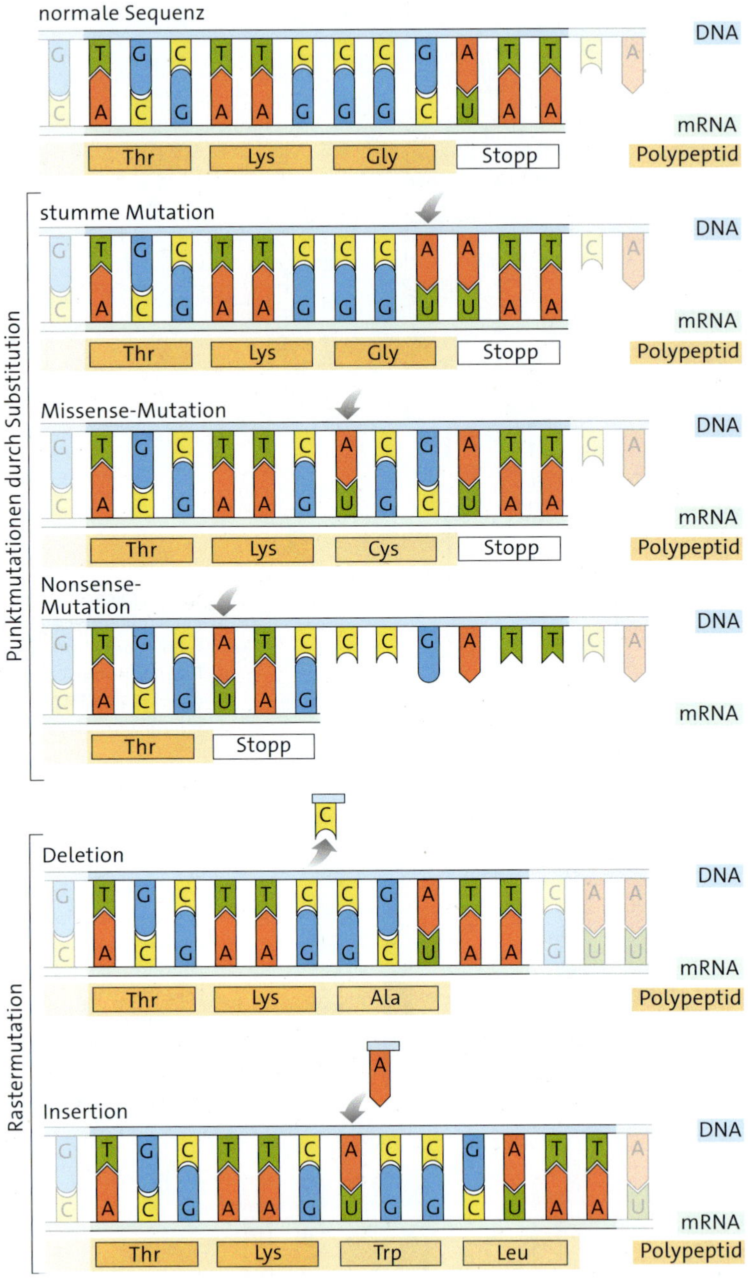

Punktmutationen durch Substitution

normale Sequenz

DNA

mRNA

| Thr | Lys | Gly | Stopp |

Polypeptid

stumme Mutation

DNA

mRNA

| Thr | Lys | Gly | Stopp |

Polypeptid

Missense-Mutation

DNA

mRNA

| Thr | Lys | Cys | Stopp |

Polypeptid

Nonsense-Mutation

DNA

mRNA

| Thr | Stopp |

Rastermutation

Deletion

DNA

mRNA

| Thr | Lys | Ala |

Polypeptid

Insertion

DNA

mRNA

| Thr | Lys | Trp | Leu |

Polypeptid

05 Auswirkungen unterschiedlicher Genmutationen auf mRNA und Peptid

GENMUTATION · Treten innerhalb der DNA-Basensequenz eines Gens Veränderungen auf, spricht man von einer *Genmutation*. Ist hierbei ein Nukleotid gegen ein anderes ausgetauscht, bezeichnet man dies als **Substitution** oder **Punktmutation.** Bezüglich der Folgen einer Substitution unterscheidet man drei Formen.

Eine *stumme Mutation* bleibt folgenlos, da auch die veränderte Basensequenz beziehungsweise das betroffene Triplett weiter für dieselbe Aminosäure codiert.

Kommt es jedoch durch die Substitution zu einer *veränderten Aminosäuresequenz, so spricht man* von einer *Missense-Mutation*. Wird ein Basentriplett durch eine Substitution in ein *Stoppcodon* umgewandelt, liegt eine *Nonsense-Mutation* vor. Die Nonsense-Punktmutation wirkt sich damit nicht nur auf die einzelne veränderte Base und das entsprechende Triplett aus, sondern führt zum Verlust des gesamten nachfolgenden Genabschnittes.

Veränderungen eines Gens können auch durch das Einfügen oder den Wegfall eines Nukleotids hervorgerufen werden. Diese als **Insertion** und **Deletion** gekennzeichneten Veränderungen der DNA-Basensequenz werden als **Rastermutationen** bezeichnet, da sie eine Verschiebung des Leserasters hervorrufen. Hierdurch werden alle nachfolgenden Basentripletts verändert transkribiert. Diese Verschiebung des Leserasters tritt nur dann nicht ein, wenn die Insertion oder Deletion drei Basen oder ein Vielfaches hiervon, also ein oder mehrere komplette Tripletts, umfasst. Nur ein Viertel aller Genmutationen sind Rastermutationen. Die restlichen drei Viertel sind Punktmutationen. Insgesamt sind Genmutationen selten. Bei einer DNA-Sequenz von 10^9 Basen tritt pro Replikation durchschnittlich eine Punktmutation auf.

1 〕 Vergleichen Sie Genommutation, Chromosomenmutation und Genmutation bezüglich des Umfangs der veränderten Erbinformation!

2 〕 Erklären Sie, weshalb innerhalb der Genmutationen durch Deletionen und Insertionen größere Auswirkungen hervorgerufen werden als durch Substitutionen!

DAS GEN IST AUS DNA

Deletion   Substitution

DAS ENI STA USD NA   DAS BEN IST AUS DNA

06 Analogie zum Unterschied zwischen Punkt- und Rastermutation

Material A ▸ Genmutationen

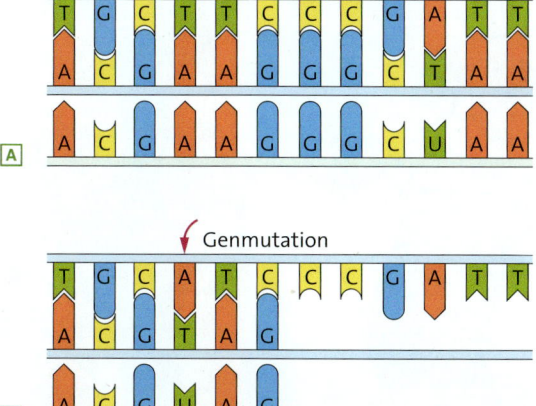
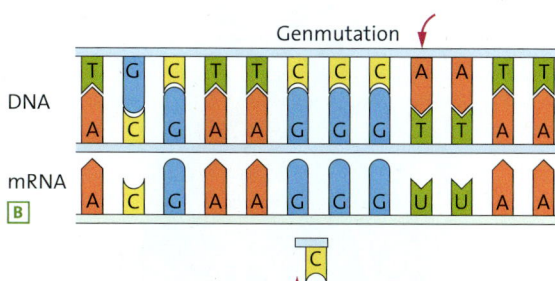

Lese-
richtung
der DNA

In der Abbildung sind schematisch eine nicht mutierte und drei mutierte DNA-Sequenzen gezeigt.

A1 Beschreiben Sie jeweils die eingetretene Veränderung der Muta-tionen 1–3 und benennen Sie, ob es sich um eine Substitution, Deletion oder Insertion handelt.

A2 Ermitteln Sie mithilfe der Code-sonne die entsprechende Aus-wirkung der Mutationen 1–3 auf die Aminosäuresequenz des Peptids! Die Basenfolge ACG ist von links beginnend das erste Triplett des DNA-Ausschnittes.

Material B ▸ Mondscheinkinder

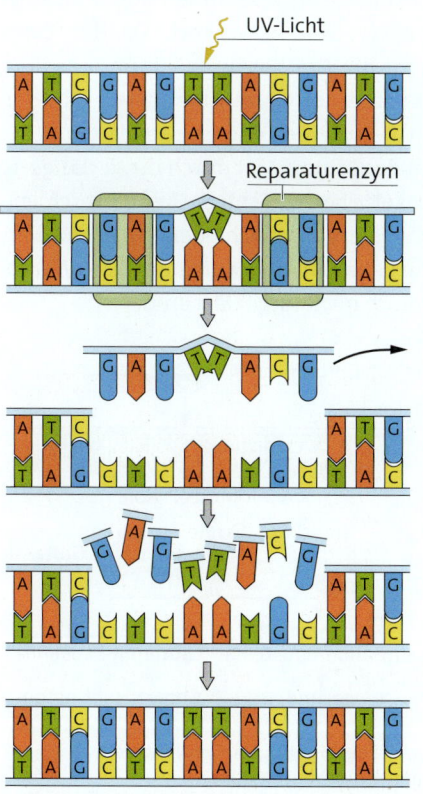

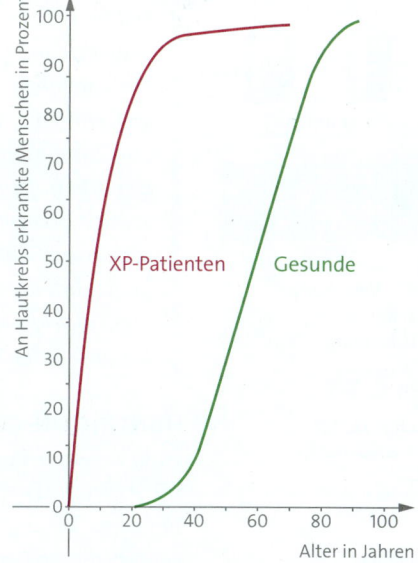

Xeroderma pigmentosum ist eine selte-ne, erblich bedingte Hautkrankheit. Betroffene sind äußerst empfindlich gegenüber UV-Strahlung. UV-Strah-lung kann eine Verknüpfung benach-barter Thyminbasen bewirken, sodass die Bindung zum komplementären Adenin verloren geht. Bei der Replika-tion und Transkription bricht der Vor-gang dann genau an dieser Stelle ab.

B1 Beschreiben Sie die Vorgänge der Reparatur von UV-bedingten DNA-Schäden!

B2 Beschreiben Sie das Kurven-diagramm eines *Xeroderma pigmentosum*-Patienten und einer gesunden Person und werten Sie es aus!

B3 Stellen Sie eine Hypothese auf, welche Genmutation bei einem *Xeroderma pigmentosum*-Patient vorliegt!

B4 Erklären Sie, weshalb die Betroffe-nen auch als Mondscheinkinder bezeichnet werden!

B5 Erläutern Sie, weshalb *Xeroderma pigmentosum* häufig zu Krebs führt!

01 Historische Darstellung der Bewegungs-symptomatik bei Chorea Huntington

Untersuchung der DNA

Chorea Huntington ist eine Erbkrankheit, die erst im Alter von etwa 40 Jahren zu Symptomen wie Bewegungsstörungen führt. Diese Störungen entstehen durch Abbau von Nervengewebe im Gehirn und werden durch ein mutiertes Gen auf Chromosom 4 hervorgerufen. Für Kinder mit einem betroffenen Elternteil besteht eine 50-prozentige Wahrscheinlichkeit, selbst Träger eines mutierten Gens zu sein. Daher haben sie oft ein großes Interesse an einem entsprechenden Gentest. Doch wie kann man Gene beziehungsweise die DNA untersuchen?

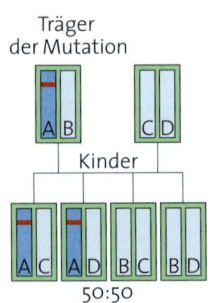

Träger der Mutation

Kinder

50:50

02 Vererbungs-schema des Huntingtin-Gens

engl. repeat = wiederholen

griech. neūron = Nerv

lat. de- = „ent-";

lat. genus = Art, Geschlecht

HUNTINGTIN-GEN · Das Gen, dessen Veränderung zu einer Chorea-Huntington-Erkrankung führt, wird als Huntingtin-Gen bezeichnet. Es liegt am kurzen Arm von Chromosom 4 und codiert für ein Protein, das den Stoffwechsel von Nervenzellen steuert. Dieses Gen weist einen Basensequenzabschnitt auf, der aus vielen Wiederholungen des Tripletts CAG besteht, die *CAG-Triplett-Repeat-Region*. Bei gesunden Menschen treten hier 6 bis 26 CAG-Triplett-Repeats auf. Diese CAG-Triplett-Repeat-Region ist bei

Chorea-Huntington-Erkrankten mit 42 bis über 150 Repeats stark verlängert. Da das CAG-Triplett für die Aminosäure Glutamin codiert, ist die Anzahl der Glutaminbausteine in den Huntingtin-Proteinen entsprechend erhöht. Die Funktion des Proteins ist durch die verlängerte Glutaminkette beeinträchtigt. Dies führt schließlich zum Absterben verschiedener Gehirnzellen, wobei die genauen Mechanismen dieser *Neurodegeneration* noch ungeklärt sind.

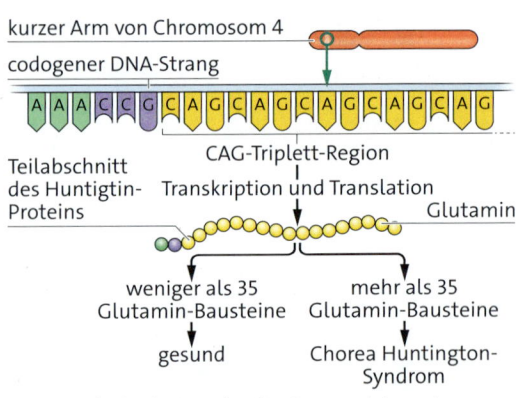

kurzer Arm von Chromosom 4

codogener DNA-Strang

A A C C G C A G C A G C A G C A G C A G

Teilabschnitt des Huntingtin-Proteins

CAG-Triplett-Region

Transkription und Translation

Glutamin

weniger als 35 Glutamin-Bausteine

mehr als 35 Glutamin-Bausteine

gesund

Chorea Huntington-Syndrom

03 Ausschnitt der Huntingtin-Gens und der entsprechenden Aminosäuresequenz

POLYMERASEKETTENREAKTION · Um analysieren zu können, ob ein Mensch zwei gesunde oder eine mutierte Variante des Huntingtin-Gens in sich trägt, wird die Länge der CAG-Triplett-Repeat-Region bestimmt. Hierzu muss dieser DNA-Abschnitt zunächst vervielfältigt werden. Ein hocheffektives Verfahren zur Vervielfältigung ausgewählter DNA-Abschnitte wurde von Kary MULLIS im Jahre 1985 entwickelt, die **Polymerasekettenreaktion** oder kurz **PCR.** Da dieses gezielte Vervielfältigen als Vorbereitungsschritt für viele DNA-Analysen von großer Bedeutung ist, revolutionierte das von MULLIS entwickelte Verfahren die molekulargenetische Forschung. 1993 erhielt er hierfür den Chemie-Nobelpreis.

Die Methode der PCR macht sich die biologischen Mechanismen der DNA-Verdopplung vor einer jeden Zellteilung zunutze, der *Replikation*. Bei der Replikation wird der DNA-Doppelstrang zunächst getrennt. Dann synthetisiert das Enzym *DNA-Polymerase* durch Anlagerung komplementärer DNA-Nukleotide aus beiden Einzelsträngen zwei identische Doppelstränge. Dieser Vorgang des Auftrennens und komplementären Ergänzens von DNA-Strängen bildet den Grundmechanismus der PCR. Zusätzlich zur Polymerase werden der DNA freie Nukleotide und *Primer* zur Markierung des zu kopierenden DNA-Abschnittes hinzugefügt. Die PCR besteht aus drei Teilschritten und wird über die Temperatur gesteuert.

DENATURIEREN · Im ersten Schritt wird die Lösung auf 95 Grad Celsius erhitzt, sodass sich die Wasserstoffbrücken zwischen den DNA-Strängen lösen, sie *denaturieren*. Danach liegen die Stränge voneinander getrennt vor.

HYBRIDISIEREN · Durch Abkühlen auf 50 bis 60 Grad Celsius binden die Primer an die DNA-Einzelstränge, sie *hybridisieren*. Die Primer sind *Oligonukleotide* aus etwa 20 Nukleotiden. Sie müssen stets komplementär zu der DNA-Sequenz passen, die an den zu kopierenden Abschnitt grenzt. Da die an den Primer bindende Polymerase nur in 5'→ 3'-Richtung arbeitet, benötigt man für beide DNA-Stränge passende Primer.

POLYMERISIEREN · Im letzten Schritt der PCR wird die Temperatur wieder auf 70 bis 75 Grad Celsius erhöht. Hier hat die in der PCR eingesetzte **Taq-Polymerase,** die aus dem thermophilen Bakterien *Thermus aquaticus* stammt, ihr Temperaturoptimum. Sie bindet an die Primer und synthetisiert an deren 3'-Ende durch Anlagerung komplementärer Nukleotide einen DNA-Doppelstrang. Nun kann der nächste Zyklus starten. Die PCR ist heute technisch weit entwickelt und läuft vollautomatisch in *Thermocyclern* ab. Da in jedem Zyklus die DNA verdoppelt wird, entstehen bei 20 Zyklen aus einer doppelsträngigen DNA 1 Million Kopien.

engl. PCR = Polymerase chain reaction

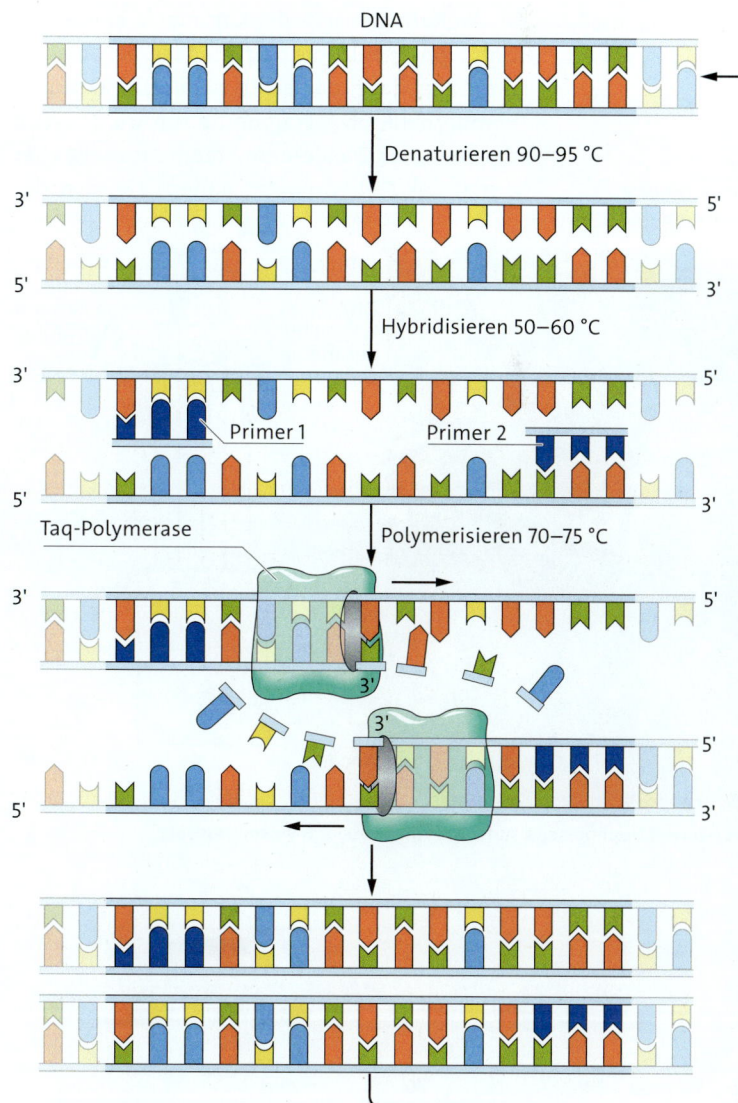

04 Ablauf der PCR

GELELEKTROPHORESE · Liegt eine ausreichende Menge kopierter DNA-Fragmente vor, können diese durch das Verfahren der *Gelelektrophorese* nach ihrer Größe aufgetrennt werden. Hierbei lässt man die DNA-Fragmente, die durch ihre Phosphatgruppen negative Ladungen tragen, in einem elektrischen Feld wandern. Da die Wanderungsgeschwindigkeit von ihrer Größe abhängt, kommt es zu einer Auftrennung der Fragmente. Die Wanderung im elektrischen Feld erfolgt in einem Gel, dessen Konsistenz an Wackelpudding erinnert. Das Gel ist in einer Kammer, an deren gegenüberliegenden Seiten sich die Elektroden des elektrischen Feldes befinden. Die zu analysierenden Proben werden an der Kathodenseite der Kammer in kleine Vertiefungen gefüllt, die man als **Taschen** bezeichnet. Wird dann das elektrische Feld aktiviert, wandern die DNA-Fragmente zur Anodenseite der Kammer. Da kleinere Fragmente schneller durch das Gel wandern, nähern sie sich der Anodenseite der Kammer schneller. Gleich große Fragmente wandern mit gleicher Geschwindigkeit und bilden entlang der Laufstrecke streifenförmige Fragmentgruppen, die **Banden.** Diese Banden, die alle DNA-Fragmente einer Probe mit der jeweils gleichen Größe enthalten, werden dann durch eine Färbung noch sichtbar gemacht. Um präzise die Länge der Fragmente einer Bande bestimmen zu können, wird eine zusätzliche Tasche mit einem **Größenvergleichsstandard** befüllt, der DNA-Fragmente bekannter Größe enthält. Dessen Bandenmuster wird als Maß für die Größeneinordnung der Banden zu untersuchender Proben genutzt.

Eine Gelelektrophorese mit Fragmenten der CAG-Triplett-Repeat-Region führt zu zwei Banden pro Testperson. Jede Bande entspricht den Fragmenten der Repeat-Region eines der beiden homologen Chromosomen. Liegt eine Bande im Größenbereich von über 35 Repeats, weist dies ein mutiertes Huntingtin-Gen nach.

RESTRIKTIONSENZYME · Beim Gentest für Chorea Huntington können durch den Einsatz von Primern die CAG-Repeats gezielt vervielfältigt und dann analysiert werden. Die Methode der Gelelektrophorese kann aber auch genutzt werden, um die Ähnlichkeit unbekannter DNA-Proben zu vergleichen. Hierzu werden DNA-schneidende Enzyme aus Bakterien genutzt, die *Restriktionsenzyme.* Diese Enzyme schneiden spezifisch nur an bestimmten Basenfolgen. Identische DNA-Abschnitte werden hierdurch in identische Fragmente geschnitten und ergeben somit identische Bandenmuster im Gel. Anhand der Ergebnisse einer Restriktion kann somit die Ähnlichkeit von DNA-Proben festgestellt werden. Dies wird beispielsweise für die Analyse der genetischen Ähnlichkeit zwischen verschiedenen Arten genutzt.

lat. restringere = einschränken

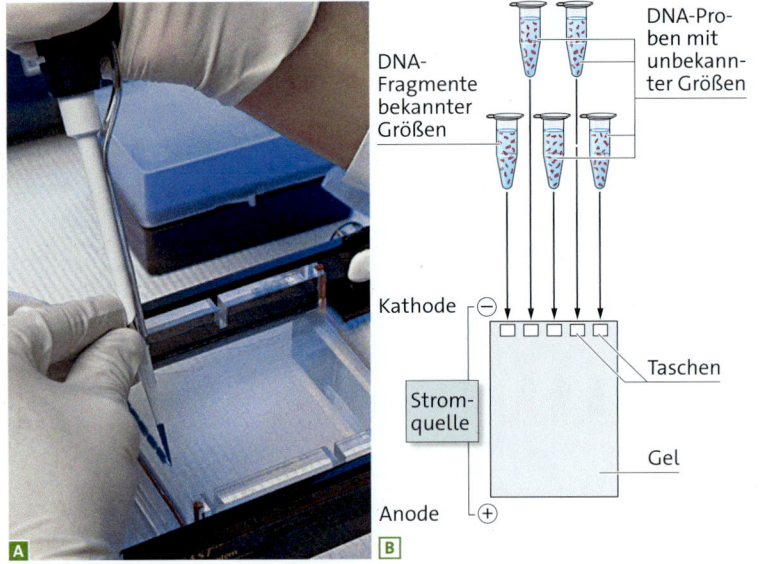

05 Gelelektrophorese: **A** Auftragen der Proben, **B** Versuchsansatz

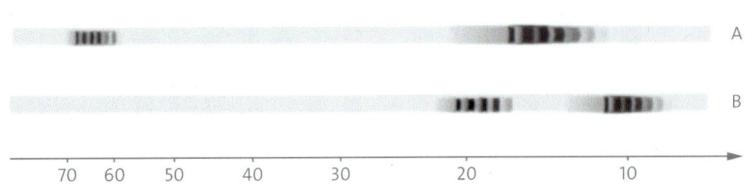

06 Gelelektrophorese-Ergebnis der CAG-Triplett-Repeat-Region von zwei Testpersonen (A und B)

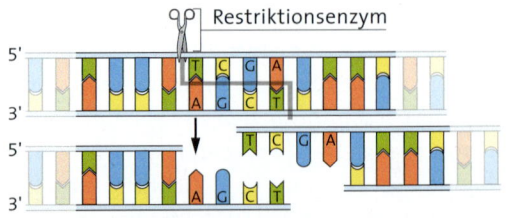

07 Funktionsweise eines Restriktionsenzyms, das spezifisch an der Basensequenz TCGA schneidet

GENETISCHER FINGERABDRUCK · Vaterschaftstests oder Täteranalysen bei Straftaten erfordern
die Analyse von individuell spezifischen DNA-
Profilen. Ein solch individuelles DNA-Profil kann
anhand von DNA-Abschnitten erstellt werden,
die nicht für Proteine codieren, die **Introns.**
Diese Introns weisen im Vergleich zu anderen
DNA-Sequenzen viele Mutationen auf, sodass
deutliche Unterschiede zwischen Einzelindivi-
duen bestehen. DNA-Abschnitte, die für Proteine
codieren, zeigen hingegen nur wenige Unterschiede zwischen Individuen und eignen sich daher
nicht für die Erstellung individueller DNA-Profile.
Innerhalb dieser Introns treten oft *Repeats* mit
sich wiederholenden Basenfolgen auf, die als
Minisatelliten bezeichnet werden. Diese Minisatelliten weisen von Individuum zu Individuum und auch zwischen den homologen
Chromosomen eines Individuums oft deutliche
Längenunterschiede auf. Diese Abschnitte großer
genetischer Variabilität können daher genutzt
werden, um Vaterschaftstests durchzuführen.
Die Minisatelliten werden über radioaktive
Sonden im Gel sichtbar gemacht. Hierzu binden
die Sonden über ihre komplementären Basenfolgen an die Minisatelliten.

1 ⌡ Stellen Sie die PCR als Fließschema dar!

2 ⌡ Erläutern Sie die Bedeutung des Vergleichs-
standards für die Gelelektrophorese!

3 ⌡ Erläutern Sie die Eignung von Minisatelliten für die Erstellung von DNA-Profilen!

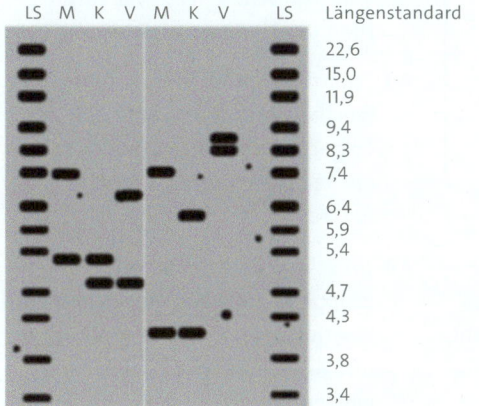

08 Ergebnisse zweier Vaterschaftstests
(Test 1: positiv; Test 2 negativ),
LS Längenstandard, **M** Mutter, **K** Kind, **V** Vater

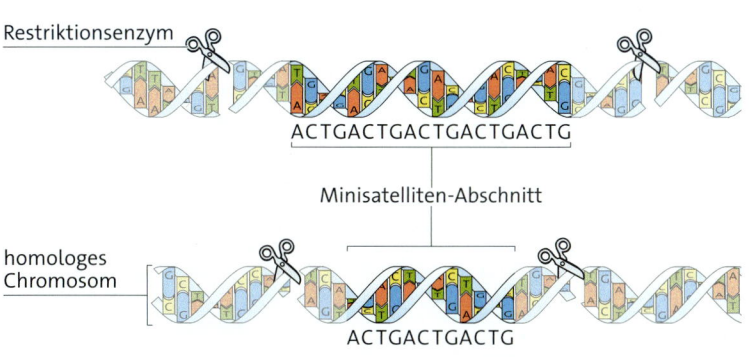

09 Minisatelliten von zwei homologen Chromosomen

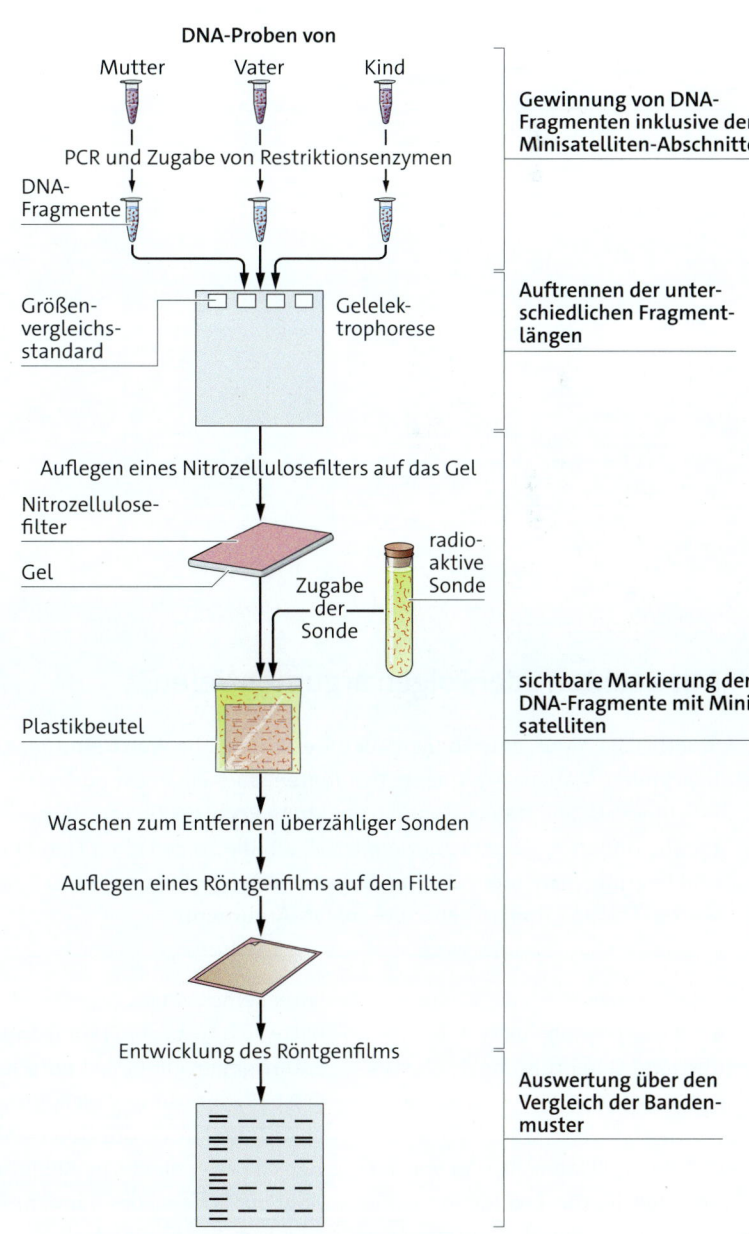

10 Erstellung eines genetischen Fingerabdrucks

Material A ▸ Chorea-Huntington-Gentest

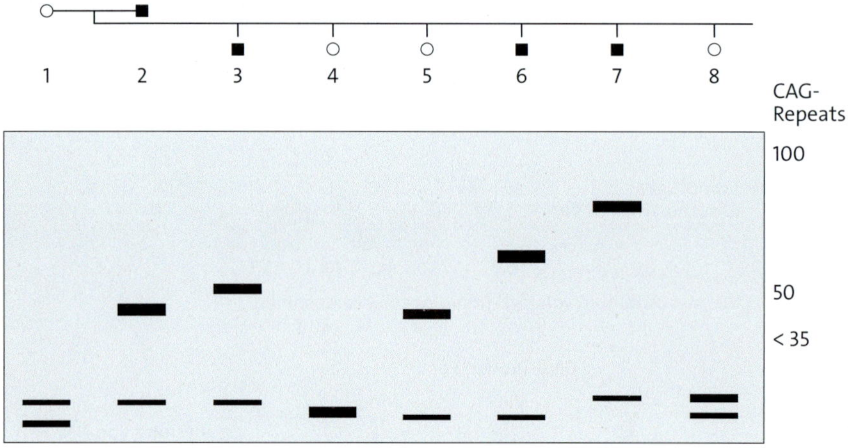

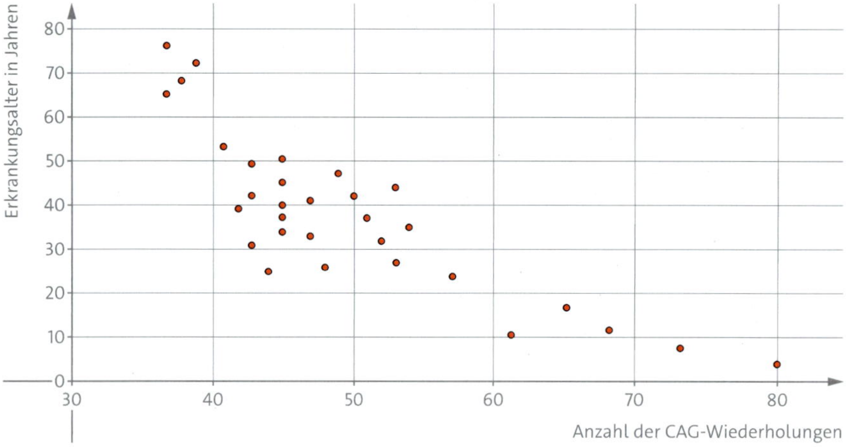

INFO-BOX

Mit Rechten oder Folgen argumentieren?

Bioethische Argumente können auf unterschiedliche Weise eine Position begründen. Manche Argumente behaupten, dass ein Recht oder eine Pflicht von Beteiligten bestehe, so genannte Rechte/Pflichten-Argumente. Andere Argumente beziehen sich auf die Folgen einer Handlung und begründen in ihrem Argument, dass eine Handlung zu wünschenswerten Folgen führe, so genannte Folgen-Argumente.

In einer Familien mit sechs Kindern wird ein Huntington-Gentest durchgeführt. Der Durchführung des Testes gingen lange Diskussionen voraus. Den Wunsch hierzu hatte der älteste Sohn Gabriel (15 Jahre alt), der von der Chorea-Huntington-Erkrankung seines verstorbenen Großvaters wusste, dem Vater seines Vaters Wilhelm. Wilhelm hatte sich trotz der Erkrankung seines Vaters gegen einen Test entschieden. Er ist 35 Jahre alt und weiß bisher nicht, ob er Träger des mutierten Huntingtin-Gens ist oder nicht. Die Abbildung zeigt ein Schema des Bandenmusters aller Familienmitglieder.

A1 Nennen Sie die Testpersonen, bei denen ein mutiertes Huntingtin-Gen vorliegt!

A2 Erklären Sie, weshalb bei fast allen Familienmitgliedern zwei Banden auftreten und bei Testperson 4 nur eine!

A3 Beschreiben Sie die Untersuchungsdaten zum Zusammenhang zwischen der CAG-Repeat-Länge und dem Alter der ersten Krankheitssymptome bei Chorea Huntington!

A4 Deuten Sie den in A3 beschriebenen Zusammenhang in Form einer „je mehr, desto…“-Aussage!

A5 Entwickeln Sie eine Hypothese zur möglichen Erklärung des in A4 formulierten Zusammenhangs!

A6 Anhand diagnostizierter CAG-Repeat-Längen können heute Prognosen zum voraussichtlichen Alter des Ausbruchs von Chorea-Huntington-Symptomen erstellt werden. Nennen Sie entsprechende Prognosen für den Vater Wilhelm (Testperson 2) und seinen Sohn Gabriel (Testperson 7)!

A7 Formulieren Sie in einer Zweiergruppe Argumente von Gabriel oder von Wilhelm zur Durchführung des Huntington-Testes!

A8 Prüfen Sie mithilfe der Infobox, welches Ihrer Argumente ein Folgen-Argument und welches ein Rechte-Pflichten-Argument darstellt!

A9 Tauschen Sie sich mit einer Zweiergruppe aus, die zur jeweils anderen Position Argumente formuliert hat und diskutieren Sie gemeinsam, welche Argumente am meisten überzeugen und welche weniger! Begründen Sie diese Einschätzungen!

Material B ► Restriktionskarte

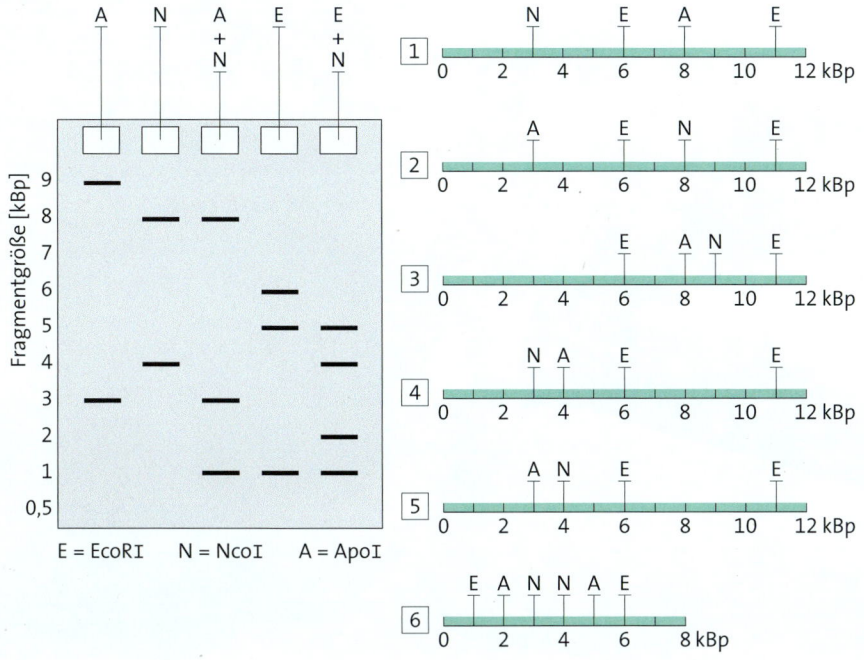

E = EcoRI   N = NcoI   A = ApoI

Ein kloniertes DNA-Segment wurde isoliert. Nun soll eine Restriktionskarte für die Restriktionsenzyme Apo I, Nco I und EcoR I erstellt werden. In drei Versuchsansätzen wurde das Fragment mit dem Enzym Apo I, Nco I beziehungsweise EcoR I behandelt. Im vierten und fünften Ansatz wurde das Fragment mit Apo I und Nco I beziehungsweise mit EcoR I und Nco I behandelt. Nach einer gelelektrophoretischen Auftrennung erstellten Laboranten verschiedene Restriktionskarten.

B1 Geben Sie an, welche der Restriktionskarten aus dem Bandenmuster der Gelelektrophorese abgeleitet werden kann, und begründen Sie Ihre Auswahl!

Material C ► Genetische Variabilität bei Thunfischen

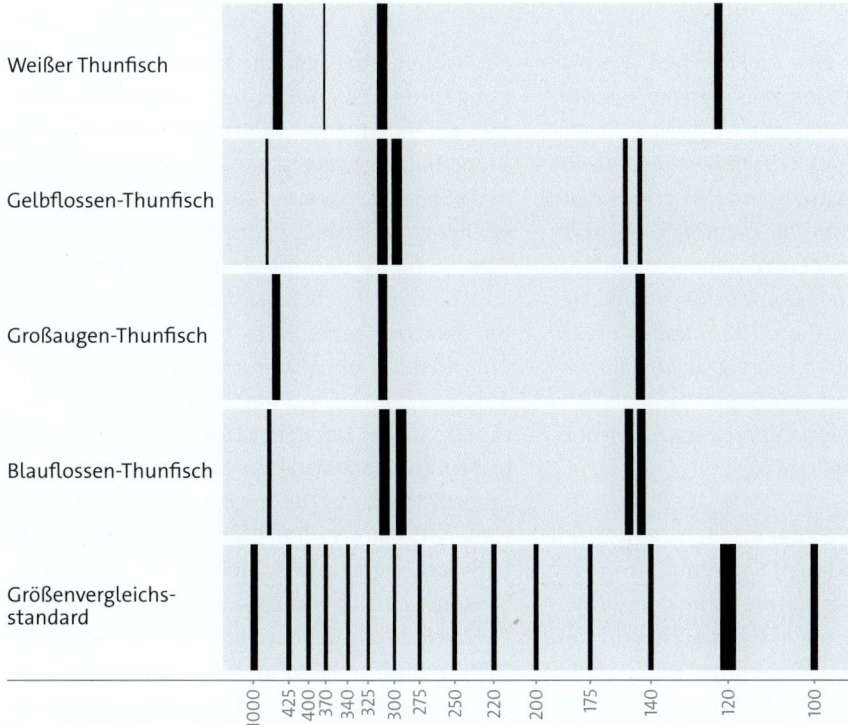

Die Analyse der genetischen Ähnlichkeit unterschiedlicher Thunfisch-Arten kann mithilfe der Gelelektrophorese stattfinden. Nach der Behandlung mit

Restriktionsenzymen, spezifisch für einen ausgewählten DNA-Abschnitt, werden die Proben der verschiedenen Thunfisch-Arten in einem Gel nach ihrer Größe aufgetrennt.

C1 Stellen Sie die Gelelektrophoresebefunde zu den vier Thunfisch-Arten, wie in der Tabelle gezeigt, zusammen und kreuzen Sie jeweils die pro Art vorkommenden Banden an!

	120 BP	...	...
Weißer Thunfisch	x	...	...
...		...	...	...

C2 Ziehen Sie Schlussfolgerungen zu den Verwandtschaftsbeziehungen zwischen den Arten!

C3 Erklären Sie, weshalb für stammesgeschichtliche Verwandtschaftsanalysen mit Gelelektrophorese immer mindestens drei Arten betrachtet werden müssen!

01 An Mukoviszidose erkranktes Mädchen

Mukoviszidose und PID

*lat. mucus
= Schleim
lat. viscidus
= zäh, klebrig*

Epithelzellen
mit Zilien

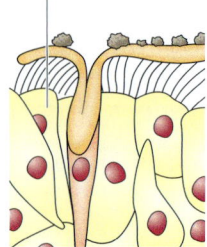

02 Zellen der Bronchialschleimhaut und Abtransport des Schleims durch Zilienbewegung

*engl. CFTR
= Cystic Fibrosis Transmembrane Conductance Regulator*

Mukoviszidose ist eine Erbkrankheit, die eine Zähflüssigkeit des Schleimes verschiedener Organe hervorruft. Besonders auffällig ist der quälende Husten der Betroffenen, da der zähe Schleim in den Atemwegen nicht ausreichend abtransportiert wird. Da die Krankheit autosomal-rezessiv vererbt wird, können nur Kinder betroffen sein, deren Eltern beide ein defektes Gen in sich tragen. Diese Eltern haben oft ein großes Interesse daran, eine Erkrankung für weitere Kinder zu vermeiden. Ist dies möglich? Und wie führt der Gendefekt überhaupt zu den quälenden Symptomen?

CHLORIDKANAL · Bei gesunden Menschen sorgen Chloridkanäle in Schleimhäuten der Atemwege, des Dünndarms und der Bauchspeicheldrüse für einen aktiven Transport von Chlorid-Ionen aus den Schleimhautzellen in den angrenzenden Schleim. Aufgrund von Osmose strömt Wasser aus den Zellen in den extrazellulären Raum. Je mehr Wasser ausströmt, umso flüssiger wird der Schleim. Für den Abtransport

des Schleimes sorgen die rhythmischen Bewegungen der Zilien, die aus den Schleimhautzellen herausragen. Entlang der Bronchien und Bronchiolen gelangen auf diesem Weg eingeatmete Staubpartikel und auch Krankheitserreger wieder zurück zur Luftröhre.

Obwohl für die gesamte Regulation des Wasserhaushalts in den Schleimhäuten noch weitere Ionenkanäle eine Rolle spielen, nimmt der Chloridkanal eine Schlüsselrolle ein. Er wird durch ein Protein aus mehr als tausend Aminosäuren aufgebaut, dem **CFTR-Protein.** Es bildet in seiner Tertiärstruktur eine Pore, durch die Chlorid-Ionen in den extrazellulären Raum transportiert werden. Dieser Transport wird aktiviert, wenn ATP-Moleküle an das Protein binden und sich die Pore öffnet. Während die Pore in der Zellmembran verankert ist, ragen die ATP-Bindungsstellen des Proteins ins Zytoplasma. Auch die *R-Domäne* des Proteins, an die weitere Stoffe binden und die Aktivität des Chloridkanals regulieren können, liegt entsprechend im Zellplasma.

CFTR-GEN · Bei Menschen mit Mukoviszidose liegt eine gestörte Regulation des Wasserhaushalts in den Schleimhäuten vor. Ursache dieser Störung ist ein fehlender oder defekter CFTR-Chloridkanal. Das proteincodierende CFTR-Gen liegt auf Chromosom 7 und umfasst gemäß der Größe des Proteins eine Vielzahl von Basenpaaren. Es kann verschiedenste Mutationen aufweisen, die zu Mukoviszidose führen. Etwa 2000 verschiedene Mutationen wurden bisher erfasst. Mehr als 70 Prozent aller Mukoviszidosefälle geht jedoch auf einen bestimmten Mutationstyp zurück. Hierbei handelt es sich um eine Deletion von drei aufeinanderfolgenden Basen, sodass eine ganze Aminosäure in der Primärstruktur ausfällt. Die fehlende Aminosäure ist *Phenylalanin* an der Position 508 des CFTR-Proteins. Daher wird diese Mutation als **ΔF508-Mutation** bezeichnet. Sie führt durch die Aminosäuredeletion zu einer abweichenden Ausbildung der Tertiärstruktur, sodass keine funktionsfähigen Chloridkänale entstehen.

Der fehlende Chlorid-Ionentransport in den extrazellulären Raum führt dazu, dass dorthin weniger Wasser strömt und der Schleim zu zähflüssig ist. Hierdurch vermindert sich der Abtransport des Schleimes. Im Bereich der Bronchien führt dies zu Hustenreiz und Atemnot. Das Verbleiben des Schleimes in den unteren Atemwegen führt jedoch auch dazu, dass Krankheitserreger nicht mehr so effektiv abtransportiert werden. Dies erhöht die Infektionsrate der Betroffenen und führt teilweise zu einer chronischen Entzündung des Lungengewebes. Hierdurch verändert sich das Lungengewebe in Form von Zystenbildungen, sodass die Krankheit auch als *zystische Fibrose* bezeichnet wird. Über 90 Prozent der Mukoviszidosepatienten sterben schließlich an Infektionen der Atemwege.

1 Stellen Sie in Form eines Fließdiagramms die Wirkkette vom Gen bis zu den Symptomen einer Mukoviszidoseerkrankung am Beispiel des ΔF508-Mutationstyps dar!

2 Erläutern Sie zu Abbildung 04, weshalb es bei einer ΔF508-Mutation nur zu einer Aminosäuredeletion kommt, obwohl sich die Mutation über zwei DNA-Tripletts erstreckt.

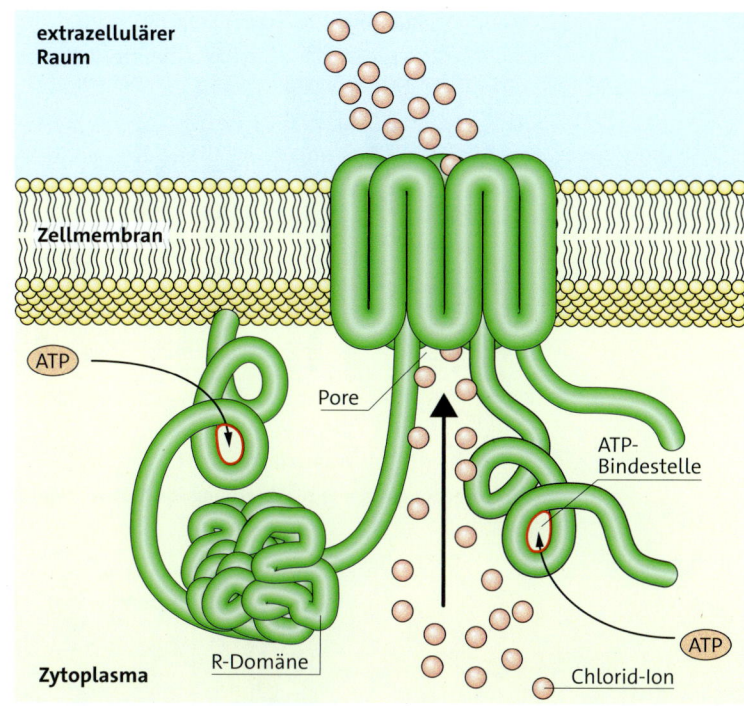

03 Chloridkanal aus CTRF-Protein

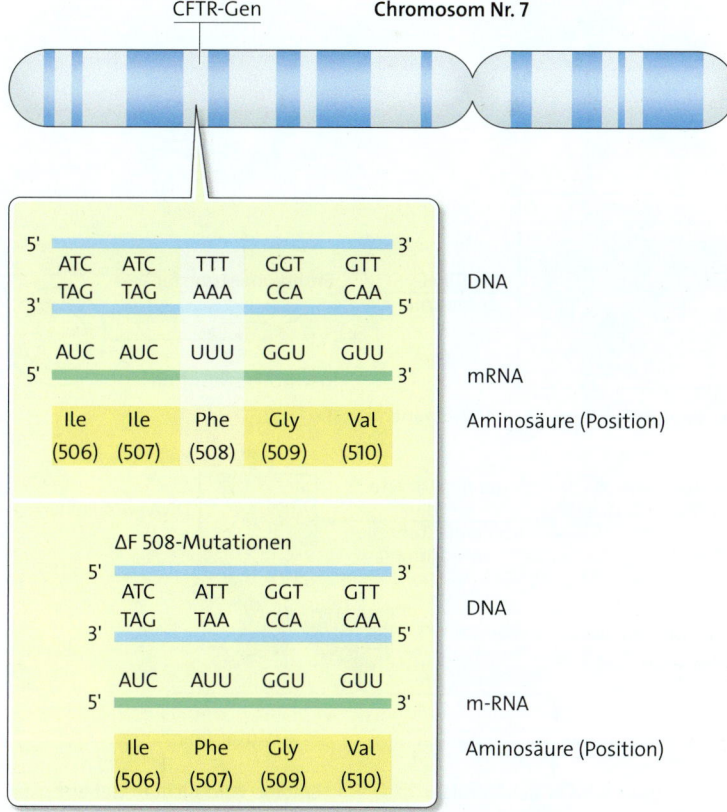

04 Basen- und Aminosäuresequenz ohne und mit CFTR-Mutation (Ausschnitt)

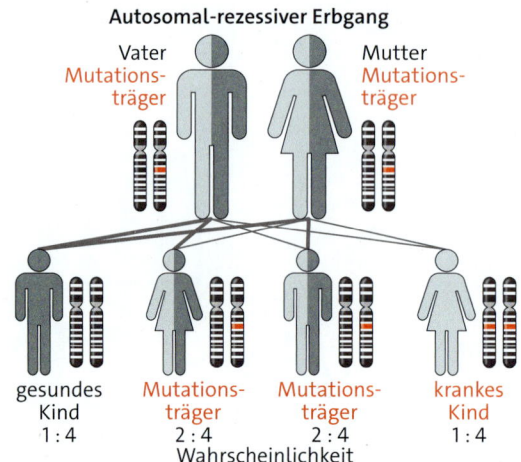

05 Kreuzungsschema zur Vererbung von Mukoviszidose

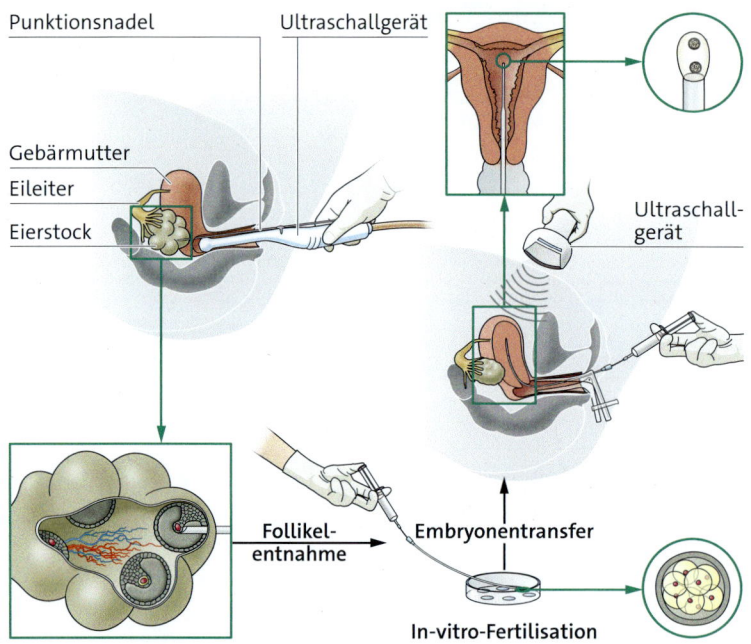

06 In-vitro-Fertilisation und Embryonentransfer

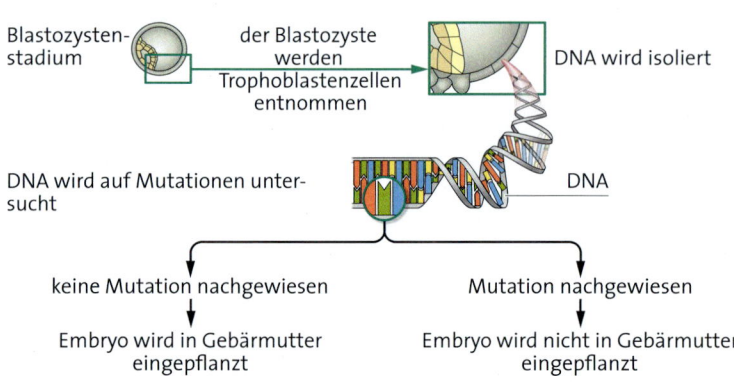

07 Präimplantationsdiagnostik

PRÄIMPLANTATIONSDIAGNOSTIK · Da Mukoviszidose eine autosomal-rezessive Erbkrankheit ist, sind stets beide Eltern eines erkrankten Kindes Mutationsträger. Somit besteht für alle weiteren Kinder dieser Paare eine 25-prozentige Wahrscheinlichkeit, an Mukoviszidose zu leiden. Durch Kombination von Methoden der Reproduktionsmedizin und Genanalytik kann diesen Eltern jedoch geholfen werden.

Zunächst wird hierzu eine **In-vitro-Fertilisation** durchgeführt. Der Mutter werden mehrere Eizellen entnommen und im Reagenzglas mit Spermien des Vaters befruchtet. Nach etwa fünf Entwicklungstagen befinden sich die Embryonen im **Blastozystenstadium.** In diesem Stadium haben sich pro Embryo zwei Zellgruppen gebildet: Die **Trophoblasten,** die die äußere Hülle bilden, entwickeln sich später zur Plazenta. Aus den **Embryoblasten** entsteht hingegen der eigentliche Embryo. Daher kann man einige wenige Trophoblasten entnehmen, ohne die weitere Entwicklung des Embryos zu gefährden. Diese Zellen werden bezüglich des potenziell mutierten Gens analysiert. Ein bis zwei Embryonen, bei denen der befürchtete Gendefekt nicht nachgewiesen wurde, werden dann in die Gebärmutter eingesetzt. Das Verfahren bezeichnet man daher als **Präimplantationsdiagnostik** oder **PID.**

Seit den 1990er-Jahren wird PID in verschiedenen Ländern der Welt durchgeführt. Durch diese Methode lassen sich genetisch bedingte Erkrankungen wie Mukoviszidose, Chorea Huntington oder auch Trisomien erkennen. Es ist aber auch möglich, das Geschlecht oder andere nicht gesundheitsrelevante Merkmale zu bestimmen. In Deutschland ist PID verboten. Die Gene eines Embryos können auch während seiner Entwicklung in der Gebärmutter analysiert werden. Diese **Pränataldiagnostik** oder **PND** erfolgt zum Beispiel anhand von Gewebeproben der Plazenta oder anhand des Blutes der Mutter. PND ist in Deutschland erlaubt.

3 ɔ Nennen Sie die Unterschiede zwischen PND und PID!

Material A ▸ Präimplantationsdiagnostik verbieten oder erlauben?

I. Auszug aus dem Embryonenschutzgesetz von 1990

§ 2 Missbräuchliche Verwendung menschlicher Embryonen
(1) Wer einen extrakorporal erzeugten oder einer Frau vor Abschluss seiner Einnistung in der Gebärmutter entnommenen menschlichen Embryo veräußert oder zu einem nicht seiner Erhaltung dienenden Zweck abgibt, erwirbt oder verwendet, wird mit Freiheitsstrafe bis zu drei Jahren oder mit Geldstrafe bestraft.
(2) Ebenso wird bestraft, wer zu einem anderen Zweck als der Herbeiführung einer Schwangerschaft bewirkt, dass sich ein menschlicher Embryo extrakorporal weiterentwickelt.

II. Stellungnahmen zur PID:

1 „Wissenschaftler plädieren für Zulassung der PID"

„Eine hochrangige Expertengruppe der Nationalen Akademie der Wissenschaften hat sich für die Zulassung der umstrittenen Präimplantationsdiagnostik (PID) ausgesprochen. Allerdings fordern die Experten [...] strenge Auflagen für diese Gentests an Embryonen aus künstlicher Befruchtung vor der Einpflanzung in den Mutterleib. [...] Die Wissenschaftler verwiesen darauf, dass in Deutschland Schwangerschaftsabbrüche und die ‚Pille danach' zugelassen seien – Methoden, bei denen der Embryo ebenfalls absterbe. Zudem seien Tests am Embryo im Mutterleib legal – die sogenannte Pränataldiagnostik. Wenn dabei schwere Gendefekte festgestellt werden, entscheiden sich viele Mütter für eine Abtreibung."
Artikel vom 18.01.2011 auf www.24pr.de

2 „Wer die PID verbietet, sagt Nein zum Leben"

„‚Die Präimplantationsdiagnostik ist eine Hoffnung für wenige, um unermessliches Leid zu verhindern. Ein Verbot von Genchecks an Embryonen ist falsch', meint Sven Stockrahm [Redakteur von Zeit online]. [...] Für Paare, die Erbschäden an ihre Kinder weitergeben würden, heißt das: Schwangerschaften auf Probe. Dabei wird in Kauf genommen, dass Mütter zahlreiche Fehlgeburten erleiden oder vor die Wahl gestellt werden, ob sie ihr schwerbehindertes Ungeborenes töten lassen sollen. Dieses unermessliche Leid, an dem viele Paare zerbrechen, kann eine Selektion von Embryonen am Beginn des Lebens verhindern. In der Petrischale wird gesundes Leben ausgewählt, um vorhersehbares Leid auszuschließen. Das ist nicht unchristlich, sondern zutiefst barmherzig."
Artikel vom 14.04.2011 auf www.zeit.de

3 „Bischof Fürst warnt vor Auswahl von Embryonen"

„Der Rottenburger Bischof Gebhard Fürst hat davor gewarnt, bei der Präimplantationsdiagnostik (PID) zwischen lebenswerten und lebensunwerten Menschen zu unterscheiden. ‚PID als Weg und technische Methode beansprucht die Herrschaft über Tod und Leben', kritisierte der Bischof der Diözese Rottenburg-Stuttgart [...] in seiner Osterpredigt. Menschliches Leben werde nicht mehr ‚als unverfügbares Geschenk' gewürdigt, sondern es sei ‚zum Objekt möglichst risikolosen Planens und wissenschaftlich-technischen Experimentierens' geworden."
Artikel vom 24.04.2011 auf www.stimme.de

4 „PID gefährdet die Demokratie"

„Eine Zulassung der PID habe ‚erhebliche Konsequenzen für den Rechtsstaat, seine Verfassung und seine Rechtsordnung', [meint der Sozialwissenschaftler Dr. Manfred Spieker]. [...] Eine Zulassung der PID widerspräche nicht nur den ersten drei Artikeln des Grundgesetzes, der Wahrung der Menschenwürde (Art. 1 Abs. 1), dem Recht auf Leben (Art. 2 Abs. 2) sowie dem Diskriminierungsverbot Behinderter (Art. 3 Abs. 3); sie gefährde auch das ‚Gleichheitsprinzip', das ein ‚Pfeiler unseres Demokratieverständnisses' sei."
Artikel vom 09.06.2011 auf www.stoppt-pid-und-klonen.de

A1 Erläutern Sie, inwieweit die Methode der PID gegen das Embryonenschutzgesetz von 1990 verstößt!

A2 In Deutschland wird immer wieder die gesetzliche Freigabe von PID gefordert. Sammeln Sie mithilfe der Materialien Pro- und Kontra-Argumente! Übertragen Sie die erweiterte Zielscheibe vergrößert auf einen Plakatbogen! Tragen Sie die gesammelten Pro- und Kontra-Argumente stichwortartig in die entsprechenden Felder ein!

A3 Prüfen Sie die Argumente! Notieren Sie jeweils zu einem Argument Ihre eigenen Überlegungen, die das Argument stärken oder abschwächen! Durch Drehen der erweiterten Zielscheibe kann jedes Gruppenmitglied zu jedem Argument Ergänzungen vornehmen.

A4 Gewichten Sie die Argumente! Diskutieren Sie die notierten Überlegungen beziehungsweise Begründungen pro Argument und notieren Sie ein entsprechendes Kreuz in der zentralen Zielscheibe!

A5 Entscheiden Sie sich in der Gruppe auf der Grundlage der vorgenommenen Gewichtungen für oder gegen eine Freigabe für PID!

III. Erweiterte Zielscheibe

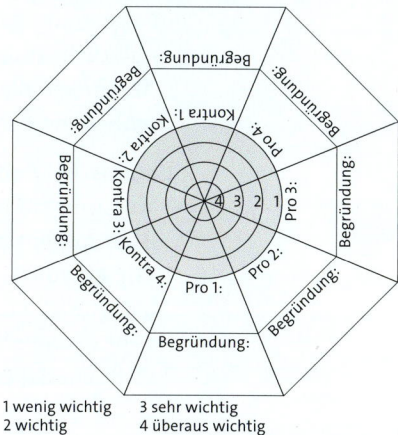

1 wenig wichtig   3 sehr wichtig
2 wichtig   4 überaus wichtig

Desoxyribonukleinsäure, DNA

Transformation: Aufnahme von frei im Außen-Medium vorkommender DNA durch Bakterien. Die aufgenommene DNA wird in die eigene DNA der Bakterien eingebaut.

DNA-Struktur: Die DNA liegt als Doppelhelix zweier gegenläufiger Polynukleotidstränge vor. Sie ist aus vier verschiedenen Nukleotiden aufgebaut. Die Einzelstränge sind über Wasserstoffbrücken zwischen den Basen verbunden.

Nukleotid: Es besteht aus dem Zucker Desoxyribose, der eine der vier Basen Cytosin, Guanin, Adenin oder Thymin gebunden hat, sowie einer Phosphatgruppe. Die Nukleotide können miteinander verbunden werden. So entsteht eine Polynukleotidkette.

Prinzip der komplementären Basenpaarung: Es beruht auf der spezifischen Ausbildung von Wasserstoffbrückenbindungen zwischen den Basen gegenüberliegender Polynukleotidketten.

Replikation: Verdopplung der DNA. Dabei wird der DNA-Doppelstrang in zwei Einzelstränge gespalten. An jedem Einzelstrang wird nach dem Prinzip der komplementären Basenpaarung ein neuer Strang synthetisiert. Dieser Mechanismus wird als semikonservative Replikation bezeichnet. Die Synthese der neuen Nukleotide erfolgt durch die DNA-Polymerase in $5' \rightarrow 3'$-Richtung. Nur am Leitstrang ist eine kontinuierliche DNA-Synthese möglich. Am anderen Strang, dem Folgestrang, kann die Synthese nur diskontinuierlich erfolgen. Es entstehen kurze DNA-Abschnitte, die Okazaki-Fragmente, die anschließend miteinander verbunden werden.

Genetischer Code: Die DNA enthält die Bauanleitung für Polypeptidketten. Die Position jeder Aminosäure in der Kette wird durch ein Triplett von Basen festgelegt, das als Codon bezeichnet wird. Der genetische Code gilt nahezu universell, er ist kommafrei und nicht überlappend.

Ribonukleinsäure, RNA

RNA-Typen: In Zellen treten drei verschiedene RNA-Typen auf: messenger-RNA, ribosomale RNA und transfer-RNA, abgekürzt mRNA, rRNA und tRNA. Die RNA ähnelt in ihrem grundsätzlichen Aufbau der DNA, liegt jedoch meist als Einzelstrang vor. Im Unterschied zur DNA enthalten die Nukleotide der RNA Ribose als Zuckermolekül und die Base Thymin ist durch Uracil ersetzt.

Transkription: Dabei wird die DNA-Sequenz eines Gens durch die RNA-Polymerase in eine mRNA übertragen. Die Transkription beginnt an einer spezialisierten DNA-Region, dem Promotor. Nur ein DNA-Strang, der Matrizenstrang oder codogene Strang, enthält die genetische Information. Die Synthese der mRNA erfolgt in $5' \rightarrow 3'$-Richtung.

Translation: Dabei wird die genetische Information, die in der Basenabfolge der mRNA codiert ist, in eine Abfolge von Aminosäuren übersetzt. Das Ribosom bewegt sich in $5' \rightarrow 3'$-Richtung auf der mRNA und überträgt alle Codons in eine Aminosäuresequenz. Dabei wird jedes Triplett der mRNA mit dem passenden Anticodon einer tRNA gepaart.

Chromosomen und Zellteilung

Mitose: Zellkernteilung. Im Anschluss an die Kernteilung erfolgt meistens die Teilung des Zellkörpers, sodass aus einer Zelle zwei Tochterzellen entstehen.

Chromosom: Organisationsform der DNA bei Eukaryoten. Sie befinden sich im Zellkern und sind Träger der Gene. Nur nach der Verdopplung des genetischen Materials im S-Stadium des Zellzyklus bestehen sie aus zwei genetisch identischen Chromatiden, die am Zentromer zusammenhängen.

Homologe: zwei Chromosomen der gleichen Gestalt, die genetisch nicht identisch sind, da sie mütterlicher beziehungsweise väterlicher Herkunft sind.

Autosomen: Chromosomen, die gleichermaßen in den Zellen weiblicher und männlicher Individuen vorkommen.

Gonosomen: Geschlechtschromosomen. Ihr Karyotyp legt das genetische Geschlecht eines Individuums fest.

Genom: Gesamtheit der vererbbaren Information einer Zelle.

Meiose: besondere Form der Zellkernteilung, bei der die Anzahl der Chromosomen halbiert wird. Während der Meiose findet eine Rekombination der elterlichen Chromosomen statt.

Interchromosomale Rekombination: Neukombination der mütterlichen und väterlichen Chromosomen während der Meiose.

Crossing-over: Stückaustausch zwischen Chromatiden homologer Chromosomen im Tetradenstadium der Meiose.

Nondisjunktion: fehlende Trennung von homologen Chromosomen in der ersten Reifeteilung der Meiose oder der Chromatiden desselben Chromosoms in der zweiten Reifeteilung.

Veränderung von Genen, Chromosomen und Genomen

Mutation: zufällige Veränderung des genetischen Materials. Durch Mutation erhöht sich die genetische Variabilität. Dadurch können auch im Phänotyp zusätzliche Variationen auftreten.

Chromosomenmutation: Form der Mutation, bei der die Anordnung der Gene auf dem Chromosom verändert wird. Dies kann durch Deletion, Duplikation, Inversion und Translokation geschehen.

Genommutation: Form der Mutation, bei der die Anzahl der Chromosomen oder der Chromosomensätze verändert wird. Je nach Anzahl der Chromosomensätze unterscheidet man triploid, 3n, tetraploid, 4n, oder pentaploid, 5n.

Genmutation: Veränderungen innerhalb der DNA-Basensequenz. Dazu gehören Punktmutationen, dem Austausch eines Nukleotids gegen ein anderes, sowie Rastermutationen. Dabei kann durch das Einfügen oder den Wegfall eines Nukleotids eine Verschiebung des Leserasters hervorgerufen werden.

Werkzeuge der Gentechnik

Restriktionsenzym: Enzym, das eine spezifische Nukleotidsequenz in der DNA erkennt und die DNA an dieser Stelle spaltet.

Polymerasekettenreaktion: kurz PCR. Methode zur gezielten Vermehrung bestimmter DNA-Abschnitte mithilfe mehrerer Durchläufe des Dreischritts von Denaturierung, Hybridisierung spezieller Primer und Polymerisierung durch die Taq-Polymerase.

Gelelektrophorese: Verfahren zur Trennung von Molekülen, die unter Einfluss eines elektrischen Feldes durch ein Gel in einer Pufferlösung wandern. Je nach Ladung und Größe der Moleküle wandern sie in einer bestimmten Geschwindigkeit durch das Gel in Richtung Anode. Da das Gel als Molekularsieb wirkt, wandern kleine Moleküle schneller als große.

DNA-Sequenzierung: Methode zur Bestimmung der Basenabfolge eines DNA-Abschnitts. Nach der Denaturierung und der Primeranlagerung werden mithilfe der DNA-Polymerase komplementäre DNA-Stränge synthetisiert, bis der Einbau eines Didesoxyribonukleosid- Triphosphats zum Kettenabbruch führt. So entstehen unterschiedlich lange Fragmente, die der Größe nach getrennt und deren endständige ddNTP durch Fluoreszenzanalyse detektiert werden.

BILDQUELLENVERZEICHNIS

Cover: Science Photo Library/MAGDA TURZANSKA **3:** Science Photo Library/DR LOTHAR SCHERMELLEH **3:** Science Photo Library **4:** mauritius images/Science Source/Omikron **4:** Science Photo Library/DR KEITH WHEELER **5:** Science Photo Library/PUBLIC HEALTH ENGLAND **5:** Okapia/NAS/David M. Phillips **6:** Science Photo Library/DR LOTHAR SCHERMELLEH **8/6:** OKAPIA/NAS/David M. Phillips **9/3:** mauritius images/Science Source **8/2:** doc-stock/VisualsUnlimited/F1online **8/1:** Okapia/imagebroker/STELLA **8/4:** mauritius images/Science Photos Library **9/6:** OKAPIA/David Scharf/P. Arnold, Inc. **11/c:** imago **11/a:** Corbis/Visuals Unlimited/Biodisc **11/f:** Biosphoto/Christian Gautier **11/e:** shutterstock/Rattiya Thongdumhyu **11/g:** Agentur Focus/SPL/DR. E. WALKER **11/b:** mauritius images/Photo Researchers, Inc./Biophoto Associates **11/d:** imago **12/2c:** Fotolia/sinhyu **12/1:** Getty/Alan John Lander Phillips **13/3a + b:** Science Photo Library/DENNIS KUNKEL MICROSCOPY **15/a:** F1online/CMSP **15/b:** F1online/CMSP **16/4b:** mauritius images/Biophoto Associates/Science Source **16/4a:** Science Photo Library/Fawcett, Don **16/1:** Ferry Siemensma **18/6:** Science Photo Library/DR GOPAL MURTI **19/b:** OKAPIA/NAS/K.R. Porter **19/c:** R. Schmidt, A. Egner, S.W. Hell, Max-Planck-Institut für biophysikalische Chemie **19/a:** PubMed Central/Hakansson et al. in: PLoS One. 2011; 6(3): e17717/published online 2011 Mar 10/open source **20/1:** OKAPIA/NAS/Don W. Fawcett **20/6a:** Science Photo Library/BIOPHOTO ASSOCIATES **20/4:** Science Photo Library/Fawcett, Don **20/5a:** Science Photo Library/Porter, K.R. **20/2:** mauritius images/alamy stock photo/Medicshots **22/8:** Science Photo Library/R. BICK, B. POINDEXTER, UT MEDICAL SCHOOL **22/9a:** OKAPIA/Biophoto Associates/NAS **2/7:** Science Photo Library/SCIENCE PHOTO LIBRARY **23/o.:** Science Photo Library/MEDIMAGE **23/u.:** H. Jastrow aus Dr. Jastrows elektronenmikroskopischem Atlas (www.drjastrow.de) **24/1:** imago sportfotodienst/PanoramiC **27/u.:** OKAPIA/Biophoto Associates/NAS **27/o.:** mauritius images/Science Source **30/2:** Science Photo Library/NIBSC **30/1:** Science Photo Library/Michael Abbey **32/5:** Science Photo Library/PROF. KENNETH R. MILLER **33/u.:** dpa Picture-Alliance/ASSOCIATED PRESS **33/o.:** Mit freundlicher Genehmigung von Seymour Jonathan Singer **34/M.:** Cornelsen/Volker Minkus **38/1:** Cornelsen/Volker Minkus **38/2a:** Cornelsen/Volker Minkus **38/2b:** Cornelsen/Volker Minkus **38/2c:** Cornelsen/Volker Minkus **39/3a und 3b:** Wissenschaftliche Bildagentur Karly **41/u. l.:** Cornelsen/Volker Minkus **42/1:** Cornelsen/Volker Minkus **44/4:** Agentur Focus/eye of science/Meckes/Ottawa **45/u.r.:** dpa Picture-Alliance/Picture-Alliance/Klett GmbH **45/u.l.:** mauritius images/alamy stock photo/robertharding **45/o.r.:** Theuerkauf, H., Gotha **45/o.l.:** OKAPIA/Hans Reinhard **46/1a:** OKAPIA KG/NAS/Biophoto Associates **46/1b:** mauritius images/Science Source **48/3b-2:** OKAPIA/Holt Studios/Nigel Cattlin **48/3c:** mauritius images/Biophoto Associates/Science Source **48/3d:** F1online/VisualsUnlimited **48/3b-1:** mauritius images/alamy stock photo **48/3a:** Agentur Focus/Gelderblom/eye of science **49/b:** wikipedia **49/u.:** mauritius images/Winton Patnode/Science Source **49/a:** mauritius images/Science Source/Omikron **51/1:** OKAPIA/NAS/K.R. Porter **55:** Science Photo Library **56/1:** Science Photo Library/Dimijian, Gregory G./Nasa **60/1:** Glow Images/SuperStock **61/2:** Science Photo Library/MANFRED KAGE **63/6:** Okapia/DeMeyr **64/a–i:** Science Photo Library/DR GOPAL MURTI **65/o.l.:** mauritius images/Jennifer Waters & Adrian Salic/Science Source **66/1:** mauritius images/Biophoto Associates/Photo Researchers, Inc. **70/1:** Agentur Focus/SPL/DR GOPAL MURTI **73/o.:** American Society for Microbiology, 2011 **74/1:** Fotolia/Franz Pfluegl **78/1:** H. Jastrow aus Dr. Jastrows elektronenmikroskopischem Atlas (www.drjastrow.de) **80/6:** OKAPIA/NAS/Don W. Fawcett **82/1:** shutterstock/SimplyDay **86/1:** SPL/Agentur Focus/Dr. Elena Kiseleva **90/1:** dpa Picture-Alliance/picture-alliance/ZB - Fotoreport/ZB **94/1:** shutterstock/Denis Kuvaev **98/11:** INTERFOTO/Mary Evans **100/5a:** Science Photo Library/Morgan, Hank **104/1:** Superbild/yourphototoday/AMELIE-BENOIST/BSIP

TEXTQUELLENVERZEICHNIS

Wissenschaftler plädieren für Zulassung der PID.
In: http://www.24pr.de/article/Wissenschaftler+plaedieren+fuer+Zulassung+der+PID/97347.htm
Stand: 18.01.2011.

Wer die PID verbietet, sagt Nein zum Leben.
In: http://www.zeit.de/wissen/2010-11/pid-debatte-kommentar
Stand: 14.04.2011.

Bischof Fürst warnt vor Auswahl von Embryonen.
In: http://www.stimme.de/suedwesten/nachrichten/pl/Kirchen-Bischof-Fuerst-warnt-vor-Auswahl-von-Embryos;art19070,2121154
Stand: 24.04.2011.

PID gefährdet die Demokratie.
In: http://www.stoppt-pid.de/beitraege/spieker_pid_gefaehrdet_die_demokratie
Stand: 09.06.2011.